世界の見方が変わる

ギリシア・ローマ神話

GREEK AND ROMAN MYTHOLOGY

庄子大亮
SHOJI DAISUKE

JN021745

河出書房新社

世界の見方が変わる

ギリシア・ローマ神話

GREEK AND ROMAN
MYTHOLOGY

CONTENTS

［神名などの表記について］

・古代言語の発音で頻出する長母音は、原則として省略する。しかし「ローマ」や「エコー」のように定着している読みを採用した場合もある。

・古代ギリシア語の「ファイΦ」の発音は、パ行の発音で表記されることも多いが、原則として単独の発音なら「フ」、母音と組み合わせた発音なら「ファ、フェ」といった表記にした（アプロディテ→アフロディテ、パエトン→ファエトン）。ただし先述のような理由で例外もある。

・単独の子音としてのmは、日本語での表記の浸透などを鑑みて、「ム」の発音で表記した場合（Agamemnonはアガメムノン）と、「ン」の発音で表記した場合（Olympiaはオリュンピア）がある。

・二重子音については「ッ」で表したが、たとえば「カッシオペイアCassiopeia」のようにあまりなじみがない表記と思われる場合は、一度併記したうえで「カシオペイア」のように記述したものもある。ll、mm、nn、rrについては、二重子音を意識して表記するのはなじみがないと判断して無視した（Apollon→アポロン）。

・その他、ニュンフェー→ニンフ、ペガソス→ペガサスのように、ある程度浸透していると判断したものに関しては、英語発音をもとにした表記を採用した。

・オウィディウスなどローマ時代の詩人や著述家は、神々をラテン語名で呼んでいるが、基本的にはギリシア語での呼び名のほうに統一して混乱のないようにしている。ただし文脈に応じ、ラテン語名を用いた場合もある。

［原典について］

本書で紹介する神話の原典は、基本的には前八世紀頃の詩人ホメロスとヘシオドス、ホメロスの作とされた（実際には異なる詩人たちによる）神々への讃歌、神話を題材とした前五世紀の劇（アテネの劇作家アイスキュロス、ソフォクレス、エウリピデスらの作品）、古い著述をもとに神話をまとめたアポロドロス（その書名『ビブリオテーケー』は「文庫」の意で、すなわち『ギリシア神話文庫』、単に『ギリシア神話』とも表記される）、特に星座の神話についてはアラトス（『ファイノメナ／天界現象』）、エラトステネス（『カタステリスモイ／星の配置』）、ヒュギヌス（『天文詩』）など、そしてさらにギリシア文化を受け継いだローマの詩人ウェルギリウス、オウィディウスが中心である。出典を全て挙げるのは読み手にとってもわずらわしいだろうから、一部を記すにとどめた。たとえば、後世の芸術には特にオウィディウス『変身物語』の影響が強いことを考慮し言及している。有名な原典以外を参考としている場合や、詩人・著述家によって内容が異なる話を紹介する場合にも、できるだけ出典を明記した。

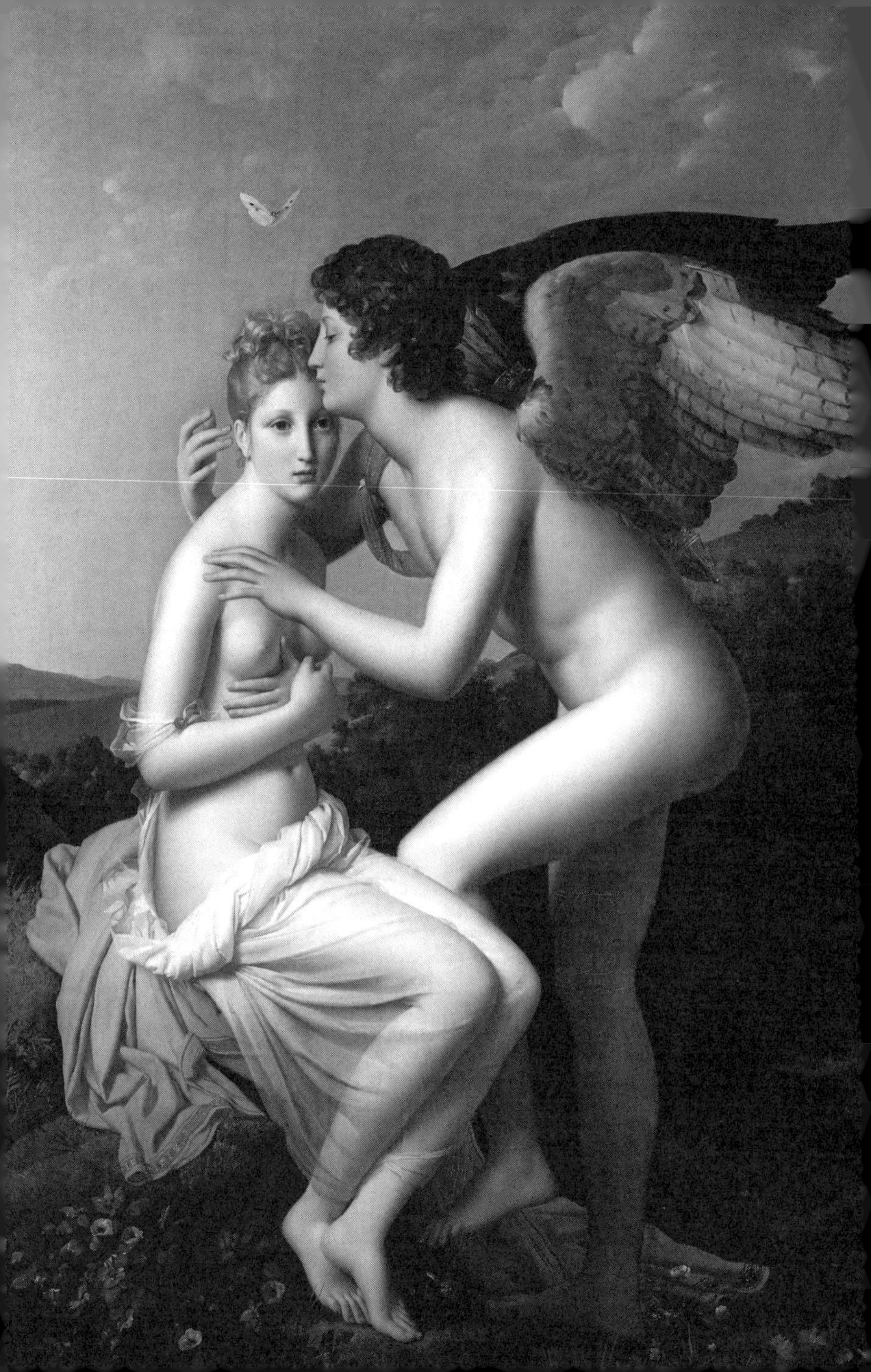

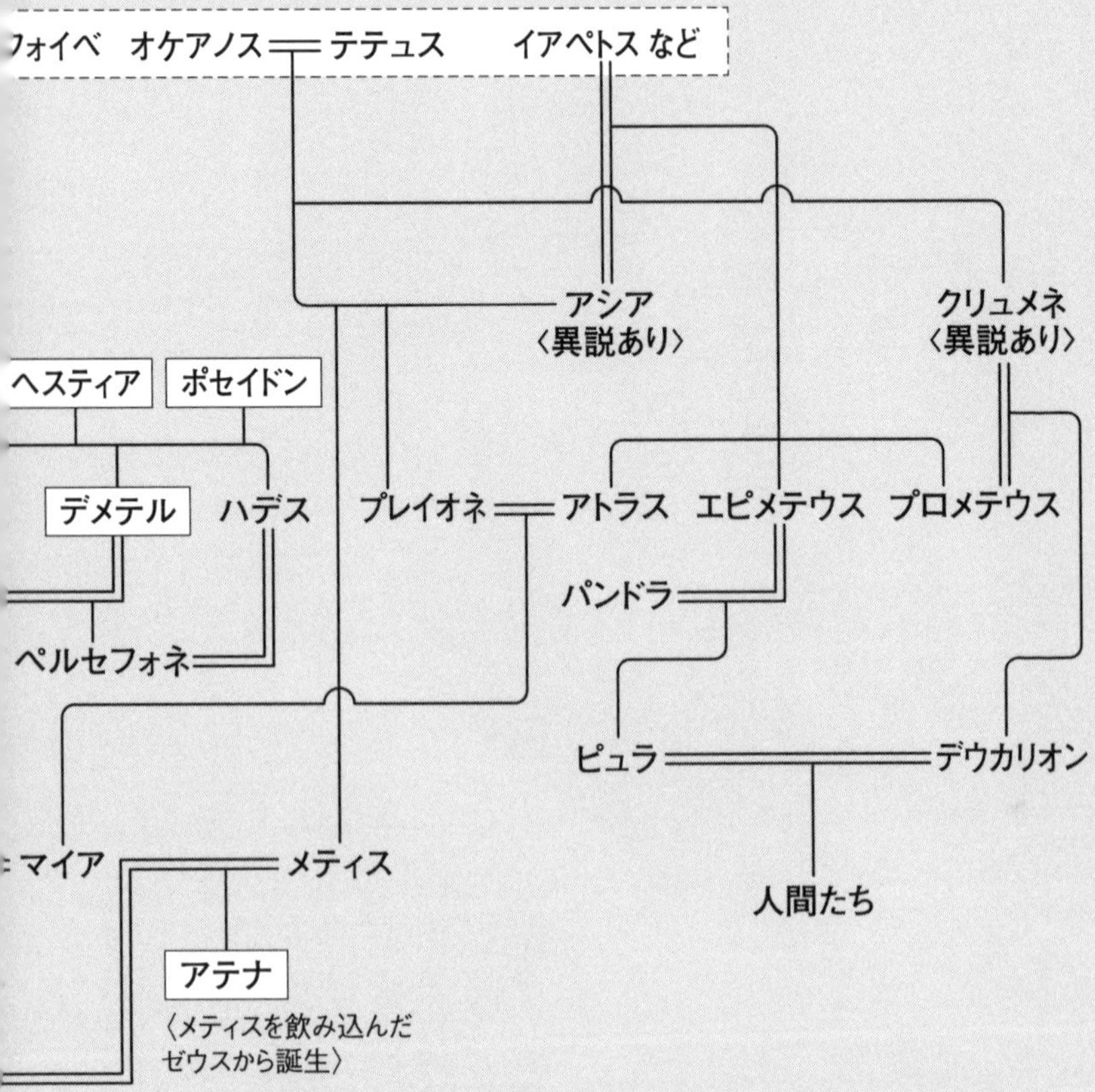

＝＝ 婚姻・交合

神々の系図は複雑で、異説も多い。それらを詳細に示すのはかえってわかりにくいと判断し、ここではヘシオドス『神統記』での系図を中心にして補いつつ、オリュンポス12神の出自と、人間につながる系図の大枠のみ掲載した。なお異説は本文中で述べる。

神々の系図

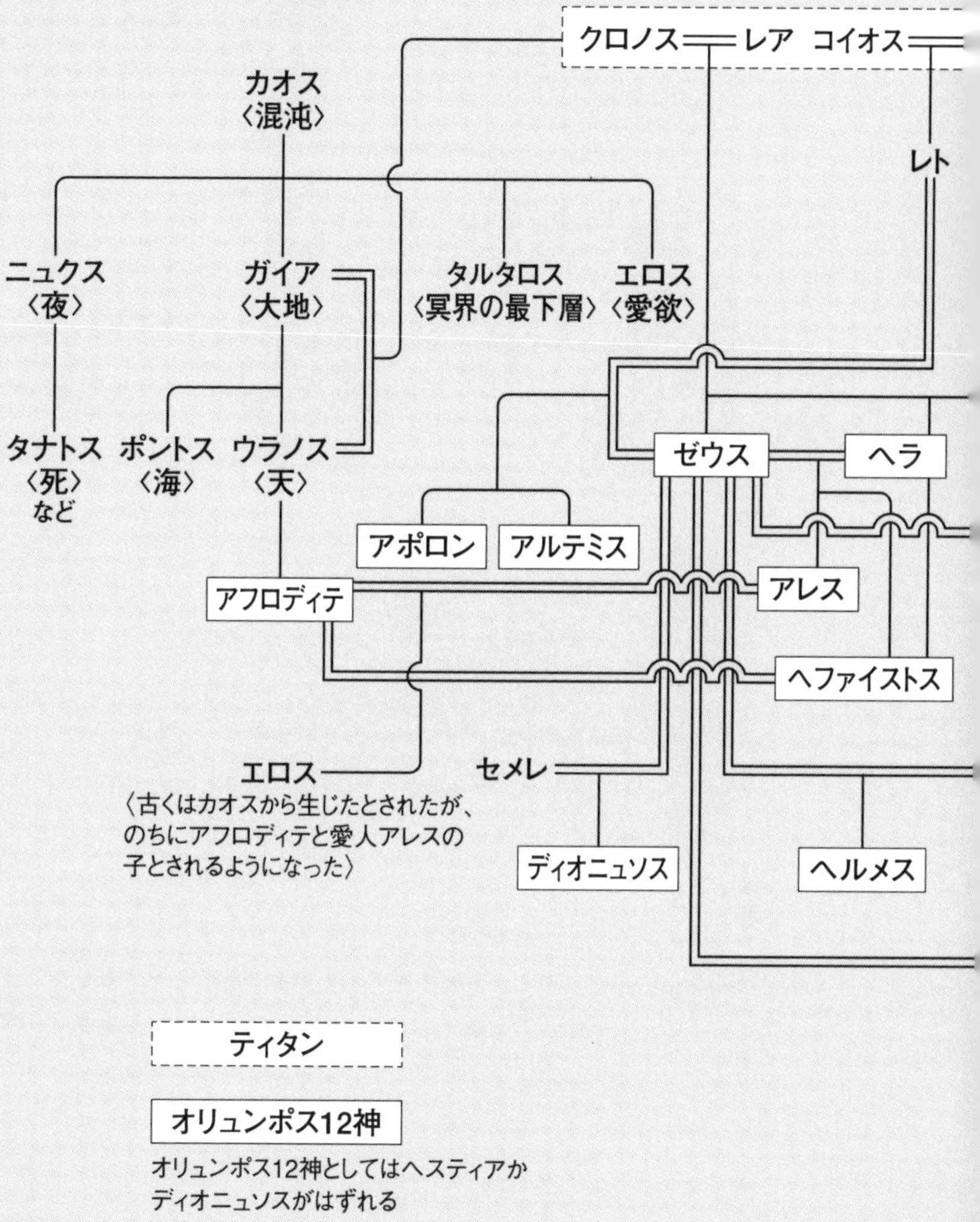

クロノス
レア
コイオス
カオス
〈混沌〉
レト
ニュクス
〈夜〉
ガイア
〈大地〉
タルタロス
〈冥界の最下層〉
エロス
〈愛欲〉
タナトス
〈死〉
など
ポントス
〈海〉
ウラノス
〈天〉
ゼウス
ヘラ
アポロン
アルテミス
アフロディテ
アレス
ヘファイストス
エロス
〈古くはカオスから生じたとされたが、
のちにアフロディテと愛人アレスの
子とされるようになった〉
セメレ
ディオニュソス
ヘルメス
ティタン
オリュンポス12神
オリュンポス12神としてはヘスティアか
ディオニュソスがはずれる

ギリシア・ローマ神話の主要な舞台

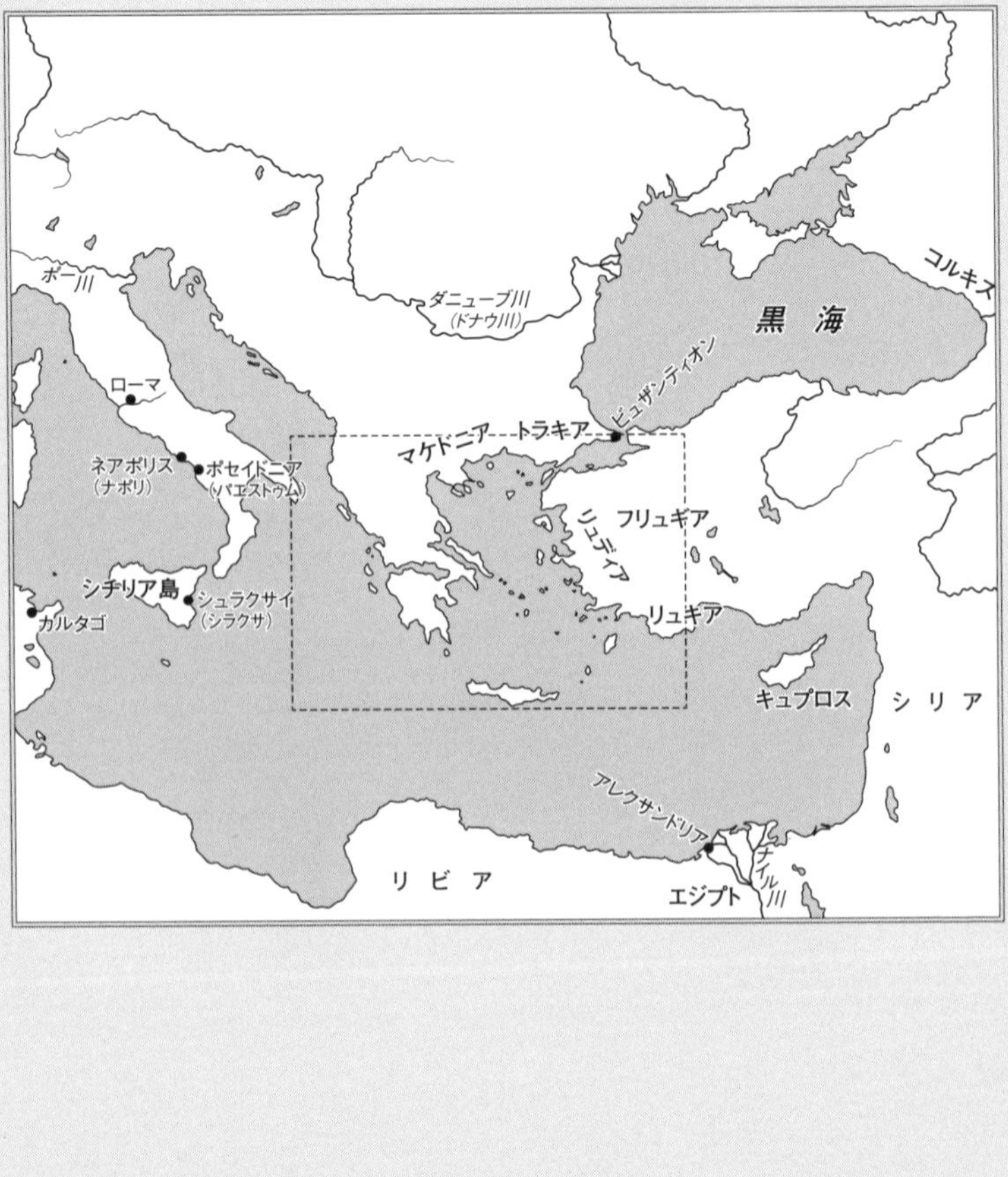

ギリシア詳細図

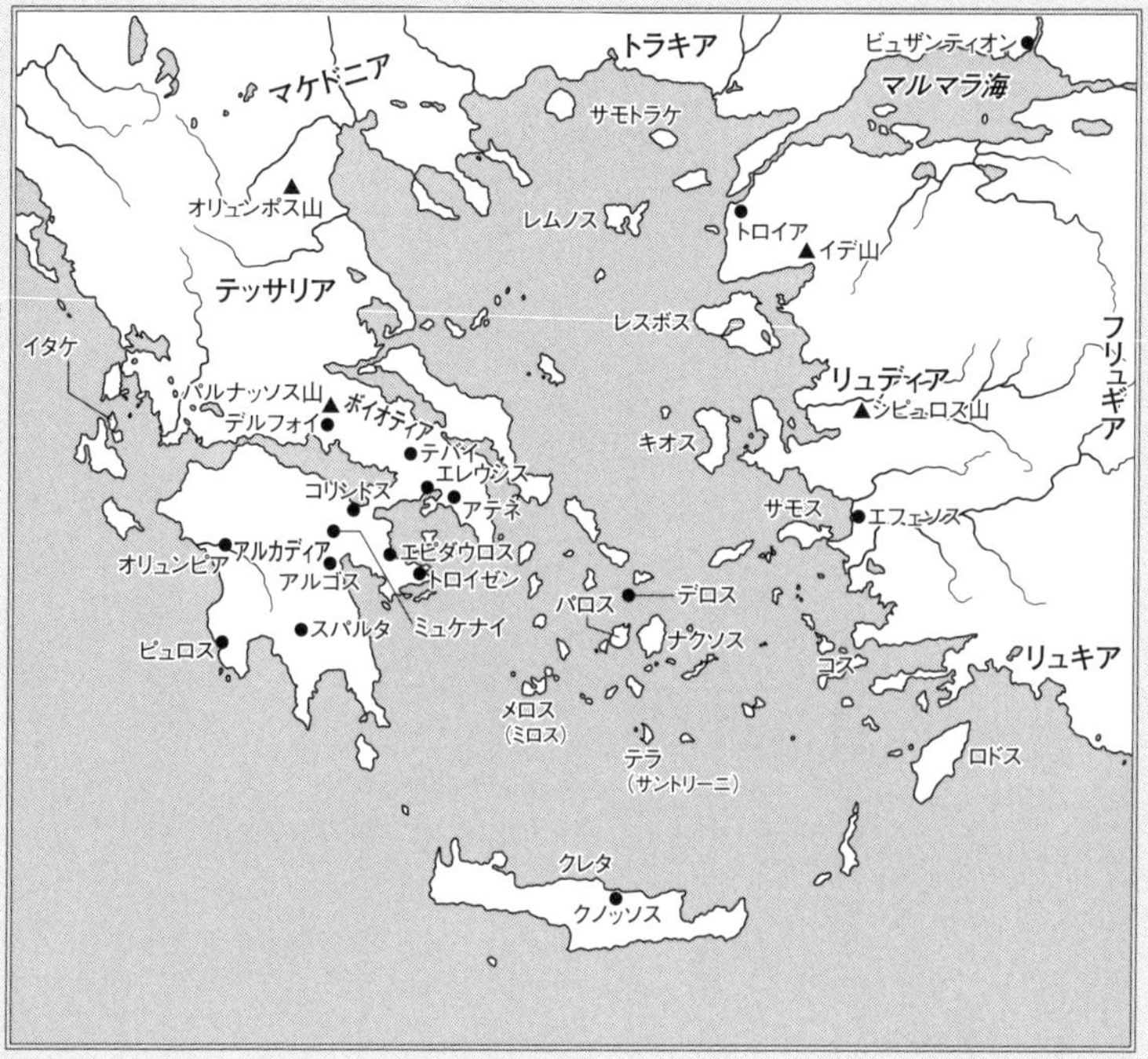

系図・地図作成：小野寺美恵

はじめに
PROLOGUE

現代にもオリュンポスの一二神がいる。それは、ピッチ上の一一人と、監督だ」
「二〇〇四年、世界中のサッカーファンが注目するヨーロッパ選手権において、ギリシア代表が誰も予想しなかった優勝を果たしたとき、選手と監督を讃えて、このように世界に報じられた。

ギリシア神話の有名な神々は一二神、出場している選手と監督で一二人、うまい表現を考えたものだな、と思うと同時に、ギリシア神話が世界中に浸透していることを実感した。

「オリュンポスの一二神」が何かという説明もないまま報じられたのだから、世界中の多くの人々が、ギリシアといえば「神話の国」で、主だった神々を「オリュンポスの一二神」と呼ぶことを知っているのである。神話に詳しくない人でも、ゼウスやアテナ、あるいはユピテル（ジュピター）やミネルウァ（ミネルヴァ）といった神名に聞き覚えがあるのではないだろうか。

ギリシアからローマを経て、古代神話は受け継がれてきた。神々が人間の行動に影響を及ぼしたり、怪物が登場したりと、現代人から見てときに「非合理的」にも思える神話には、語り継がれる時代や社会と密接に結びついた深い意味がある。たとえば、ギリシア神話の主神ゼウスは「女好き」で有名だが、そこには古代ギリシアの成り立ちに関わる重要な意味が潜んでいるのだ。また、神話は現代の身近なところまで浸透している。

たとえば、男性記号♂、女性記号♀が古代の神々に由来することや、パニックやエコー、ジーニアス、ギガといった言葉が神話イメージに遡ることを、ご存じだろうか。

このように神話がいかに現代に生き続けているか、まずは巻末資料をぜひご覧いただきたい。本書では、継承され続けているギリシア・ローマ神話のエッセンスについて述べながら、神話の意味や、神話の後世への影響の実例を交え、深く広い教養を紹介していきたいと思う。

教養といったとき、たとえばグローバル化のなかで異文化を理解する重要性は常に強調されるが、外国語を知るのは当たり前として、ではそこから先、何を学ぼうかというと、漠然としていて困ってしまうのではないだろうか。その点、古くから受け継がれ様々な事物につながっているギリシア・ローマ神話は、西洋文化というピラミッドの土台、エアラインのハブ空港みたいなものであるから、異文化を学んでいくきっかけとして最適なのである。

さらに古代神話は、諸芸術、小説や漫画、アニメやドラマ、映画などを通じ、西洋という枠組みにとどまらず世界に浸透している。なぜ人々は神話に魅了され、それを受け継いできたのだろうか。人間の本質を理解する手掛かりとしても、神話を探究していこう。

第一章 神話は生き続ける

「ギリシア・ローマ神話」は、古代ギリシア文明の時代（前八～前四世紀）に記録されたものが中心となっている、神々と太古の英雄についての物語群である。その後も新たな解釈・物語が加えられながら語り継がれ、古代ローマを経て、西洋文化の重要な要素へと昇華した。さらに西洋にとどまらず、現代世界において様々な形でギリシア・ローマ神話は生き続けている。

まず、堅苦しい話は抜きにして、「こんなところに古代神話が生きている」例を紹介し、神話が単なる古代の遺物ではない、ということを実感してもらおう。

日常の中の古代神話

NIKEとVICTORIA

古代ギリシア人は「勝利」を、ニケという翼をもった女神の姿で擬人化していた。それが、スポーツ用品メーカー「ナイキNIKE」の由来。ナイキのマーク（＝スウッシュ）はニケの翼をイメージしている。また、オリンピックは古代ギリシアで開催されていたオリュンピア競技会に由来するが、その結びつきから、夏季オリンピックのメダルには決まってニケがデザインされている（古代に直接由来するのはあくまで夏季オリンピックのほうと考えられ、冬季のメダルにはその伝統はない）。ニケを描いた古代美術作品では、エーゲ海北部サモトラケ島で発掘された彫刻『サモトラケのニケ』が有名で、歴史や美術の教科書でよく紹介されているので、ご覧になったことがある人は多いかもしれない。

また、フランス南岸のリゾート地ニースは、古代ギリシア人がやってきて建設した植民市から発展したのだが、もとの名はニカイア（ニケーア）、すなわち「ニケの町」。トルコ北西部にも同じ名称由来の町ニケーアがあり、キリスト教の公会議の開催地として世界史の教科書に出てくるのはこちらのほうである（現在はイズニク）。

ところで「ニケ」とは、もともと勝利の意の名詞だが、「ニコラオス」という古代の人名は「人々の勝利」という意味で、そこからニコラス、ニコル、ニコラといった人名が派生した。ちなみにサンタクロースは、古代ローマ時代にミュラ（現在のトルコ南沿岸部にあった町）に実在したというキリスト教の慈悲深い聖人「聖ニコラオス」（紀元四世紀中頃に殉教）、つまり「セイント・ニコラス」がモデルになっている。

「ニケ」はローマでは「ウィクトリア Victoria」（ローマのラテン語を表記する際、vは「ウ」）。ギリシアと同様に勝利の女神として擬人化された。英語の「ヴィクトリー」の由来であるVictoriaという言葉は、イギリス女王の名として有名な女性名や地名としても受け継がれている。

このように、古代神話のイメージは世の中の様々な事物につながっているのである。

スターバックスのセイレーン

町中にも古代神話のイメージが存在している。たとえば、世界中に展開しているカフェ「スターバックス」のマークは、意識しないうちに覚えてしまっている人も多いだろう。あれは「セイレーン」という人魚で、ギリシア神話の怪物に由来している。神話のセイレーンは歌声で船乗りを惑わせてしまう海の魔物で、もともとは上半身が女、下半身が鳥の姿と想像されていたが、海にいるとのことで人魚としても描か

上・『サモトラケのニケ』 前2世紀／ルーヴル美術館
下・スターバックスのシンボルマーク

れるようになった。その声に注意しなければならないというところから、「サイレン siren」の語源でもある。ちなみにスターバックスのマークには、「セイレーンの歌声のように、コーヒーで人々を魅了したい」という意味がこめられているそうだ。

地名の由来――ヨーロッパやシャンゼリゼ

次に、神話由来の地名をいくつか見てみよう。

エウロペ=ヨーロッパ

フェニキア（地中海東岸、現在のレバノン）の王女エウロペは、あるとき海岸で従者たちと水遊びをしていた。王女の美しさに魅せられた、ギリシア神話の主神ゼウスは、牡牛に姿を変えて接近を試みる。このようにギリシア神話ではゼウス自ら変身するなど牛がよく登場するのだが、これは古代の農耕において牛が最も身近で重要だったことを反映しているのだろう。ゼウスの狙い通り、エウロペが見事な牡牛に興味をもって近づくと、牛がおとなしかったので、彼女はたわむれに牛の背に乗ってみた。すると牛は走り出し、エウロペをさらってしまった。ゼウスはそのまま西方の地を駆け巡ったあと、エーゲ海の南に浮かぶクレタ島に至る。そこでエウロペはゼウスの子を生んだという。そのとき誕生した子供の一人が、のちにクレタ島の王となるミノス（第六章「テセウスとミノタウロス」参照）。そしてゼウスとエウロペが巡った地が、エウロペ（ラテン語でエウロパ）＝「ヨーロッパ Europe」と呼ばれるようになったのである。

神話といえば星座を通して興味を抱く人も多く、もちろん本書でも星座の由来となった数多くの神話について扱っていくが、ここでの話に関係するところでは、エウロペをさらった牡牛が「おうし座」としてイメージされている。なお星座名は欧米ではラテン語での表記が慣例で、牡牛、おうし座はラテン語でタウルス Taurus。よく栄養ドリンクの主成分となっている栄養素タウリン Taurine は、牛の胆汁から発見されたため、タウルスをもとに名づけられた。

西洋文明の起源として捉えられる古代ギリシア文明はかつて、白人が単独で築き上げた奇跡の文明、と理解されていた。しかし現在では、フェニキアなどの影響を受けながら、その文明を発展させたことがわかってきている。そもそもギリシア文字はフェニキア文字を真似して前八世紀頃に使われるようになったのだ（神話でもエウロペの兄カドモスが妹を探してギリシアにやってきて、文字を伝えたといわれている）。また、フェニキアやギリシア本土と交流をもって、東方からの文化的影響の中継地でもあったのが、右記の神話に登場するクレタ島だった。よって、フェニキアの王女エウロペの名が「ヨーロッパ」の由来となったという言い伝えは、とても示唆に富む話といえよう。つまり神話には、大昔の記憶や語られた時代の状況が映し出されることがあるのだ。

現代でも、エウロペはヨーロッパを象徴する存在である。ギリシアやイタリアではユーロ硬貨に牡牛とエウロペの図案が採用されたことがあったし、二〇一三年から使用され始めた新ユーロ紙幣の透かしにもエウロペがデザインされている。

シャンゼリゼ

パリの有名な大通り、シャンゼリゼ L'avenue des Champs-Élysées は「エリュシオンの園」の意。それは遥か西方にあって、神々に愛された人々が死後に住むとされた楽園のこと。ちなみにエリュシオンは英語でエリジウム Elysium。SF映画『エリジウム』(二〇一三年、ニール・ブロムカンプ監督)では、汚染された地球を去った富裕層の住む、楽園のようなスペース・コロニーの名として用いられていた。

モナコ

フランス南東の都市国家モナコの名も神話から。ギリシア神話中最大の英雄ヘラクレスが冒険の途中に現在のモナコのあたりにやってきたという言い伝えがあり、そこに神殿が築かれて、「モノイコス」すなわちギリシア語の数字の一(モノ)と家(オイコス)から「一軒家」と呼ばれ、地名となっていた(ストラボン『地誌』四・六・三)。これが次第に短縮されて、「モナコ」になったのである。

余談だが、一を表す接頭辞「モノ」は、モノレールやモノローグといった言葉で身のまわりに受け継がれている。また家(オイコス)の管理・運営を意味する「オイコノミア」が「エコノミー economy」の語源である。

アマゾンの由来

女だけの戦闘的集団

次に、地名と関わる有名な神話キャラクターとして、「アマゾン」を取り上げよう。アマゾン（複数形アマゾネス）とは、ギリシアの遥か東方にいたとされる、女だけの戦闘的集団のこと。彼女らは、戦場で敵を一人殺して初めて一人前と見なされたといい、家政にはまったく向かず、戦いや狩りを得意としていた。そうしたイメージから、現代では「強い女」や「勇ましい女」を象徴する言葉として用いられる。ところで、女だけの彼女らがどうやって子孫を残し、集団を維持したのかというと、春にアマゾンの女たちは近隣の他民族の男たちに近づいて、仲良くなって子を作り、男子が生まれると捨てたり殺したりした、と伝えられている。

アマゾンの語源についてこんな説がある。彼女らは、弓や槍を使いやすいようにと、片方の乳房を切り落としていたといわれるのだが、ギリシア語では語頭の「アａ（母音の前ではアンan）」は否定表現で、それに「胸（mazos）」が続き、否定＋胸、つまり片方の乳房がない、という意味からアマゾンという呼び名ができた、という。もっともらしく聞こえるかもしれないが後づけの説明のようで、本来の語源は不明である。なお否定の「ア」は、「アシンメトリー（非対称）」などギリシア語由来の言葉に今でも見られる。

古代ギリシア人は当代にもアマゾン族がいると考えていたが、はたして実在したのだろうか？　女性が主導するような社会が太古に存在した記憶なのであるとか、東方民族の兵士たちに女性が加わっていたことがアマゾン族のイメージのもとになっているのではないかなど諸説あるが、ギリシアは男性中心社会だったので、彼らが考える正しい社会（男性中心社会）の真逆、あってはならない社会、潜在的な恐怖を、想像の次元で思い描いていたのかもしれない。神話では、英雄とアマゾン族が戦うエピソードがいくつかあるが、最終的に男の英雄たちが勝利する。それは、男性優位社会が「あるべき社会」だと再確認・肯定するために語られた可能性があろう。

アマゾン川とAmazon.com

地中海のギリシア人が思い描いた「アマゾン」がなぜ大西洋を越え、南米ブラジルの川の名前になったのだろうか。アマゾン伝説はヨーロッパにおいて受け継がれていた。一六世紀、スペイン人がアメリカ大陸に渡り、各地を探検した際、南米で「女戦士」に遭遇したという報告があったようだ。これはうわさのようなもので事実か不明なのだが、女戦士からアマゾンのことを連想した人々は、アマゾンがいる領域の川、ということでアマゾン川と呼ぶようになったのである。

そして近年「アマゾン」といえば、ネットショッピングのAmazon.comのほうを思い浮かべる人が多いかもしれないが、その名称には、世界最大の（流域面積を誇る）大河アマゾンのように物流の世界で一番の存在になる、という意味がこめられているそうである。

なぜ六月は「結婚の月」か

欧米諸言語の月の名は、ローマ時代に定められたものが原型で、神話に由来した呼び名もある。ここでは日本人にもなじみのある、英語での月名を見ていこう。

一月｜January

ローマの門の守護神で、双面の神ヤヌスJanusに由来。門は始まりと終わりの象徴であり、その二つの顔は前と後ろをそれぞれ見ているというイメージから、行く年来る年を見守る神として、一年の最初の月の呼び名になっている。

二月―February

ローマの冥界の神フェブルウスFebruusに由来。慰霊の祭りフェブルアリアFebrualiaがおこなわれた時期だったため、月の名となった。

三月―March

ローマの軍神マルスMarsに由来。春になって軍事行動が始まる時期だったことから。ときに「戦争好きのローマ人」ともいわれるほど戦争を重ねて大帝国を築いたローマ人にとって、マルスはとても重要な神であった。またローマの暦では一年はもともと一〇カ月で、マルスの月が最初の月だったといわれている。昔々、雪が積もる冬は休戦の時期。雪がとけると戦争が再開され、農耕も始まる。その時期が一年のサイクルの始まりとされたのだ。しかし前八世紀後半に即位したというローマ王ヌマが一年を一二カ月にして、マルスの月の前に二つの月を増やしたと伝えられる。

四月―April

語源はラテン語のアペリオaperioと考えられ、「開く、明らかにする」という意味。花が開くなど、生命の息吹を感じさせる春のイメージに基づくようだが、愛の女神アフロディテ（ウェヌス）に由来するとの説もある。すなわち、アフロディテAphroditeを短縮したAphroから、「アフロディテの月mensis

Aprilis」という呼び名になったという解釈である。あくまで一説だが、ローマ人にとって四月が愛の女神の聖なる月と考えられたのは事実で、春はたしかに生命を育む愛のイメージにも合致するといえる。

五月｜May

ギリシア・ローマの豊穣の女神マイアMaiaに由来するといわれる。豊穣を祈願する季節の月であるからだろう。

六月｜June

ローマの最高神ユピテルの妻、ユノJunoの月が語源。ユノは結婚の女神でもあるので、六月に結婚すると花嫁は幸せになるというジューン・ブライドJune Brideの考え方は、女神に見守られた月というところからきている。日本では六月が梅雨の季節なので結婚式が少なく、ブライダル業界が六月に結婚式を挙げてもらおうとジューン・ブライドを宣伝したともいわれている。ユノはギリシア神話における主神ゼウスの妻ヘラと同一視される。ヘラは夫の浮気に手を焼いてばかりで、結婚を見守る神としてはどうなのかという気もするが、ヘラは決して浮気しない女神でもあるのだ。

神話に直接関わるのはここまでだが、七月以降も参考に。

七月｜July

由来は、ローマの政治家・軍人ユリウス・カエサルJulius Caesar（前一〇〇～前四四年）。彼が太陽暦の「ユリウス暦」を導入した際、自分の誕生月でもあった七月を、自らの氏族名ユリウスの月とした（実はこの氏族名も遡れば神話由来。第七章「ロムルスとレムス」参照）。ちなみにそれ以前は「五番目の月Quintilis」と呼ばれていた。先述のようにかつては三月が一年の最初の月で、七月が本来は五番目の月だったため。

八月｜August

カエサルの養子であったオクタウィアヌスが、ローマ帝国初代皇帝「アウグストゥスAugustus」（在位前二七〜後一四年）となって、暦を修正した際、先述のユリウスの月に続く月を、自らの称号を冠した呼び名にしたのが由来。もともとは「六番目の月Sextilis」。

九月以降

残りの月名はラテン語の数字に由来した形を保持した。先述のように、数字がずれているのは、後から月が二つ増えたからである。

九月September　←　septem（七）　一〇月October　←　octo（八）
一一月November　←　novem（九）　一二月December　←　decem（一〇）

ロミオとジュリエットに見る神話継承

月名に絡めてローマ神話に少しふれたが、ギリシアからそのローマを経て古代神話は受け継がれ、一四〜一六世紀頃にイタリアから各地に広まった古典復興、すなわちルネサンスが神話継承の画期となった。古代への関心が高まったこの時代、芸術家や著述家が、神話を様々な表現に活用した。たとえば、ボッティチェリの『ヴィーナスの誕生』（一四八五年頃）という名画をご存じの方は多いだろう。海で誕生した美の女神ヴィーナス（ギリシア神話ではアフロディテ、ラテン語でウェヌスVenus）が貝殻に乗って島に流れ着く場面を描いた絵だ。神話は、こうした芸術を楽しむための知識でもある。本書では、そうした文化理解に欠かせない豊かな神話イメージについても詳しく紹介していく。

ここではほかに、神話を受け継いだ文学の例について話しておこう。イギリスの劇作家シェイクスピアの『ロミオとジュリエット』（一六世紀末）について、少なくともそのタイトルと、ストーリーの一部くらいはご存じの方が多いのではないだろうか。敵対する家系に生まれたロミオとジュリエットが愛し合い、二人で駆け落ちしようとするのだが、悲劇的な結末に至ってしまうこの物語は、実は古代神話が原型なのだ。それは、ローマの詩人オウィディウスが『変身物語』（四・五五—一六六）において伝えている、「ピュラモスとティスベ」という話である。

昔々、バビロンにピュラモスという美青年と、ティスベという美少女がいた。家が隣同士だった二人は、いつしか恋に落ちる。親たちは二人の恋を許さなかったが、家を隔てる壁に一カ所だけ小さな穴があいていたので、それを通じて二人は語らい、愛を深めていた。

そしてあるとき二人は、密かに会うことを決め、町のはずれにある泉の近く、白い実をつける桑の木のもとで待ち合わせた。約束の晩、こっそり家から抜け出したティスベがそこに着いたとき、ピュラモスはまだ来ていなかった。待っていると、暗闇の中でライオンのうなる声が聞こえてくる。ティスベは身を隠すが、そのときにヴェールを落とした。牛を食い殺して口を血まみれにしていたライオンが、ヴェールを見つけて噛んだので、それは血に染まってしまう。

それから少ししてピュラモスがやってくる。彼は血まみれのヴェールとライオンの足跡を見て、ティスベがライオンに食べられたと思って絶望し、持っていた剣を腹に突き立て自殺してしまったのだった。

しばらくして、もう大丈夫だろうかと戻ってきたティスベが目にしたのは、血まみれのヴェールを握りしめ息絶えているピュラモスの姿。何が起こったかを理解した彼女は、ピュラモスの剣で自らの胸を突いて後を追ったのだった。

その後、待ち合わせ場所にあった桑の木は、二人の血を思い起こさせる赤黒く染まった実をつけるようになったという。

もちろん、シェイクスピアは神話をそのまま流用したわけではなく、その間に他の者たちによる詩や小説も介在しているし、脚色があってこそ『ロミオとジュリエット』は普遍的な名作に昇華したわけだが、神話は多くの芸術作品や物語のルーツなのである。

神話とポップカルチャー

文芸から転じて、ポップカルチャーにおける神話継承について見てみよう。特に子供たちが神話に親しむ機会を提供しているものとしては、たとえば児童小説の『パーシー・ジャクソンとオリンポスの神々』がある。アメリカ合衆国の作家リック・ライアダンRick Riordanによる、半神半人（デミゴッド）の少年パーシーの活躍を描いたファンタジー小説のシリーズ（全五巻、ほるぷ出版、二〇〇五〜〇九年）で、映画化もされている（二作）。また新しい小説シリーズ『オリンポスの神々と七人の英雄』も刊行され、二〇一四年に完結した（全五巻、ほるぷ出版、二〇一一〜一五年）。このシリーズは、神話の神々がいまも存在しているという世界観のもと、現代を舞台に繰り広げられる物語である。そのため本来は神々が住む山であるオリュンポスが、エンパイアステートビルの六〇〇階にあるといった設定がユニークだ。映像になって特に印象的だったのが、伝令神ヘルメスが履いていたという有翼のサンダルが「羽のあるコンバース・スニーカー」になっていたり、怪物メドゥーサを退治するのに用いる青銅の楯がiPodの画面になっていたりする、現代風にアレンジされたシーン。こうした作品では元ネタ探しも楽しいのではないだろうか。

このように神話をモチーフにした作品は数えきれないほどある。往年の名作映画では、英雄ペルセウスの物語をもとにした『タイタンの戦い』。特撮技術の巨匠レイ・ハリーハウゼンが製作に携わった一九八一年公開の映画だが、二〇一〇年に同タイトルでリメイクされ（ルイ・レテリエ監督）、その続編も製作されている（『タイタンの逆襲』ジョナサン・リーベスマン監督、二〇一二年）。また英雄といえば、ギリシア神話最大の英雄ヘラクレスを題材にしたディズニーのアニメ映画（『ヘラクレス』ジョン・マスカー、ロン・クレメンツ監督、一九九七年）や、実写映画も複数ある（近年では『ヘラクレス』ブレット・ラトナー監督、二〇一四年）。

直接的に神話を題材にしたものではなくても、キャラクター名など至るところに神話イメージは顔を見せている。同じく映画の例を挙げよう。たとえば先述の結婚の女神ユノは、英語でジュノ。現代の若者の妊娠・出産をテーマにした映画のタイトルが、『ジュノ』だった（ジェイソン・ライトマン監督、二〇〇七年）。結婚、母性の象徴として女神の名を用いたのだろう。ちなみに主人公の少女ジュノを演じたエレン・ペイジは、『インセプション』（クリストファー・ノーラン監督、二〇一〇年）では「アリアドネ」というこれまたギリシア神話にまつわる役名で登場している。アリアドネは、英雄に糸玉を与え、迷宮から糸をたどって戻ってくるよう手助けした女性。役名「アリアドネ」には、迷宮のような夢のなかの世界に入っていく主人公を助ける役回りが示されている。そもそも「エレン」という名前の起源も「ヘレネ」という神話の美女なので、ギリシア神話と縁があった人である（エレン・ペイジは二〇二〇年にトランスジェンダーであることを公表し、エリオット・ペイジに改名。ちなみにエリオットという名は、ヘブライ語で神を意味した表現まで由来が遡るが、ギリシア神話とは関係ない）。

このように神話イメージが用いられる背景には、フィクション創作の際の利便性があるのだろう。ギリシア・ローマ神話は前述のように西洋文化の伝統として世に浸透してきたので、創作の素材として用いられやすいのだ。つまり、フィクションといってもまったくの無からの創作というのはなかなか難しいから、名称、世界観、イメージを神話から借用したり、着想の源が神話にあったりするわけだ。よって、もちろん映画にとどまらず、小説や漫画、アニメやドラマ、コンピュータゲームなどにも神話イメージは受け継がれている。神話はイメージの「アーカイブ」、すなわちイメージ資料保管所であり、そのように現代世界においても参照され活用されているからこそ、文学や芸術にあまり親しみのない人も含めて広く一般にまで神話イメージが浸透し続けているのである。

アメリカの映画の例を挙げてきたが、それはハリウッド映画、特にファンタジーやSF映画が、古い神話の伝統をもたない米国が創造している「現代の神話」という性質があると思うからだ。たとえば、二〇一六年公開のヒーロー映画『バットマンvsスーパーマン』においてバットマンを演じたベン・アフレックは、本作について語るなかで、ギリシア神話に「アメリカ神話」をなぞらえ、特に本作の題材のようなスーパーヒーローを神話の英雄たちに重ね合わせていた。彼は脚本家、監督、プロデューサーでもあり、ハリウッド映画について知り尽くしている人なので、その言葉には説得力があるだろう。また本作の題材であるスーパーマンは、アメリカンコミックス最初のスーパーヒーローだが、その原作者ジェリー・シーゲルの着想の源の一つが神話の英雄ヘラクレスだったという。

ところで、こうして特に英雄神話が再生産されるのは、英雄神話が「普遍性」をもつからである。英雄の物語には、出自に特別な事情がある「選ばれし者」が自己実現に向かい、それまでの世界を飛び出して何かを求めて旅や冒険へ出発し、助けを得ながら前進、怪物や強大な敵などの困難を克服して帰還するという「人間の成長」が見て取れる。それは普遍的な物語原理であるから、映画や漫画などの物語、そして成長する主人公を演じるコンピュータゲーム（ロールプレイングゲーム）などにおいて、神話は「再生」し続けているのだ。映画の脚本家などストーリーを生み出すクリエイターは、だからこそ神話を学ぶという。また、アメリカの神話学者ジョーゼフ・キャンベルによる、世界中の神話における英雄物語の「パターン」析出に影響を受け、映画監督ジョージ・ルーカスが「現代の神話」たる『スター・ウォーズ』を生み出したことはよく知られている（ジョーゼフ・キャンベル、ビル・モイヤーズ『神話の力』ハヤカワ文庫、二〇一〇年）。こうした意味で、神話は再生産され続ける人類の遺産なのだ。

日本の漫画・アニメと神話イメージ

さて、昔から西洋の教養だった神話は、西洋文化をさかんに取り入れた日本にも浸透している。そして神話をモチーフにしたポップカルチャーでは、日本独自の発展を遂げ、それが逆に欧米に影響を与えていたりもするので、そんな例を見てみよう。

聖闘士星矢《セイントセイヤ》

『週刊少年ジャンプ』に連載された（一九八六〜九〇年）、車田正美作の漫画およびそれをもとにしたアニメ作品。漫画、アニメ共に世界観が少々変わったりしながら続編的な作品が生み出され続けている。ギリシア神話と星座が、物語とキャラクターのモチーフになっていて、主人公の星矢は「ペガサス」の聖闘士。ほかに美形キャラクターとして女性に人気を得たアンドロメダ瞬といったキャラクターが登場する（神話ではアンドロメダは女性だが、こちらは男性）。

私の小学〜中学時代、同級生に聖闘士星矢の大ファンが何人もいて、この物語を通じてギリシア神話に関心をもった人が多かったのを覚えている。車田正美には先に『リングにかけろ』というボクシング漫画の作品があるのだが、実はこちらにもすでにオリュンポス一二神をモチーフにしたキャラクターたちが登場していた。

聖闘士星矢は海外でもアニメが放映され、多くのファンを得ている。ちなみに先述の映画『タイタンの戦い』リメイク版の監督、フランス人のルイ・レテリエも聖闘士星矢の大ファンだった縁で、映画公開時には車田による映画とのコラボレーションポスターが製作された。

美少女戦士セーラームーン

武内直子作の漫画、またそれを原作とした人気アニメ。主人公の月野うさぎ（セーラームーン）と地場衛（タキシード仮面）のそれぞれの前世、月の王女プリンセス・セレニティと地球の王子エンディミオンの恋の物語が全編のモチーフとなっている。その原型が、月の女神セレネと美しい青年エンデュミオン（エンディミオン）の神話である（第八章「エンデュミオンとセレネ／ルナ」参照）。また主要キャラクターは神話に由来する惑星名をイメージしており、たとえば金星ヴィーナスを象徴とするキャラクター（セーラーヴィーナス）が「愛野美奈子」。ヴィーナスが愛の女神であることを示す「愛野」に加えて、「美奈子」の読み方を変えると「ビナス」というわけだ。

一九九〇年代、女の子たちに絶大な人気があった物語なので、これも神話イメージを広く一般に浸透させた作品といえる。また先述の聖闘士星矢と共に、海外でも多くのファンを得ており（二〇一四年には新しいアニメ『美少女戦士セーラームーンCrystal』がWebアニメとして世界配信された）、その影響は世界に及んでいる。

大学で神話について話していると、必ず毎学期、西洋の古代神話が大好きな学生に出会う。彼ら彼女らは、やはり神話を受け継いだポップカルチャーに接して興味を抱くことが多いようだ。

それに比べて、古来の日本神話について知っている若者は明らかに少ないとも実感する。その要因の一つには、いわゆる皇国史観につながるものとして日本神話が戦後、特に学校教育においてタブー視されてきたことがあるだろう。西洋の影響力は歴史的に甚大であるから、神話を含む西洋文化全体が日本をはじめ世界に浸透しているのも当然だが、日本では固有の神話が公にあまり語られなくなり「神話の空白」状態にあったために、ギリシア・ローマ神話がとりわけ入ってきやすくなった、といえるのかもしれない。

ともあれ異文化の神話を摂取した日本は、右記のような作品によって、ギリシア・ローマ神話の世界への浸透に一役買っているわけなのだ。

神話は万物につながる

数限りない神話由来の名称

神話についての知識は基本的には「文科系」になるだろうが、神話は科学用語にも影響を与えている。たとえば、科学的世界観を支える概念、「元素」の名称には、天空神ウラノスに由来する「ウラン」や、冥界の神プルートーに由来する「プルトニウム」などがある。また医学に関する言葉でも、心拍数を増大させるなど命に関わる薬物アトロピンは運命の女神アトロポスに、痛みを鎮めるモルヒネは夢心地のような状態にさせるということから夢の神モルフェウスに由来しているし、そもそも医療のシンボルである蛇の巻きついた杖は「医神アスクレピオスの杖」なのである。いわゆる「理科系」分野においても、こうした例は数えきれないほどある。

さらに、芸術や学問から離れたスポーツにも神話イメージはつながっている。オリンピックが古代ギリシアにおいておこなわれていた競技会に遡るのはよく知られているが、その古代オリンピックは主神ゼウスを崇める祭典だった(第四章コラム参照)。勝者に与えられるメダルに勝利の女神が描かれていることにも、古代神話のイメージが生き続けているのである。その競技会は英雄ヘラクレスが創始したともいわれ、スポーツと関わりの深いヘラクレスは、サッカーチームの名前や、国際的な陸上競技大会の名称にもなっている。またサッカーといえば、世界的に有名なオランダのサッカークラブ、アヤックスの名は、アイアスという英雄に由来する。

このように神話は、まさに万物につながっており、果てしない知識や探究の広がりをもたらしてくれるのだ。

人間は神話と共に

法学や経済学、医学や工学など、社会において直接的に役立つような学問を「実学」というのに対して、文学のような分野を「虚学」といったりするが、神話知識は虚学の最たるものだろう。人間は食べないと生きていけないし、重い病気になったら治さないと死んでしまう。法を守って社会をつくり、また技術を駆使していろいろと便利な物を作り出し、それをお金で売買して日々生活している。そういったことに関わる知識は、やはり直接的に人間社会を支えているといえる。それに対して神話などなくても人間は生きていけるはず。ところが、常に神話は存在している。神話には、人間が求め続ける魅力があるのだ。

世界に浸透しているギリシア・ローマ神話を例に、その魅力を、そして人間社会への影響を学んでみよう。

第二章では、あらためてギリシア・ローマ神話の成り立ちから見ていく。神話自体について知りたいという方は、第三章以降、興味をひく見出しの箇所から読んでもらってもかまわない。以降は、順番通りに読まなくても理解できる事典のような形になっている。本文と相互補完的に、重要な神話イメージとその現代への影響について紹介している巻末資料も参照しながら、各自の関心に沿ってお読みいただきたい。

Column【曜日名の由来】Thursdayと雷神トール

曜日名も神話と関係があるので、補足的に紹介しよう。先に「週」について。月の満ち欠けに基づく太陰暦を使っていた古代バビロニア（ギリシア・ローマよりも先に繁栄したメソポタミア南部）では、新月から七日たつごとに休日としていた。また、東地中海沿岸部の古代ユダヤの伝承に基づく旧約聖書の『創世記』には、天地を創造した神が七日目に休まれた、とある。七日を一区切りとするこうした考え方が地中海世界に広まって、「週」の概念が定着していった。古代の人が把握していた惑星と太陽と月を足すと、週の日数と同じ七つ。紀元後のことだが、ローマ帝国では週七日のそれぞれに惑星名をつける考えも広まり、後世に受け継がれた。惑星には以前から神々のイメージが重ねられていたから、曜日名も神話に関係する。ここでは英語の曜日名を例に、成り立ちを見ていこう。

まず日曜日は、ローマで「太陽神ソルSolの日」と呼ばれていた。ローマ帝国北方にいたゲルマン民族が週の概念を受け入れていくなかで、「太陽の日」と翻訳したのがもとになって、英語のSundayとなった。月曜日も、ローマで「月の女神Lunaの日」だったのが、ゲルマン民族によって「月の日」と訳されMondayに。火曜日からはちょっと複雑だ。ローマでは「軍神マルスMarsの日」だったが、ゲルマン民族がマルスを、ゲルマンの戦いの神テュールと同一視して、「テュールの日」としたことが、Tuesdayの由来。後述するように残りの曜日の名もゲルマンの神々と関係している。

ここで、ゲルマン民族と英語の歴史について、ごく簡単だが補っておこう。いまのドイツにあたる地域など、ローマ帝国の北にいたゲルマン民族は、南方の帝国領内に侵入。ついに西ローマ帝国を滅ぼし（五世紀後半）、各地に移動、建国する。こうしたゲルマン系の国々がのちのヨーロッパ諸国の枠組みを築いていくのだが、その過程でゲルマンの文化とローマのラテン文化とが融合していった。英語は、ローマ以来の要素にゲルマン系のアングロ・サクソン人、ノルマン人の要素が入って成立発展した言語で、曜日名に関してはゲルマン系の呼び名を受け継いだのである。

では、ローマの曜日名がゲルマンの影響を経て、どう変わって英語に残ったかをまとめておこう。

【日】太陽神ソルSolの日——◉ゲルマン民族によって「太陽のsunnan日」と訳されたのがもとになって［**Sunday**］

【月】月の女神ルナLunaの日——◉ゲルマン民族によって「月のmonan日」と訳されたのがもとになって［**Monday**］

【火】火星を象徴する、戦いの神マルスMarsの日——◉ゲルマンの戦いの神テュールと同一視（古英語でTiw）されて［**Tuesday**］

【水】水星を象徴し、知謀をめぐらせる神で、死者を冥界に導く役目も果たす神メルクリウスMercuriusの日——◉ゲルマンの賢明な神で死の神という面もあるオーディンと同一視（古英語でWoden）されて［**Wednesday**］

【木】木星を象徴し、天空の神として雷をあやつるユピテルの日——◉ゲルマンの雷神トールと同一視（古英語でThunor）されて［**Thursday**］

【金】金星を象徴する、美の女神ウェヌス——◉ゲルマンの美の女神フレイアと同一視（古英語でFrigg）されて［**Friday**］

【土】土星を象徴する、ローマの農耕神サトゥルヌスの日——◉ゲルマンの神に直接対応する神がなかったので、原型を残して［**Saturday**］

なお、イタリア語、スペイン語など、ラテン語の影響が強い言語では、ローマ神話の要素が残っている。たとえばスペイン語では日曜日domingoはラテン語の「主dominus」に由来し、キリスト教の神の日だが、月曜から金曜は古代ローマの神名が受け継がれている。すなわち、月曜lunesはルナ、火曜martesはマルス、水曜miércolesはメルクリウス、木曜juevesはユピテル、金曜viernesはウェヌス。なお土曜sábadoは、先述のように古くから週七日で区切る慣習をもっていたユダヤの宗教の安息日、「サバト」が由来である（参考・唐沢一友「英語の曜日および月の名称について」『桐朋学園大学紀要』二六、二〇〇〇年、一八五〜二〇二頁）。

ちなみに唯一絶対の神を崇める一神教として、キリスト教にとって先輩、兄や姉のようなユダヤ教では、土曜日（正確には金曜の晩から土曜の日没まで）を安息日として、仕事をしてはいけないという決まりがある。現代でも基本的にはユダヤ教徒の間で守られているのだが、そのユダヤ教から分離して発展したキリスト教が、ユダヤ教と異なることを明確化する方策の一つとして、仕事をしない日を日曜に変えたのだ。また日本では、明治になって太陽暦が採用されてから西洋的な週の概念が浸透し、今に至る。

第二章
ギリシア・ローマ神話とは何か

基本知識

この第二章では、ギリシア・ローマ神話とはそもそも何なのか、どのように受け継がれてきたのか、といった基本知識を紹介していく。まずギリシア・ローマ史の流れを簡単に述べておこう。前二〇〇〇年紀、ギリシアでは小王国が分立していた。この時代は代表的な遺跡にちなんでミュケナイ時代と呼ばれている。前一二〇〇年頃、王国分立時代は終焉を迎え、それから四〇〇年間ほど、人口が減少して国家と呼べるものは成立せず、文字記録もない時代が続いたが、この間に社会変化が進んでもいたのだろう。前八世紀頃、各地でポリスと呼ばれる民主的な市民共同体国家が誕生する。以後、前四世紀にかけて、ポリス社会を中心に様々なギリシア文化が発展する時代である。

一方、地中海各地に進出したギリシアの影響を受けながら発展したのがローマだ。ローマはイタリアを統一し、前二世紀にはギリシアを征服する。さらに地中海世界を統一し、のちのヨーロッパの土台を築いた。ギリシア文化と、それを受け継いでときに発展させたローマ文化が、西洋文化の基礎なのである。

では、ギリシア・ローマ神話とは何なのか。先述のミュケナイ時代の記憶、さらにそれ以前の遥か昔まで遡る記憶が、文字の使われなかった間も口承で受け継がれていたようだ。前八世紀以降のギリシア人たちは、そうした太古を神々と人間が近しい関係にあった時代とイメージして、物語を語り継いだ。それは人間の姿で思い描かれた畏怖すべき神々と、その神々の子孫で実在したと信じられた英雄たちとが織りなす多彩なドラマである。ポリスが成立する前八世紀頃にギリシア人はアルファベットを用いるようになるので、我々が「ギリシア神話」として把握しているのは、これ以降に記録されたものになる。

そうした物語を伝えていたのは、主に詩人たちである。彼らは昔から受け継がれた物語を祭典などの際に歌った。最も有名な詩人が、伝説上のトロイア戦争について歌ったホメロスと、神々の系譜を歌ったヘシオドスだ（共に前八世紀頃）。詩人たちが歌った「口承詩」は、のちに文字に書き下されて後世に伝わった。なお、神話中に登場する昔の詩人（アオイドス）は竪琴を奏でながら歌っているが、すでにできあがった詩を歌う後代の詩人（ラプソードス、ラプソディの語源）は伴奏なしで吟じたらしい。祭典で上演された演劇でも神話が題材とされ、こちらも神話を伝える重要なメディアだったし、ほかにも神殿など公共の場の彫刻や絵画、日常生活で目にしたであろう陶器の装飾画などを通じて、人々は神話イメージと共に生きていたのである。また人々はあらゆる事象の背景に（目には見えないが）神的存在があるとも考えていた。たとえば神々が人間感情にまで影響を与えていると想像したのだ。そして神々が世界を、昔も今も動かしていると考え、崇めたのだった。

先述のように、こうしたギリシア文化を継承していったのがローマである。ローマにも固有の神話があったが、神々はギリシアのそれと重ね合わされるなど、ギリシア神話の強い影響を受けていく。そのため、たとえばギリシア神話の主神「ゼウス」はローマのラテン語では「ユピテル」と呼ばれるなど、ほぼ同じイメージの神について複数の呼び名が並存している場合がある。ただし、もちろんローマ固有の要素もあったし、ローマの詩人によって新たな解釈が生まれたり、エピソードがつけ加えられたりして、物語がより豊かになったともいえる。前一世紀後半以降、ローマが帝国になった時代には、従来の神々への畏怖の心が変質し、神々の恋愛物語が好まれるようになった。こうした面ではローマの詩人オウィディウスが扱った多くの神話題材が有名で、後世の芸術に多大な影響を与えており、「ギリシア神話」といったとき、特に芸術関係でイメージされているのはローマ要素の強い神話の場合もある。「ギリシア・ローマ神話」という併記は、こうした事情をふまえた呼び方である。

神話はフィクションか

ギリシア・ローマ神話は、一人の王や一つの国の意図に沿って統一的に生み出されたわけではないし、聖書のような聖典にまとめられたわけでもない。それぞれの土地の言い伝え、詩人や著述家の解釈・創作、権力者の意向などを反映しながら、多様な物語が生み出された。だから数多くの異伝、矛盾もある。しかしそれゆえ、ギリシア・ローマ神話は物語とイメージがたいへん豊かなのだといえるだろう。

現代において小説などが映画化される際にも、諸般の事情で原作と内容が変えられたり、物語の続編のみならず「前日譚」が後から生み出されたり、本来は脇役であったキャラクターを主人公にした新たな物語が創られたりすることがあるから、物語が変化し、新たな創作のもとに広がっていくことは、イメージできるかもしれない。古代においても似たようなものとして理解できるであろう様々な「創作」がなされることがあったのだが、古代の場合、神話は伝統化されて「事実」、あるいは事実を超越して疑うことのできない「真実」と考えられたことが特徴である。何らかの意図のもとで個人の改変や創作があっても、それが語り継がれて定着すれば、作り話とは見なされなかったのだ。そうした点で、神話は現代人にとっての「フィクション」とは異なる。たとえばギリシアの劇作家たちは、神話を題材に同時代の社会問題などども意識して劇を創作したが、語り継がれてきた物語の大枠はあくまで維持していた。このように、皆が好き勝手に話を創っていたというわけではない。神話は作者が明確なフィクションではないからこそ、古来の「本当のこと」として伝統になっている中核が定まっていたうえで、解釈や創作がつけ加えられ、社会・時代が受け入れたものが広まり、浸透して、また新たな伝統となっていったのだ。

本書で見ていくように、古代神話の神々はキリスト教などとは違って、人間の良いところも悪いところも極端な形で投影されているような存在である。善良とは限らず、騙し合ったり姦通したりする神々を思い描くことを、哲学者クセノファネス（前六世紀）やプラトン（前四二七〜前四五七年）は批判した。ただし、こうした「神話批判」は例外的である。それにプラトンは、あくまで神話の内容を批判したのであって、教育に役立つような立派な神と英雄の姿こそ語るべきと考えていた。その意見は、神話が社会に多大な影響力をもって浸透していたことをあらためて示しているといえよう。

ところで古代ギリシアといえば、「科学」に至る合理的精神を育んだ時代でもある。神話を信じていたのと矛盾するようにも思えるが、諸現象の原因をなんとか説明しようとして神々を想定したり、様々な神話からより妥当と考えられたものが受け入れられていったりしたことは、ある意味「合理的」でもあり、諸学問を発展させたギリシア精神と矛盾するものではないのだ。

なお「神話」と対比される「歴史」の誕生もギリシアにある。前五世紀のヘロドトス、トゥキュディデスという二人の歴史家は、当代の人間の戦争に目を向け「歴史」を語ったが、両者とも神話を「歴史的事実」として扱っている例があり、伝統化した神話が本当のこととして定着していたことがよくわかる。しかしこの点では、現代においても「歴史的事実」が公平中立に、客観的、絶対的に定められると安易に考えるのは危険だろう。定められるよう志向すべきだが、「歴史」は、「神話」、つまり伝統化され本当と考えられるようになった物語と、常に交差する可能性がある。虚偽の情報が渦巻き、神話のように創られた話が影響を及ぼすこともある現代においてこそ、こうした古代神話のリアルな力をあらためて意識する必要があると私は思う。

古代神話の継承

　ローマ帝国時代、東地中海沿岸部において一神教のキリスト教が誕生し、ときに新興のあやしげな宗教と見なされ迫害されながらも信者を増やし、紀元四世紀にはついに国教となった。ローマ帝国が解体しても、キリスト教はヨーロッパの宗教として浸透・定着したわけだが、そのキリスト教のもとでも古代の多神教の神々は消え去ることなく受け継がれた。どのようにして並存したのだろうか。

　キリスト教以外の神々は、たとえば「死後に崇められた太古の偉人や権力者、つまり人間のことだからキリスト教の唯一神とは矛盾しない」と考えられ、その物語が語られ続けた。なお神話の中核に歴史的事実があるとする考え方を、神々とはもともと偉人のことだと主張した前三〇〇年前後の著述家エウヘメロスから、エウヘメリズム Euhemerism という。

ボッティチェリ『ヴィーナスの誕生』 1485年頃／ウフィツィ美術館

　また古代神話は、自然や宇宙の力を象徴したものであるとも理解され、星の名や星座の由来説明としても残ったし、古代の神々は人間の徳などを擬人化したものであるという寓意解釈が強調されることもあった。

そして古代神話にあらためて強く関心が向けられ、さかんにギリシア・ローマの神々が芸術において取り上げられるようになった画期が、一四～一六世紀頃の古典復興、すなわちルネサンスである。名画『ヴィーナスの誕生』に代表されるように、芸術家や著述家が、もともとの神話を強く意識しながら様々な表現に活用して受け継ぎ、西洋文化の重要な要素として古代神話を定着させたのだ。

神話は、近世・近代の学問発達に伴い研究対象にもなって、その背景や意味がいろいろな観点から捉えられるようになった。考察の対象は世界中の神話に及んだが、その中心にあったのは、やはり西洋文化の大いなる源泉たるギリシア・ローマの神話だったといえる。また神話自体は虚構と考えられるようになっていたわけだが、一八七三年、ギリシア神話に語られるトロイア戦争の舞台、トロイア遺跡が発掘され（第七章「トロイア遺跡」参照）、遥かな太古をイメージして語られた神話の背景にはときに歴史的事実があることが明らかになって、大きな反響を呼んだ。このように神話は、芸術、学問、古代のロマンなど、様々な関心のもとに受け継がれてきたのである。

では次章より、ギリシア・ローマ神話のエッセンスについて整理しながら、それらが現代にいかにつながっているのかについて、あらためて紹介していこう。

Column【星座はいくつあるか】

古来、人間は天の星々の配置に様々なイメージを重ね合わせ、航海などの際に目印としてきた。西洋の星座群はメソポタミアやエジプトからギリシアを経て、その過程で新たな星座が考え出されたり、神話と結びつけられたりしながら、受け継がれてきたものである。いつ定まったのかはっきりとはわからないが、太陽の通り道にあるように見えて重視された「黄道一二星座」が最古と考えられている。

二世紀に、エジプトのアレクサンドリアで活動したギリシア人の天文学者プトレマイオスが古来の星座を四八個に整理し、それが「トレミー（プトレマイオスの英語読み）の四八星座」と呼ばれ、ヨーロッパにおいて長らく標準となっていた。その後、ヨーロッパ諸国が海を越えて世界に進出する大航海時代（一六世紀〜）になると、北半球のプトレマイオスが観測できなかった南天の星座も加えられるなど星座は増え、一九二八年の国際天文学連合総会において世界共通のものとして「八八星座」が定められて、現在に至っている。そしてその多くに、ギリシア・ローマ神話の由来説明があり、本書では、そうした物語も紹介していく。

第三章　世界・神々・人間の成り立ち

この章では、世界の始まり、世界を司る神々の登場、原初の人間にまつわる神話について見ていこう。

始まりのカオス

ヘシオドス『神統記』によると、始原に存在したのはカオス（混沌）だった。そこにガイア（大地）とタルタロス（冥界の最下層、奈落）が生まれる。また愛の神エロスも誕生したという（のちに美の女神アフロディテの子と考えられるようになった）。そしてカオスから、エレボス（暗黒）とニュクス（夜）が生じ、両者が交わってアイテル（光）とヘメラ（昼）が生まれた。ニュクスは単独でタナトス（死）、ヒュプノス（眠り）なども生んだという。

さらにガイアは単独でウラノス（天空）と山々、そしてポントス（海）を生み出す。このポントスとガイアが交わり、海の神々・精霊と様々な怪物が生じることになる。

そして大地たるガイアは天空たるウラノスと交わって、神々の第二世代であるティタン神族を生み出していった。彼らは、オケアノス、コイオス、クレイオス、ヒュペリオン、イアペトス、クロノスという六人の男神と、テイア、レア、テミス、ムネモシュネ、フォイベ、テテュスの六女神だった（ディオネという女神が加えられる場合もある）。オケアノス（大洋）とテテュスの間から、冥界を取り巻く川「ステュクス」、ギリシアを流れる川「アケロオス」といった河神が生じたとされるなど世界はさらに形成されていく。このティタン神族の子孫たちや、オリュンポス神族がティタンに取って代わる経緯については、後述する。

ここでは原初の神々に由来するものを紹介しておこう。まずカオス chaos は「混沌」の意味で一般名詞化した。また予測できない複雑な現象を扱う「カオス理論」という言葉にも用いられる。混沌というとネガティブに感じるかもしれないが、本来の「カオス」は様々な要素が渦巻き、あらゆる物を生み出す可能性を有している。「カオス理論」も、そうしたイメージのほうを念頭においているといえる。さらに誰もが知っている「ガス」という言葉の由来もカオス。フランドル地方（現在のフランス北部やベルギー西部にまたがる地域）の医師で気体を研究していたヤン・ファン・ヘルモント（一五七九～一六四四年）が、chaos の発音をフランドル風に少し変えて使い始めた造語である。

ニュクス（夜）はラテン語では「ノクス Nox」といって、たとえばノクターン nocturne（夜想曲）、ノクターナル nocturnal（夜の、夜行性の）といった単語はラテン語系の表現。アイテル（光）は、光を伝播させるとかつて想像された物質の呼び名「エーテル」の由来。ヘメラ（昼、日）といえばルネサンス期の小説、ボッカッチョの『デカメロン』。そのタイトルはギリシア語の「デカ（一〇）」と「ヘメロン」、すなわち「一〇日間の物語」の意である。

母なる大地ガイア

神々の母ガイアについては、もう少し詳しく見ていこう。ガイアは大地を擬人化した女神で、天空神ウラノスとの間に多くの神々を生んだ。主だった神々であるオリュンポス一二神はガイアの孫の世代にあたる。原初の女神のイメージ、そして大地を女神とする発想は世界の神話に見られ、そこには「生命を生み、育む女性」のイメージが重ねられているのだろう。

イギリスの科学者ジェームズ・ラヴロックは、地球全体を生命体として捉える考え方を、「ガイア仮説」と表現した。環境問題が人類共通のものになっている今の時代、地球全体を擬人的に意識させるその言葉は、ますます重要なキーワードになっていくかもしれない。

また大地は「ゲー」ともいい、geography（「大地についての記述」＝地理）、geometry（「大地を測ること」＝幾何学）といった言葉につながっている。そして人名「ジョージ George」（ドイツ語ではゲオルク、フランス語ではジョルジュ）の由来である「ゲオルギオス」という古い人名は、「大地を耕す人＝農夫」の意。

一方ガイアの夫である天空神ウラノスは、英語でウラナス Uranus、すなわち天王星のことである。

ラテン語では大地のことを「テラ」といって、「テラ・マテル」すなわち母なる大地（マテル mater がラテン語で母）、あるいは「テルス」という大地を擬人化した女神がローマでも崇められていた。テラ terra に由来するのが、テリトリー territory、テラス terrace といった言葉。そしてテラもガイアと同じく、地球を意味する表現として用いられている。

ティタン神族

巨神族の支配

次にガイアに続く神々について見ていく。大地の女神ガイアと、天空神ウラノスとの間に生まれた神々、すなわちクロノスを筆頭とする巨神族ティタンが、当初は世界を治めたという。元素名チタン（Ti）はこのティタン神族に由来する。また「ティタン Titan」は、巨大なものを表現する言葉として受け継がれた。有名なところでは、イギリスの豪華客船「タイタニック Titanic」がある。二〇世紀初頭に建造され、航海の途上、氷山に激突して沈没した船で、映画の題材にもなったことから、ご存じの方も多いだろう。

またティタン神族のオケアノスは、大地のまわりを囲んでいると想像された大洋の擬人神で、妹である女神テテュスとの間に川や泉を生み出した。このオケアノスが「大洋、海、オーシャン ocean」の語源。ちなみにローマのサンタ・マリア・イン・コスメディン教会にある、有名な「真実の口」の彫刻は、オケアノスの顔を描いたものと考えられている（海神トリトンの顔と紹介されることもある）。この彫刻はローマ時代のいわばマンホールの蓋だったので、水を司るという意味で大洋の擬人神を描いたのだろうか。大洋の向こうに死者の楽園（エリュシオン）があると想像されたように、オケアノスは死と再生の象徴でもあり、石棺などにも描かれた。

ヘシオドスによると、ガイアとウラノスの間には、キュクロプスという一つ目の巨人や、一〇〇本の腕と五〇個の頭をもつヘカトンケイルという粗暴な巨人もそれぞれ三人生まれるが、ウラノスはこれらを嫌い、冥界の最下層タルタロスに閉じ込めてしまったという。ウラノスの横暴に憤ったガイアは、子のティタン神族にウラノスの力を奪うよう命じ、その方法を教えた。そしてティタンのクロノスは、父であるウラノスの性器を大きな鎌で切り取って（！）力を奪ってしまい、支配者となったのである。

そのときに流れた血が大地ガイアに滴り、後述の巨人族ギガスが生じた。またその血からは、罪の追及、復讐の女神であるエリニュスたちも生まれた。父が息子クロノスに傷つけられたような、特に肉親間での争いや不当な行為に対しての罪を追及する女神たちである。

切り取られたウラノスの性器は海に落ちたが、そのとき生じた海の泡からは、なんと美の女神アフロディテが誕生した。アフロディテはのちにオリュンポスの神々に加わる（この誕生譚はヘシオドス『神統記』による説明。異説は後述）。

子を食らうクロノス

クロノスは姉のレア（レイア）を后として、世界に君臨する。しかしクロノスはガイアとウラノスに予言を告げられていた。それは父と同様にクロノスも子に王位を奪われるというものである。予言を恐れたクロノスは、レアとの間に生まれてきた子たちを次々に飲み込んでしまう。

古代ローマ人は古い世代の神クロノスを「サトゥルヌス」という古の農耕神と同一視していた。スペインの画家ゴヤのたいへんおどろおどろしい絵画『我が子を食らうサトゥルヌス』はこの物語を描いている。サトゥルヌスは英語で「サターン」、すなわち土星のことで、土曜日Saturdayの呼び名の由来でもある。

またローマでは、冬に七日間にわたってサトゥルヌスの祭り＝サトゥルナリアが開かれた。人々は見世物を楽しみ、贈物を交換しあったという。この冬の祭りが「クリスマス」の原型の一つという解釈もある（第五章「ローマの太陽神」参照）。

なおクロノスCronosは、古代ギリシア語で「時」がクロノスChronos（「時の」という意味のchrono-の由来）だったことから時の神とも見なされ、時間に関する事物の名称にも用いられることがある。

オリュンポス神族誕生

ゼウスの登場

ティタン神族と争い、覇権を握ったとされるのが、ゼウスを筆頭とするオリュンポス神族だ。ギリシア神話の中心的存在である、彼らの成り立ちを見ていこう。

我が子を次々と夫に飲み込まれて嘆き悲しんだレアは、ゼウスを身ごもるとクレタ島に行き、生まれたゼウスを隠して、布で包んだ石を赤子と偽ってクロノスに渡す。クロノスは疑わずにそれを飲み込んだ。

ゴヤ『我が子を食らうサトゥルヌス』
1820-23年／プラド美術館

　そしてゼウスは密かにニンフ（自然界の精霊）によって育てられた。このニンフの名はアマルテイアといって、飼っていた牝山羊の乳をゼウスに飲ませたという（あるいはアマルテイアが山羊の姿をしていたとも）。その山羊の角が折れ（ゼウスが折ったとの伝えもある）、果物や花があふれるようにそこから生じてくる不思議な角として受け継がれた。この「アマルテイアの角」はラテン語で「コルヌコピアエ」（「豊穣の角」の意。「豊穣」の意のコピアは「コピー」の語源）といい、豊かな実りの象徴表現として用いられるようになり、米国では秋の感謝祭のシンボルになっている。

　成長したゼウスは、父クロノスに薬を飲ませ、それまでに飲み込まれた兄弟たちを吐き出させた。飲み込まれていた者たちも、そもそも不死の神々だったからか、父の体内で生き続けていたのである。こうして、ヘラ（ゼウスの妃となる）、ヘスティア、デメテルの三姉妹と、ポセイドン（ゼウスの兄、弟とする伝えも一部にある）、先述のアフロディテ、さらにゼウスとヘラや他の女神との間の子（ホメロスによるとアフロディテもゼウスとティタン神族の女神ディオネとの娘）が加わって、オリュンポス山に居場所を定めた神々が、オリュンポスの一二神である（後述するようにハデスはゼウスの兄弟だが、地下の冥界の神なので一二神には入っていない）。

　オリュンポスは標高二九一七メートルのギリシアで最も高い山だ。人々は最高峰に神々が住んでいると想像したのだろう。日本では光学機器メーカーの名「オリンパス Olympus」としても知られている。

神々の世代間闘争

ゼウスをリーダーとしたオリュンポスの神々は、彼らの親を含むティタン神族に戦いを挑んだ。この戦いを「ティタノマキア」という（マキアは「戦い」の意）。争いは一〇年にわたり続くが、ゼウスらは冥界の最下層タルタロスに閉じ込められていた先述のキュクロプスとヘカトンケイルを解放して味方にした。このとき、火を扱い鍛冶に優れるキュクロプスによって、ゼウスは雷光、ポセイドンは三叉の矛、ハデスはかぶると姿を隠せる兜という、それぞれの象徴となる物を与えられたという。この助力もあって、ゼウスたちは最終的に勝利した。そしてティタン神族はタルタロスに幽閉され、ヘカトンケイルが牢番となった（後述の巨人族との戦い後にティタン神族は解放されたとの伝えもあるように、ティタンとその子孫はその後も神話に関わってくる）。ここに、オリュンポス神族が世界を支配する時代が到来する。

ゼウスとテュフォン　前6世紀後半の陶器画／古代収集館

その後ゼウスたちは、ガイアから生じた巨人族ギガスとも戦った（ギガントマキア）。ゼウスらは人間の協力がなければこの戦いに勝利できないと予言されていたので、ゼウスと人間との間に生まれた英雄ヘラクレス（第六章「ヘラクレス」参照）を味方に引き入れる。ヘラクレスの弓矢による支援もあって、オリュンポス神族はギガスを全て倒すことができた。

このギガスという言葉が、基礎となる単位の一〇億倍を示すギガ giga や、ジャイアント giant といった表現につながっている。ちなみに一〇〇〇倍を示す「キロ」は「キリオイ（一〇〇〇）」、一〇〇万倍を示す「メガ」は「メガス（大きな)」、一兆倍を示す「テラ」は「テラス(驚異、怪物)」という古代ギリシア語に由来している。

さて大地から生じたティタン神族とギガスを打ち破ったオリュンポス神族に怒った大地ガイアは、タルタロスと交わって怪物テュフォンを生み出す。巨体で、翼を備え、腿から上は人間だが、腿から下は巨大な蛇、肩からは一〇〇の蛇の頭が生えているという怪物である。「タイフーン typhoon」の語源という説もある、暴れたら手がつけられないこの怪物に、オリュンポスの神々も苦戦するが、ついにテュフォンをシチリア島まで追いつめ、エトナ火山の下に封印したと伝えられる(アイスキュロス『縛られたプロメテウス』三六三行以下)。ここに至りガイアもゼウスらを認め、オリュンポス神族の支配が確立したのだった。

この神々の世代間闘争の背景には、先住民と侵入民の争いという歴史的出来事があるのではないかと推測されている。ギリシア人の先祖は、前二〇〇〇年頃に当地にやってきた人々だが、ティタン神族やギガス族が先住民を、オリュンポス神族が侵入民たるギリシア人を象徴しているのではないかとの解釈である。この話がそうした「事実」をどれほど反映しているか、はっきりとはわからないが、いずれにせよこの神話の成立には、親を超える子供、それを恐れる親という、普遍的なイメージが大きく影響しているのではないだろうか。

神々の司る領域

以下に、オリュンポスの神々の名や司る分野についてまとめておくが、目立ったエピソードのないヘスティアの代わりにディオニュソスを一二神に入れる場合もある。そのディオニュソスと、ゼウスの兄であるハデスも加えて、十四神を挙げた。ハデスは冥界の支配者なので(兄弟間でどこを支配領域とするかくじ引きで決めたと伝えられる)、天上にいるとされた一二神には入っていないが、代表的な神としてここでは共に挙げた。
また神々にはローマ人による呼び名であるラテン名もあって、こちらが浸透している場合も多いので併記しておく（以下のラテン語表記では「.j」は「ユ」、「v」は「ウ」の発音）。ローマでは主だった神々はコンセンテス・デイ（調和した神々）と呼ばれていたが、正確な構成は伝わっていない。しかしオリュンポスの神々を模していたようで、構成はギリシアと同様だったと考えられる。
前述のように神々は天体と重ね合わせてイメージされてきたので、英語で惑星名になっているものは英語発音と共に付記した。なおこれらの神々は、次章以降で個別に詳しく紹介していく。

ギリシア名／ラテン名（　）内は英語発音

アテナ Athena（アシーナまたはアシーニ Athene）／**ミネルウァ Minerva**（ミネルヴァ、ミナーヴァ）……ゼウスから誕生した、戦いと知恵、技芸の女神。

アフロディテ Aphrodite（アフロダイティ）／**ウェヌス Venus**（ヴィーナス＝金星）……海で泡から誕生。美と愛欲の女神。

アポロン Apollon／**アポロ Apollo**……ゼウスと女神レトとの子。神託や文化的な領域を司る神。アルテミスと双子。太陽の神でもある。

アルテミス Artemis（アーテミス）／**ディアナ Diana**（ダイアナ）……森と山野を駆ける狩猟の女神。アポロンと双子。月の女神でもある。

アレス Ares（アリーズ）／**マルス Mars**（マーズ＝火星）……軍神。ローマで重視された神。ゼウスとヘラの子。アフロディテの愛人。

ゼウス Zeus（ジウス）／**ユピテル Jupiter**（ジュピター＝木星）……天空の神にして、神々の支配者。

ディオニュソス Dionysus（ダイアナイサス）、別名バッコス Bacchos／**バックス Bacchus**（バッカス）……ゼウスと、テバイという町の王女セメレとの子。酒、祭り、豊穣の神。

デメテル Demeter（ディミータ）／**ケレス Ceres**（セリーズ）……大地、豊穣の女神。ゼウスの姉。ゼウスとの娘ペルセフォネ Persephone（パーセファニ）は冥界にさらわれ、ハデスの妻となった。ラテン語でプロセルピナ Proserpina（プロセパイン Proserpine）。

ハデス Hades（ヘイディーズ）※古い形ではアイデス、アイドネウス、別名プルートーン／**プルートー Pluto**……ゼウスの兄で、冥界の神。

ヘスティア Hestia（ヘスティア）／**ウエスタ Vesta**（ヴェスタ）……家の中心であるかまどの女神。

ヘファイストス Hephaistos（ヒフェスタス Hephaestus）／**ウルカヌス Vulcanus**（ヴァルカン Vulcan）……工芸、鍛冶と火の神。ゼウスとヘラの子。ヘラが単独で生んだともいわれる。アフロディテの夫。

ヘラ Hera（ヘラ、ヒーラ）／**ユノ Juno**（ジュノ）……ゼウスの正妻で、結婚の女神。

ヘルメス Hermes（ハーミーズ）／**メルクリウス Mercurius**（マーキュリー Mercury＝水星）……ゼウスと女神マイアとの子。商業、旅、盗みの神。伝令神として様々な場に顔を出す。

ポセイドン Poseidon（ポサイドン）／**ネプトゥヌス Neptunus**（ネプチューン Neptune＝海王星）……ゼウスの兄で、海神。

原初の人間と大洪水

今度は、人間の歩みに目を向けてみよう。実はギリシア神話では最初の人間について統一的な誕生譚は語られていない。ギリシア神話とは別物である聖書の物語（旧約聖書の『創世記』）では、神が世界も人間も動物も創造したと語られているのと対照的である。ギリシア人にとっては、人間が存在するのは当たり前だったのだろうか（地域によっては「大地から生まれた」と人間の起源を伝えているところもある）。ほとんどの神々を人間の姿でイメージしていたギリシア人は、結局のところ、きわめて人間中心の世界観をもっていたといえるかもしれない。ただし、原初から存在していた人間というのは、あくまで「男」のこと。「女」は神が創造し、地上に送られたことになっている（本章「パンドラ」参照）。こうした考え方は、やはり古来の男性中心の世界観を反映しているのだろう。

さて人間たちは地上に増えたが、しだいに堕落していった。そこでゼウスは人類を滅ぼそうとして、大洪水を起こす。しかしこのとき、正しい人であったデウカリオンは父プロメテウス（次項参照）から警告を受けていたので、箱船を建造して、妻のピュラと共に大洪水を乗り切ったのだった。神々を敬う二人はゼウスに許され、この二人から再び人間が増えたのである。二人が神託を受けて石を投げたところ、それが変化して人間が誕生したと伝えられる（アポロドロス『ギリシア神話』一・七・二、オウィディウス『変身物語』一・三六二行以下）。これは、人間の固い骨の由来を説明しようとして生じた話なのかもしれない。またアポロドロスは、ゆえに「石 laas」が「人々 laos」という言葉の由来だともつけ加えている。

さらにその後、デウカリオンの子ヘレンがギリシア民族（自称はヘレネス）の祖となり、ヘレンの子アイオロスなどがそれぞれギリシア民族のアイオリア人などの種族の祖となったと説明されている。これらは、方言形などの違いがありながらも同じ民族という意識をもっていたギリシア人全体の起源を体系的に説明しようとして、後づけで語られるようになった神話なのだろう。ただし、こうした神話の共有が民族意識を強めたという面もあると思われる。神話的物語の共有による民族意識強化は、近現代の民族についても指摘されるところだ。神話は事物を説明し、ときに現実を形づくっていくほうにも作用しうるのである。

ところで、聖書にも似たような洪水伝説、すなわち「ノアの洪水」の物語があるが、デウカリオンもノアの洪水も、古代メソポタミアの洪水伝説に影響を受けていると考えられる（大洪水の神話・伝説について詳しくは拙著『大洪水が神話になるとき』河出書房新社）。

プロメテウス――火をもたらした神

奪われた火

プロメテウスは、オリュンポスの神々の前に世界を治めたティタン神族の子孫だが（ティタンのイアペトスの子で、後述のアトラスと兄弟。一説には母は、オケアノスの娘で地名アジアの由来であるアシア）、ゼウスたちが支配するようになった時代には地上に暮らしており、人間の側に立つ存在で、物語によっては人間のようにイメージされている。オケアノスの娘クリュメネとプロメテウスとの息子が（異説あり）デウカリオンで、こちらも人間的存在として先述の大洪水の物語に登場している。

プロメテウスは神に捧げる犠牲獣の取り分を、神々と人間とでどう区分するか交渉したという。彼は、骨を脂肪でくるんだほうと、肉と内臓とをうまく見せないように皮に包んだほう、どちらを神々の取り分とするかゼウスに問うた。ゼウスは騙されて（あるいは全て見抜いたうえで）、前者を選び、儀式で神々に捧げられるのは動物の骨の部分になり、食べるのに良い部分は人間が利用するようになったという。これは、慣習の由来を説明し正当化しようという起源神話なのだろう。

神をあざむこうとしたプロメテウスへの報復として、ゼウスは人間を困らせようと「火」を奪ってしまった。そこでプロメテウスは、鍛冶の神で火を扱うヘファイストスのもとに（あるいは太陽神のもとに）行き、ウイキョウという茎の太い植物に火種を移して火を盗み出し、人間に与えたのだった。また哲学者プラトンの著作『プロタゴラス』（三二〇D以下）において伝えられるところによると、プロメテウスと弟のエピメテウスは神に命じられ、神が創った動物や人間にふさわしい装備や能力を分配することになったが、軽率な弟が動物に暖かな毛皮や鋭い爪や牙、速く走る足を与えてしまったため、人間に与えるものがなくなったので、プロメテウスが神のもとから火を盗み出し、人間に与えたという話もある。

いずれにせよ、人間に火を与えたくなかったゼウスは怒ってプロメテウスを捕らえ、この世の果て（とギリシア人が漠然とイメージしていた）、コーカサスの山の岩に縛りつけてしまう。そして大鷲に肝臓を食べられるという罰をプロメテウスに下した。しかもその肝臓はゼウスの力によって毎日再生する。つまり、プロメテウスはいつまでも痛みに苦しんだ（彼はのちに英雄ヘラクレスによって解放されたと伝えられ、一説には神々の仲間に復帰したともいわれるが、その後について詳しく語られていない）。

ゼウスの怒りはそれでおさまらず、火を得た人間にも怒りの矛先を向けた。そこで地上に、あらゆる災厄と共にパンドラという女を送ったのである。プロメテウスはゼウスに捕らえられる前から仕返しを予想して弟に忠告していた。神から送られるものは、決して受け取るのではないぞ、と。しかし弟は忠告を忘れて、地上に送り込まれたパンドラの美しさに心奪われ、妻にしてしまった（「プロ・メテウス」は「先に考える者」、「エピ・メテウス」は「後で考える者」の意）。エピメテウスとパンドラの娘がピュラ。デウカリオンの妻となった女性である。この二人から人間は増えていったのだという。

ギュスターヴ・モロー『プロメテウス』
1868年／モロー美術館

喩えとしてのプロメテウス

火によって人類は文明の第一歩を踏み出したわけであるから、プロメテウスは神に逆らって人間に文明をもたらしたといえる。またプロメテウスこそが土に水を加えてこね、神々の姿に似せ人間を創りあげたとの伝えもある（アポロドロス『ギリシア神話』一・七・一、オウィディウス『変身物語』一・七六～八八）。

こうしたイメージから、人類に何かもたらしたり、創造したりする者の喩えとして、プロメテウスの名が用いられる。フランケンシュタイン博士が人造人間を作り出すという、メアリー・シェリーの有名な小説の原題は『フランケンシュタイン、あるいは現代のプロメテウス』（一八一八年）である。現代でもたとえば、「人類の起源」をテーマにしたリドリー・スコット監督のSF映画のタイトルが『プロメテウス』（二〇一二年）だった。そして「火」といえば、原子力のことを、「プロメテウスの火」「第二のプロメテウス」と表現したりもするのである。

パンドラ――最初の女

プロメテウスの火盗みを前日譚とする、パンドラの物語について見ていこう。ゼウスは人間をこらしめるためにパンドラという最初の女を創造して、あらゆる災いを閉じ込めた壺と共に人間界に送った。それまでは、地上にいる人間とは男だけだった。神々が様々な能力を与えて創ったので、「パンドラ」とは「全ての（パン）贈り物（ドロン）」に由来する。

地上に送られたパンドラは、プロメテウスの弟エピメテウスと暮らし始めるが、先だって持ってきた「壺」を決してあけないようにとゼウスに言いつけられていた。しかし全能のゼウスはパンドラが壺をあけてしまうことを見越していた。パンドラは好奇心から壺をあけ、壺の中に入れられていた病苦などのあらゆる災厄が飛び出し、世界に広まってしまったのである。

　この物語は、そもそも人間とは「男」で、「女」は後から誕生した、しかも世の不幸は女がもたらした、という考えを表している。聖書でも神はアダムという男を創造し、後から女のイヴを創造したとされており、本来の人間は男だけだと宣言するような話は、ギリシア神話と聖書において一致している。ここには古代の男性中心社会の発想が色濃く影を落としているといえよう（ちなみに、DNAレベルでいうと人間は本来「女」なのであり、「男」は副次的な存在と考えられるのだが）。この神話を伝えたヘシオドスがそもそも「女嫌い」だったともいわれるが、パンドラの物語が広まっていたことから、男性優位の世界観が社会全体に存在していたことが窺える。

ローレンス・アルマ=タデマ『パンドラ』 1881年／個人蔵（提供：Bridgeman Images ／アフロ）

　ところで、パンドラの「箱」じゃないのか？と思った方がいるかもしれない。一般に広まっている「パンドラの箱」という表現は、オランダの人文主義者エラスムス（一四六九頃～一五三六年）が、ギリシア語で壺や甕を意味する「ピトス pithos」を、ラテン語で箱を意味する「ピクシス pyxis」と訳してしまったことから広まった。よって本来は「パンドラの壺（甕）」が正しいといえる。

　パンドラの話には続きがある。災厄が飛び出して驚いたパンドラが壺の口をふさいだので、「希望」だけは人間の手元に残った、といわれているのだ。神が人間をこらしめるために災厄をこめた壺に希望が入っていたのは一見奇妙な感じがする。この点には様々な解釈が提案されてきた。

岩波文庫版のヘシオドス『仕事と日』の当該箇所の注釈では、訳者である松平千秋が、希望は良いものという理解で説明を加えている。たしかに希望自体は良いものとしても、飛び出てしまえば人間のもとから離れるということなので、希望がなくなるという災厄になるのを見越してゼウスが入れていた、との解釈が成り立つかもしれない。ただし松平自身が、災厄をこめた壺に良いものが入っていたのは首尾一貫しないといわれればその通り、と述べているように、考え始めるとなかなかややこしい問題である。希望が残っているほうがかなわなかったときの絶望が大きい。つまり希望も災厄である。希望があるから苦しい状況に執着して、いつまでも苦しみ続けることにもなる。あるいは災厄を乗り越えた先の希望がなければ、その災厄は脅威とならない。希望が見えるから災厄がより強調される、など、「希望をもつから苦しむのが人間」という、人間の本質を語っている物語でもあるといえるのではないだろうか。

以上から、「パンドラ」あるいは「パンドラの箱」という表現は、「あけてはいけないもの、知ってはいけないこと」の喩えとして用いられ続けている。

五時代の説話

ヘシオドスによれば、人間の歩みは五つの時代に分けられている(『仕事と日』一〇六行以下)。

最初がティタン神族のクロノスの時代。この時代の人間は正しく高潔で神のように暮らしたとされ、「黄金の時代」と呼ばれている。この言葉の影響で、現代でも繁栄を「黄金時代 Golden Age」と表現するのである。

次は、オリュンポス神族が世界を治めるようになった「銀の時代」。人間は強欲になり、神々を敬わなかったため、主神ゼウスが彼らを滅ぼしてしまったという。そこでゼウスは青銅の種族を創造し、「青銅の時代」となるのだが、彼らは暴力的で、互いに争い滅んでいったという。整合的に理解しようとするなら、この時代の終わりが、本章で述べた「デウカリオンの洪水」にあたるはずだが、そうした対応についてヘシオドスは明確には語っていない。

後に続くのが「英雄の時代」。この時代にはのちに物語が語り継がれることになる偉大な英雄たちが数多く現れた。しかし人類全体の堕落は止まらず、トロイア戦争（第七章参照）などの争いによって衰えてしまった。

最後に到来したのが「鉄の時代」。神話を語る詩人たちは、この時代こそ徳を失った今の人間が生きる時代と捉えていたのである。

現代から見てギリシアの青銅器時代末期と捉えられるのは、神話の英雄が活躍したとギリシア人が想像していた時代。その後、ヘシオドスの時代（前八世紀頃）にはすでに鉄が普及していた。つまり、青銅、英雄、鉄という時代名は、実際の時代の移り変わりにある程度は対応しているといえよう。

なお、近代の科学文明発展のもとに「進歩」の世界観が広まるのだが、人間の長い歴史においては、この五時代のイメージのごとく「昔はよかった」的な感覚のほうが普遍的だったといえる。あまりに懐古趣味でも問題だが、謙虚に過去に目を向けて学んだりすることも常に大切だから、このような感覚にふれるのは今でも意味のあることだろう。また、そもそも人間には過去にあった「黄金時代」を想定し憧れる傾向もあるのかもしれない。現代でも、遥かな過去の時代にロマンを感じたり憧れたりする人は数多くいるのではないだろうか。

Column【神殿】神々の住まい

古代ギリシア人は「神々の住まい」として、神像や奉納物を収蔵する神殿を建設した（壁や標石によって区切られた神聖な領域で、神殿も含むのが「聖域・神域」）。列柱が印象的なギリシアの神殿で最も有名なのが、アテネの守護神アテナを祀ったパルテノン神殿だろう。

神殿は様々な装飾に彩られていて、パルテノン神殿外観の大理石彫刻も、アテナをはじめとした神々と神話を描いた壮麗なものだった。しかし、それらの装飾は戦乱などの際に損傷したうえ、残存していた大理石彫刻の多くが一九世紀にイギリスのエルギン卿によってパルテノン神殿から取り外され、英国に持ち去られてしまった。これらは「エルギン・マーブル」とも呼ばれて、大英博物館に収蔵されている。かねてギリシアは返還を要請しているのだが、大英博物館側は応じていない（返すと、その他の多くの収蔵物の所有権についての議論も表面化することに逡巡する事情もあるのだろう）。なお二〇〇九年に開館したアテネの新しいアクロポリス博物館には、エルギン・マーブルのレプリカが展示されている。ギリシアは本物を返還してもらってこの博物館に展示することを切に望んでいるのだ。

さて神々を祀る儀式は、神殿があった聖なる領域すなわち聖域・神域においておこなわれたわけだが、なかでもギリシアの儀式で特徴的だったのが、動物の供犠である。たとえば牡牛をほふって犠牲として捧げ、骨を焼いて天に煙を昇らせ、肉は共同体の人々に供された。それは、あまり肉を食べる機会がなかった当時の人々にとって貴重な機会だった（神々と人間の動物供犠の取り分については第三章「プロメテウス」参照）。

各神域には、諸々の儀式を執りおこなう男女の神官がいた（くじで選ばれたり、代々担う一族がいたりした）。女性の神官は、女性が担う数少ない社会的役割の一つだった。そうした役割としては、デルフォイにおいて神託を下した巫女「ピュティア」が有名である（第四章「アポロン」参照）。

ところでギリシア人は地中海世界に進出していたので、特にイタリア南部やシチリアには、今でもギリシア神殿が残っている。たとえばイタリア南部カンパニア州のパエストゥム（ペストゥム、古代のポセイドニア）には、見事なポセイドン（ネプトゥヌス）神殿やヘラ（ユノ）神殿が現存する。

なおギリシア人がこのようにイタリアを訪れていたことが、「ギリシア」という名称につながっている。ギリシア人の自称は「ヘレネス」だが、一地域の住民「グライコイ」がローマ人と交流をもったので、ローマ人はギリシア人全体を「グラエクス」、彼らの土地を「グラエキア」と呼んで、それが各国の言語に受け継がれ、日本では「ギリシア」（あるいは、発音しやすい表記のほうでギリシャ）とカタカナ表記しているのである。

またローマの神殿といえば、有名なのが「パンテオン」。ローマの様々な神を祀る場所としてパラティヌスの丘に建造された神殿で、「全ての神々の神殿（万神殿）」の意。前一世紀に建造された建物は焼失してしまい、現存するのは二世紀に皇帝ハドリアヌスによって再建されたもの。直径四三メートルほどのドーム状のデザインが特徴である。七世紀からはキリスト教の聖堂として利用されて受け継がれ、現在に至っている。なおパリにも古代建築を模して一八世紀に建造されたパンテオンがあり、フランスの偉人を祀る霊廟となっている。

第四章 神々の世界(一)オリュンポスの一二神

神々は様々な面で人間を超越した力を有するわけだが、一方で現実の人間と同様に喜んだり怒ったり、愛したり憎しみ合ったり、争い合ったり苦悩したりする存在でもあった。こうした姿は、神話という巨大スクリーンに映し出された人間像でもあったといえる。人間の良いところも悪いところも極端に描き出されたような神々の姿に、人々は共感したり、畏怖したりしたことだろう。

本章と次章では、そのような神々について個別に紹介していく（五〇音順）。成り立ちをすでに概観したオリュンポス一二神から見ていくが、女神ヘスティアに代わって一二神に加えられるようになった酒神ディオニュソスも含むので、以下では一三神を挙げている。またゼウスの兄弟で冥界の神ハデスは次章で扱うことにする。

アテナ／ミネルウァ――戦いと知恵の処女母神

古代アテネの守護神

アテナは、兜、槍、防具で武装した凛々しい姿でイメージされた戦いの女神。有翼の勝利の女神ニケを伴うほか、知恵の象徴たるフクロウとも一緒に描かれる。名前の類似に示唆されるように、特に古代アテネ（アテナイ）の守護神だった。太古にアテナは槍で大地を突き、オリーブの木を生えさせてアテネの人々に与え（古来、オリーブは地中海世界の名産物）、崇められるようになったという。

神々には添え名、修飾がつくことがある。たとえばアテネの守護神としてのアテナは「アテナ・ポリアス」として崇められ、後述のように技芸の神としては「アテナ・エルガネ（労働のアテナ）」と呼ばれた。同じ名前とイメージの神でも、司る領域の一つが特に強調されたり、ある集団や土地との結びつきが強調されたりと、個性化して崇められたのである。

夫や子をもたないアテナは「乙女（パルテノス）」であって、アテネ市の中心部に今もそびえるパルテノン神殿は、「乙女の神殿」の意でアテナを祀ったもの。現存しないが、神殿の中には黄金で飾られた高さ一〇メートル以上のアテナ像があった（戦時などに持ち出せるよう、黄金は着脱可能だったという）。世界遺産を選定するUNESCOのロゴマークがパルテノンをモチーフにしているように、この神殿は歴史的遺産の象徴たる存在である。

アテナはローマでは「ミネルウァ（英語でミネルヴァ、ミナーヴァ Minerva）」という女神と同一視された。ローマには別に戦いの女神ベローナがいたこともあって、本来ミネルウァにはあまり戦いのイメージはなかったが、アテナと同一視されたため後世ではやはり戦いの女神と捉えられ、たとえば戦艦など戦闘に関するものにミネルウァあるいはアテナという名称が見られる。

アテナは「アイギス」という防具を身につけていたという。それは胸当てや、大きな楯でイメージされた。アイギス aigis は英語でイージス aegis。最新鋭のレーダーを備えた戦艦を「イージス艦」というのは、これに由来する。つまり、アテナの防具のような優れた防御能力を備えている、という意味なのだ。

知恵の女神

アテナは知恵の女神でもあった。その性質は女神の誕生に関係している。まだアテナが生まれる前、ゼ

アテナ・パルテノス像　前5世紀／アテネ国立美術館

ウスは天空神ウラノスと大地の女神ガイアから予言を授かっていた。ゼウスと、最初の妻の女神メティス（「思慮」の意）との間に生まれる子が、最高神ゼウスの地位を奪うというのだ。それを恐れたゼウスは、身ごもったメティスを飲み込んでしまった。その後ゼウスは額に激しい痛みを覚えたので、鍛冶の神ヘファイストスがゼウスの額を割ると（！）、そこからアテナが武装した姿で誕生した。つまりアテナは「思慮」の化身として、知恵を司るのである。

また、生みの母がいないアテナは、ゼウスに忠実な娘でもある。

荒唐無稽な誕生譚で、このような合理的に説明しがたい話こそ神話の魅力と捉える向きもあるかと思うが、「男が単独で、従順な娘を生み出す」という話は、命を生み出す力は女性だけのものではないとうったえながら、父娘の結びつきを強調・正当化しているという、男性中心の世界観の暗示として解釈できるかもしれない。

さて知恵の女神でもあるアテナ／ミネルウァは、出版社など、知的産業に関わるものの名前にもなっている。また、二世紀前半のローマ皇帝で、ギリシア文化を好んだハドリアヌスが、「アテナ神殿」の意の学問研究機関アテナイオンをローマに設立したことから、英語のアテネウム Atheneum、フランス語のアテネ Athénée など、研究機関や図書館、学校を意味する言葉につながっている。

アテナの聖鳥フクロウも、知恵の象徴である。夜行性のフクロウは、「人間には見えていないものが見える」という畏敬の念からか、賢い鳥であるとのイメージがあった。古代アテネの硬貨にフクロウが描かれていたのだが、現代のギリシアで造られたユーロ硬貨にもそのデザインを模したものがある。ユーロ硬貨の表側は共通デザインだが、裏は各国ごとに異なっていて、その国に縁の深いものが描かれているので、旅行などの際にユーロ硬貨を手にしたとき観察してみよう。

テイレシアス

アテナは激情を見せることもある。アテナが森の中で裸になって水浴びしているところに、テイレシアスという男が出くわし、女神の裸体を見てしまった。それに気づいて激怒したアテナは、彼から視力を奪うのである。ただし代わりに、彼に予言の力を与えたという（アポロドロス『ギリシア神話』三・六・七参照。彼はテバイという町の有名な予言者となり、他の物語にも登場する）。

テイレシアスには以下のような異説も伝えられている。あるとき彼が交尾している蛇を見て雌のほうを殺したところ、なぜか彼自身が女になってしまった。そして七年後、再び交尾している蛇を見て今度は雄を殺すと、男に戻ったという。そのときゼウスと妻のヘラは、性交時の快楽は男と女とどちらが大きいか言い争っていた。そして両性の経験があるテイレシアスが、「女の快楽が一〇倍大きい」と言ったところ、ヘラは怒って彼を盲目にしたのだが、代わりにゼウスが予言の力を授けたというのだ（『変身物語』三・三一六以下）。目が見えない者が特別な能力をもつという発想は古来よくある。何かの能力をもたない者は他の能力に秀でているはずだと考えられたのだろう。

アラクネ

オウィディウス『変身物語』（六・一〜一四五）に伝えられる機織り勝負にも、アテナの怖い一面が垣間見える。アテナは技芸、特に機織りの守護神でもあったが、その腕前に並ぶほどだと自分の技を誇るアラクネという女がいた。神に自分を並べて自慢するとは不敬な行為であるからアテナもこらしめてやろうと考えたのか、実際に勝負することになった。共に素晴らしい技で美しい絵を織っていくが、アラクネのものは神として負けられないアテナがいら立つほどに見事だったという。しかしアラクネが織った絵は、神々が人をあざむく場面などで、立派な姿を描いたものではなかった。女神はその内容にも怒ってアラクネの織物を引きちぎってしまう。アラクネは屈辱のあまり首をくって死のうとするが、そこでアテナはアラクネの姿を、糸を吐いて機織りをする蜘蛛に変えてしまったのだった。クモ綱の節足動物を英語でarachnidというのは、このアラクネ（ギリシア語で「蜘蛛」）に由来している。

女神崇拝＝マザコン？

先述のように古代ギリシアは男性優位の強い傾向を有した社会だった（ローマも基本的にはそうである）。そうしたなかで、アテネの守護神が「女神」だったことは不思議にも思えるが（ほかにも女神を守護神とした国はあった）、その理由として、以下のような事情が考えられる。

まず、生命を生み出す女の属性を有する「女神」を崇めるという宗教形態がたいへん古く、その名残として女神の重要性が存続していたという解釈（第五章の「大母神」参照）である。

一方、以下のようにも考えられるかもしれない。ほとんどの社会活動を男性が担う社会であったからこそ、女性は家庭にずっととどまることになり、結果として子供に対して女性の影響力のほうが圧倒的に大きかった。そのため成人しても市民は深層心理において母性を常に求めていたものの（いわば潜在的マザコン）、男性優位社会において母たち＝現実の女性を讃えるわけにもいかないので、「処女にして市民の疑似的母たる守護女神」という女神イメージを男性たちが形成していった、というような説明である（処女母神を崇める心性について詳しくは、松村一男『女神の神話学――処女母神の誕生』）。ともあれ、処女神にして皆の母という性質は、のちのキリスト教の聖母マリアに通じるような「女神」「ヒロイン」の普遍的イメージといえるだろう。

アフロディテとエロス／ウェヌスとクピド――愛の神々

美しき女神

アフロディテは美と愛欲を司る女神で、美しい成人女性の姿をしている。ローマ神話ではウェヌスVenus、英語ではヴィーナスと呼ばれ、ヴィーナスは金星のことでもある。

先述のように、ヘシオドスによると海で泡の中から誕生したというアフロディテ（「泡」は古代ギリシア語で「アフロス」というので、語源に関係あるのかもしれない）は、貝殻に乗って風に運ばれ、まずペロポネソス半島の南方のキュテラ島に、それから東地中海のキプロス（キュプロス）島にたどり着いたといわれている。それでアフロディテはキュプリス（キュプロスの女神）と呼ばれることもある。ボッティチェリの有名な絵『ヴィーナスの誕生』は、こうした場面をイメージしたもの。この絵でも女神はちゃんと貝殻に乗っている。ちなみにその貝は、古くから豊穣のシンボルだった帆立貝で、アフロディテには豊穣の女神という一面もある。

アフロディテ／ウェヌスは、美しい女性をイメージさせる言葉として世に浸透しており、最も知名度のある古代神の一人である。美や愛欲という、人間にとって普遍的かつ根源的なものを象徴した神として、これからも受け継がれ続けることだろう。

女性記号♀の由来

古代の陶器画に、アフロディテが手鏡を持って自分の姿を見つめる場面を描いたものがあるが、生物学的に「メス」を意味する記号♀は、このアフロディテの手鏡に由来している。一方♂は、アフロディテの愛人だった軍神アレスの、槍と楯を組み合わせたイメージから。これらは、一八世紀スウェーデンの博物学者で、動植物の分類を考えたリンネが、雄雌を表すのに用いて広まったといわれている。そもそも♀や♂の記号は、古来の占星術で惑星を示す記号だった。先述のようにアフロディテ（ヴィーナス）は金星、アレス（マーズ）は火星のこと。リンネはそれらを利用したのである。

愛の神エロス

アフロディテが従えていたのが、小さな体で有翼の美青年あるいは幼児の姿をしている愛の神エロス。ローマではクピド（「欲望」が語源、英語でキューピッド Cupid）またはアモル（「愛」の意）と呼ばれた。エロスは弓矢で人の恋愛感情を操る。黄金の矢で射抜かれた人は恋心を抱き、鉛の矢で射抜かれると相手が嫌いになってしまうのである（一説にはエロスの矢が「や座」の由来）。古代の人々は、人間の感情が外からの神々の影響によって生じるというイメージをもっていた。ルネサンス期には、恋愛が予想できないということを象徴するものとして、目隠しをしているエロスすなわち「盲目のクピド」が描かれ、たとえばボッティチェリの名画『春（プリマヴェーラ）』の上部にいるのが盲目のクピド。エロスは、『神統記』では世界の始まりにおいて誕生したと語られていたが、のちにアフロディテとアレスから誕生したと考えられるようになった。

現代ではエロス eros は「性愛」の意。一方、ラテン語名のクピドは英語のキューピッド、そして「キューピー」へと受け継がれている。キューピー Kewpie は、一九〇九年に米国のイラストレーター、ローズ・

オニールが発表したキャラクターだ。

ちなみに「うお座Pisces」はリボンで結ばれた二匹の魚の姿でイメージされるが、その由来説明のギリシア神話版では（星座によっては、その由来についてメソポタミアやエジプトの神話が広まっていたりする）、アフロディテとエロスがエリダノス川（エリダヌス座）のそばで怪物テュフォン（第三章「神々の世代間闘争」参照）に遭遇して驚き、はぐれないように紐で互いを結び、魚になって逃げた姿だと伝えられている。

またアンテロスというエロスの弟も想像された。アンテロスとはすなわち「アンチ・エロス」、「エロスに報いる」の意。愛に報いないことを罰する神とされた一方で、愛された者がそれに報いることを司る神でもあり、エロスとアンテロスによって相思相愛に至るという発想が生じていったのである。

ヴィーナス（中央）とエロス（中央上部）　ボッティチェリ『プリマヴェーラ（春）』1482年頃／ウフィツィ美術館

なお、エロスは恋愛に関わる事象の擬人神と同一視・混同されることがあり、たとえば恋心の擬人化、ヒメロスがそうだ。アンテロスやヒメロスが、複数いるエロス（複数形エロテス）の個人名という説明・理解がなされることもある。
エロス／クピドのイメージはキリスト教の天使イメージにも影響を与えたのだろう。のちの美術において描かれる、有翼で幼児の姿をした天使をプット（複数プッティ）といい、その姿はエロス／クピドと酷似している。ただし題材がギリシア・ローマ神話であれば弓矢を持っていて、キリスト教絵画であればラッパや竪琴を持って登場する。

美少年アドニスの誕生

アフロディテには多くの恋愛物語が語り継がれている。彼女には鍛冶の神ヘファイストスという夫がいるが、多くの神々や人間と関係をもつのである（「アフロディジア Aphrodisia」とは「性欲」の意）。夫と同じオリュンポス一二神のアレスが愛人で、夫に浮気現場を取り押さえられてしまうエピソードもある（本章「ヘファイストス」参照）。そんなアフロディテの恋愛相手として有名なのが美少年アドニス。アドニス誕生とその後の物語を紹介しよう（『ギリシア神話』三・一四・三以下、『変身物語』一〇・三〇〇以下）。

キュプロスの美しい王女ミュラは、実父キニュラスを愛してしまった。苦悩するミュラの思いをくんだ乳母が、ある夜、ミュラの顔を隠してキニュラスに引き合わせ、二人（つまり父娘）は関係をもち、しかもそのときミュラは父の子を宿したのだった。しかし相手がいかなる女性か確かめたいと思ったキニュラスは明かりを向け、それが実の娘だと知る。キニュラスは怒って娘を殺そうとしたため、国を去ったミュラはアラビアまで至ったところ、哀れに思った神によって彼女は没薬の木になり（没薬は香や鎮痛剤、防腐剤として用いられた樹脂）、その木から生まれたのがアドニスだった。それで没薬あるいは没薬の採れる木のことを myrrh（英語発音は「マー」）という。

生誕時から美しかったアドニスのことが気に入ったアフロディテは、成長するまで待とうと赤子アドニスを箱の中に入れ、冥界の王ハデスの妻ペルセフォネに預けた。アフロディテは「決して箱の中を見てはいけない」と注意していたが、ペルセフォネは好奇心から箱をあけてしまう。赤子の姿を見たペルセフォネはアドニスの美しさに魅了され、箱から出して彼を育てたのだった。

アドニスが少年に成長したとき、アフロディテが迎えにやってくるが、ペルセフォネが彼を渡さず争いになったために、他の神々に裁定してもらうことになった。その結果、アドニスは一年の三分の一をアフロディテと、もう三分の一を地下の世界でペルセフォネと過ごし、残りの三分の一は自由に暮らすことになった。これは種をまいてから地下で成長して芽を出す（地上に帰ってくる）植物の成長を象徴した物語で、アドニスの起源は植物神と考えられる（後述するようにペルセフォネ自身にも似た話が伝えられている）。

アドニスは自由な期間もアフロディテと過ごしていたという。これに嫉妬したのがアフロディテの愛人アレス。狩りに出かけたアドニスのもとに凶暴な猪を送って、それによってアドニスは殺されてしまう。悲しむアフロディテのもと、アドニスはアネモネの花になったのだった（その花が風によって散らされやすいことから、「風の花」の意）。このエピソードを意識して、金星ヴィーナスの近くの小惑星はアドニスと名づけられている。そして「アドニス」は、現代でも美少年の代名詞である。

アポロン／アポロ――文化と理性と失恋の青年神

古代ギリシアの象徴

アポロンはゼウスと女神レト（ティタン神族のコイオスとフォイベの娘）の子で、女神アルテミスと双生の男性神。肉体美を誇る青年の姿でイメージされた。弓を得意とし、音楽の神でもあることから竪琴を持って描かれる。また月桂樹の冠も彼の象徴である。

誕生の地とされたのが、エーゲ海キュクラデス諸島の中心にあるデロス島。古くより聖地とされていて、神殿跡などの遺跡が世界遺産となっている。このデロス島のすぐ東にあるのがリゾートとして有名なミコノス島。現在は無人島であるデロスには、ミコノス島から船で訪れることができる。アポロンは、ときに太陽神ヘリオスと同一視される華やかな太陽の神でもあり、誕生地デロスは最も晴れ渡る島といわれている。またアポロンの添え名が「フォイボス」で、「輝くもの」の意。

アポロンは、芸術、音楽、医術、哲学など、文化的な領域を司る神であり、学芸を発展させた古代ギリシアを特に象徴する神といえる。こうした性質から、学芸の女神ムーサたち（第五章「ムーサ」参照）を伴って描かれることもある。一方、得意の矢で疫病を人々にもたらす恐ろしい面もあった（疫病を、どこからか突然飛んでくる矢に重ねるイメージは後世にも見られる）。こうした性質こそ本来のアポロンのものだったのが、ギリシア文化の発展と共に、文化的で明るいイメージに変化していったのではないかとも推測されている。

ローマでは似たような神がいなかったからか、「アポロ」というほぼそのままの名前で呼ばれ、後世ではキリストと同一視されることもあったほど西洋文化において重視されてきた。そのため、アポロン／アポロの名が受け継がれている例にはこと欠かない。有名なところでは、アメリカのかつての宇宙開発計画「アポロ計画」。そしてそれは、宇宙船の形をイメージした日本の「アポロ」というチョコレートの商品名にもつながっている。

デルフォイの予言の神

アポロンは予言の神でもあった。ギリシア中部のデルフォイにはアポロンの神殿・神託所があり、アポロンが巫女に乗り移って託宣を下すと考えられたのである。デルフォイには「聖石」があって、それが地球の中心とされていた。デルフォイの重要性を示すこの石は、オンファロスすなわち「へそ」と呼ばれ、今でも *omphalos* には「中心、へそ」という意味がある。遺構が残るデルフォイ（デルフィ）は現在、世界遺産になっている。

当地は古名をピュトといい、ピュトンという大蛇がいたが、アポロンがこれを退治し自らの聖地にしたと伝えられ、アポロンはピュティオスとも呼ばれた。キリスト教では特に悪役とされる蛇だが、脱皮するところから古くは生命再生の象徴として信仰対象になることもあったと推測され、アポロンのピュトン退治は、先住民以来の古い信仰にアポロンの宗教が取って代わったことを示唆するとも解釈されている。またデルフォイの巫女はピュティアと呼ばれ（神託、予言を下す巫女は一般にはシビュラ）、神託所において「神の狂気」＝「マニア」にとり憑かれて神託を下していた（熱狂的情熱を何かに向ける「マニア」の語源）。

デルフォイには、神託を求めてギリシア中さらにはギリシア外の国々からも人々が訪れたので、どこで戦争があってどんな情勢かとか、どこそことの貿易が利益を生んでいるとか、どの海域が危険だ安全だといった話など、自然と国際的な情報が集まったことだろう。神託の背景には、関係者たちによる情報の集積と分析があったのかもしれない。

神殿の入り口に刻まれていた有名な言葉が、「汝自身を知れ」。自分をわきまえ、敬虔でありなさいという戒めである。神々は人間の思い上がりを許さないのであり、特にアポロンはおごり高ぶる者を矢で殺すというイメージがあったのだ。

アポロンとキタラ

音楽の神でもあるアポロンは、よく竪琴を持った姿で描かれる。古代の竪琴には二種類あり、共に現代の言葉につながっているので紹介しておこう。まず、音楽家が用いたのがキタラで、これは木製または金属製の共鳴胴から延びた腕の先に横木を渡し、弦を張ったもの。このキタラ cithara がアラビア語に入って gitara となり、中世にイスラム教徒がイベリア半島に進出していたことから、それがスペイン語に入って guitarra になって、そこから英語のギター guitar という呼び名につながっている。またラテン語を経由してシターという（cithare、チター、ツィターとも）楽器の名にもなっている。そして家庭用がリュラ。亀の甲羅を共鳴胴とし、腕木は角製または木製だった。英語やフランス語で弦楽器をいう lyre はここから。後述するヘルメスが発明し、アポロンが譲り受けたという。

実らない恋

アポロンには多くの恋物語が伝えられているのだが、美青年のアポロンの恋が実らず、理性的なはずのアポロンがときに激情を見せるのが神話の面白いところかもしれない。たとえば、アポロンはトロイア（第七章参照）の美しい王女カサンドラ（カッサンドラ）に恋をした。そして彼女に言い寄って予言の力を授けてあげるが、カサンドラはアポロンを受けいれず、怒ったアポロンは彼女の予言が誰にも信じられないように呪いをかけてしまう。そのため彼女は戦時にトロイアの陥落を警告するが信じてもらえず、ギリシア軍によってトロイアは攻め滅ぼされてしまった。このエピソードを意識して、カサンドラは悪い出来事の予言（者）、間違ってはいないのに信じてもらえない人やことの喩えになっている。

続いてダフネへの実らぬ恋（『変身物語』一・四五二以下）がある。弓矢の名手であったアポロンは、愛の神エロスが持っている小さな弓矢を「何の役にも立たなそうだ」と冷やかした。これに怒ったエロスは、自分の弓矢の力でアポロンをこらしめてやろうと考える。

弓矢で恋愛感情を操るエロスは、恋心をかき立てる黄金の矢をアポロンに、そして恋心を失わせる鉛の矢をニンフのダフネに射た。アポロンはダフネに恋して追いかけるが、ダフネは必死に逃げて助けを求める。その願いを聞き入れたゼウスが、ダフネを月桂樹に変えてしまった（ダフネが「月桂樹」の意）。悲しんだアポロンは、月桂樹の葉で編んだ月桂冠を常にかぶるようになったのだった。

アポロンの象徴でもある月桂冠は、古代ギリシアにおいて競技の勝者に与えられた（競技会によってはオリーブの葉で編んだ冠）。現代でもマラソンの優勝者などに月桂冠が与えられるのは、この慣習に由来している。

また美青年ヒュアキントスとアポロンとの恋物語も伝えられている（『変身物語』一〇・一六二以下）。ギリシアでは男性同士の同性愛が悪いことではなく、特に教育的意味をもった少年愛は良いことと考えられていたのを反映しているのだろう。アポロンとヒュアキントスは仲睦まじく過ごしていたが、円盤の投げ比べをしているときにアポロンの投げた円盤がヒュアキントスに当たって亡くなってしまった。そしてアポロンの嘆きによって、ヒュアキントス Hyacinthos の血から花の「ヒヤシンス hyacinth」が生じたという。

理性的な領域を司りながら、実らない恋愛にときに怒り、ときに苦悩する人間的な面も有する神がアポロンなのである。

アルテミス／ディアナ――森を駆ける女神

永遠の少女

永遠の少女としてその姿がイメージされるアルテミスは、純潔を重んじる女神にして弓を得意とする狩猟の神、そして野性的自然を司る女神である。父はゼウス、母は女神レトで、アポロンと双子としてエーゲ海のデロス島で生まれたとされる（ふつうは妹とされるが、姉との伝えもある）。太陽の神でもあるアポロンと対をなすように、アルテミスは月の女神と同一視されて、額に三日月形の装飾品をつけて描かれることもある。またアポロンが文化領域をカバーする神であるのと対照的に、アルテミスは自然の女神だが、双生の兄妹（姉弟）として相互補完的な存在ともいえるだろう。文化と共に自然を常に意識する感性が、この組み合わせには表れているようにも思える。

アルテミスはローマではディアナ Diana と呼ばれた。これが女性名ダイアナやダイアンの由来。またアルテミスはデロス島のキュントス山のふもとで誕生したので、「キュンティア Cynthia」とも呼ばれ、女性名シンシア（愛称シンディ）はこちらに由来する。アルテミスには「輝くもの」を意味する「フォイベ」

（兄アポロンの異名でもある「フォイボス」の女性形）という添え名もあり、女性名「フィービー Phoebe」につながっている。

カリストとアルカス

純潔を重んじる女神としてのエピソードから見ていこう。カリストというニンフをめぐる話で、ここでは『変身物語』（二・四〇一以下）に基づいて紹介する。

アルテミスにつき従うニンフのなかに、カリストという美しいニンフがいた。そのカリストを見初め、我がものにしたいと思ったのがゼウス。しかし純潔を尊ぶアルテミスは、取り巻きのニンフたちが男と近づくことも許しておらず、ニンフたちも男を警戒する。そこでゼウスは、アルテミスの不在時に、アルテミスに化けてカリストに近づいた。カリストはつい警戒心を緩めてしまい、それが本当のアルテミスではないと知ったときにはすでに遅く、ゼウスの子を宿してしまった。

カリストのお腹が大きくなり、アルテミスに気づかれてしまう。そもそもゼウスに責任があることをアルテミスが知っていたかどうか、はっきり伝えられていないが、いずれにせよカリストに落ち度があると判断されたのだろう。アルテミスはカリストを森に追放してしまった。

それからカリストは、アルカスという子供を生む。この機を待っていたのが、ゼウスの妻ヘラ。ヘラはゼウスの浮気をずっと前から知っており、カリストに罰を下そうと、適当な時期を見計らっていたのである。そこでヘラはカリストを熊に変身させてしまう。息子アルカスは別のところで（一説によるとゼウスによって助けられ、女神マイアに預けられたとも）母を知らぬまま育てられ、立派な狩人となった。

ある日彼は森に狩に入り熊に出会うが、その熊はなぜか逃げようとせずアルカスを見つめてくる。その熊こそ母のカリストだった。アルカスが熊を槍で貫こうとしたとき、これを天上から見て憐れんだのがゼウスである。そもそも自分に責任があるという意識もあったのかわからないが、ゼウスは二人を天空の星座にして、いつも一緒にいられるようにしたのだった。これが、おおぐま座と、こぐま座の由来。おおぐま座は北斗七星を、こぐま座は北極星を含んでいることで有名である（アルカスは、おおぐま座を追う「うしかい座」の由来とされていたが、おおぐま座の由来である母カリストに合わせて、こぐま座と解されるようになった。なお、うしかい座を構成する一等星アルクトゥルスは「熊の番人」の意）。

ところでゼウスはカリストをもとの姿に戻してやらないのかと、つっこんではいけない。ある神がおこなったことを無効にするのは、原則として不可能なのだ（とはいえ、ほかでは神が変身させた者をもとに戻してあげるという話もあるので、神話のなかのルールはあまり厳密にとらえてはいけないのかもしれないが）。

異伝として、カリストはペロポネソス半島中部の王家の血筋だがゼウスの子を宿し、生まれたアルカスが成長して自らの名から当地に「アルカディア」という地名を与えたとする伝えもある（パウサニアス『ギリシア案内記』一〇・九・五、ヒュギヌス『神話集』一七六）。山岳地で「田舎」だったアルカディア地方だが、ローマ人によって牧歌的な楽園というイメージで後世に伝えられ、アルカディアは「理想郷」を意味する言葉にもなった。現在もギリシアにアルカディア県があり、のどかな風景は遥かな古代を想像させる。

アルテミスとオリオン

先述のエピソードに見てとれるように、もともとは男嫌いともいえるイメージが強いアルテミスだが、ヘレニズム（ギリシア文化が広まると共に、各地の文化とも融合した、前四世紀後半からの三〇〇年間ほど）からローマ帝国時代にかけてロマンティックな恋愛物語が好まれるようになると、彼女についての悲しい恋物語も広まっていく。たとえば、海神ポセイドンの息子オリオンとアルテミスは相思相愛だったが、アルテミスが意図せずオリオンの命を奪ってしまう逸話が有名である（第八章「オリオン」参照）。

鹿の生命イメージ

アテナと同じく、裸を見られて激怒したエピソードがアルテミスにも語られている。森の中で水浴びしている姿をアクタイオンという狩人に見られて怒ったアルテミスは、彼を鹿の姿に変えてしまった。それで彼は、連れていた猟犬たちによって引き裂かれ死んだという（『変身物語』三・一四〇以下）。

人を鹿の姿にするだけでなく、アルテミス自身がよく鹿と一緒に描かれる。鹿の角は落ちてまた生えてくるので、そこに生命再生のイメージが重なる。それで鹿は、生命再生の絶えざるサイクルを象徴する存在として、野性的自然を司るアルテミスと共に描かれるのである。こうしたイメージは古代ギリシアに限ったことではない。そういえば宮崎駿監督の映画『もののけ姫』でも、自然界の神様シシガミは鹿の姿をしていた。

出産と豊穣の女神

アルテミスは自ら子を生みはしないのに、出産の女神でもあった。なぜ出産を司るのか不思議に思われるかもしれないが、「生命を生み出し育む」というイメージから、出産と自然界は結びつけられやすいようである。また出産が、男性がコントロールできない、男性的文明の外、野性的自然の領域としてもイメージされたのだろう。だから出産は自然界の女神アルテミスの領域なのだ。何かを見守る神は、それについて悪い結果も引き起こすことができるはずだから、アルテミスは出産の際に命を奪う女神でもあった。「アルテミスの矢に射られる」という表現は、女性の突然死、なかでも出産に際して命を落とすことを意味したのである。

こうして見てくると、豊穣多産の女神としてアルテミスが崇拝されることがあったのも納得できる。そのような崇拝が盛んだったのが、小アジア（現在のトルコ、アナトリア半島）西岸のエフェソス。当地のアルテミスは、乳房を表すともいわれる物体が数多く胸部についている独特な姿をしていた。これが本来は何だったのかは諸説あるが（牛の睾丸や蜂の巣など）、いずれにしても多くの生命を育むことを象徴した姿と思われる。小アジア沿岸部には、前一〇〇〇年頃よりギリシア人が植民していた。エフェソスもギリシア文化が浸透した町である。当地にやってきたギリシア人が、それ以前から崇められていた土着の神を、自然の女神アルテミスと同一視したと思われる。

エフェソスには大きなアルテミス神殿があったが、前四世紀中頃、ヘロストラトスなる人物が放火し、倒壊してしまった。そして捕まった彼は、動機について「自分の名を後世に残すため放火した」と述べたという。エフェソスの人々は彼を死刑にしたうえ、記録が残らないよう配慮したのだが、歴史家が事件について記述して今に伝わっているので、彼の意図は実現してしまったといえる。この逸話から、「どんな手段を取ってでも有名になろうとすること」を「ヘロストラトスの名声 Herostratic fame」と表現する。その後、神殿は再建されたが、今度は異教を排除しようとしたキリスト教徒に破壊され、現在は復元された柱が一部残っているだけである。

女神ヘカテ

アルテミスと同一視されることがあったのが女神ヘカテ。ヘシオドスによるとヘカテは、共にティタン神族の血統である男神ペルセスと女神アステリアとの娘。大地と海に力を及ぼし、戦争や競技の勝利、子供の養育などを加護する神としてヘシオドスに称賛されているが、その力に対する畏敬は恐ろしいイメージにも転換し得たのか、魔術を司る神と見なされるようになり、のちには三つの体が融合した姿で三叉路に現れると考えられるようにもなった。ヘカテといえば、シェイクスピアの『マクベス』に登場するように、魔女の代名詞でもある。

アルテミスは日常から離れた世界、ときに人間に害をなすような荒々しい自然界の神であるから、人知を超えた力とも結びつきやすかったのだろう。こうしたイメージには、自然の捉え方が深く関わっている。手のつけられていない自然というイメージは、宮崎駿監督が描いた『もののけ姫』の登場人物サンのように快活な少女のようだ。しかし一方で、人間の築き上げる文明世界のほうを肯定的に強調すれば、逆に自然には様々なネガティブなイメージ、恐ろしい力のイメージが付与される。だからアルテミス／ディアナ／ヘカテはときに、恐ろしい魔術の神とも考えられたのである。

アレス／マルス――Mars と March の由来である軍神

ローマ人の重視した神

アレスはゼウスとヘラの子で、激しい気性の軍神。オリュンポス一二神の一員だが、アフロディテの愛人としてのエピソード以外、目立った逸話がない。しかしアレスはローマではマルスという神と同一視され、こちらはローマ人によってたいへん重視された神で、戦に臨む雄々しい若者の姿でイメージされた。

ローマ時代に定められた月の呼び名が多くの言語で受け継がれているが、たとえば英語の三月 March は、マルスの月 Martius に由来している。春は戦争の始まる季節でもあったので、軍神の呼び名がつけられたのだろう。形容詞 martial（戦争の、軍人らしい）もマルスから。またヨーロッパ諸言語の人名マーク、マルクス、マルコ、マルセル、マーティン、マルタン、マルティネスなどは、全てマルスから派生している。

先述のようにアレス／マルスは、アフロディテ／ウェヌスの愛人だったので、後世、特にルネサンス期には二神がよく一緒に描かれた。実はそこには、戦の神も愛の女神と共にあれば穏やかである、戦乱は愛によってこそおさめられる、というメッセージがあったといわれる。

火星のイメージ

アレスは火星と同一視され、ローマ名のマルスMarsがマーズすなわち火星を意味する英単語になっている。赤く輝く火星は戦火を連想させるのだろうか。西洋以外でも火星には戦いのイメージがある。そして火星といえば、火星と同様に赤く輝いているさそり座のα星はアンタレスと呼ばれるが、これはアンチ・アレス、すなわち「アレスに対抗するもの」という意味である。

ハルモニア

アレスと愛人アフロディテとの娘がハルモニア。アレスの泉の番をしていた竜を殺したカドモスという英雄（ギリシア中部の町テバイの創建者）が、その償いとしてアレスに仕え、のちゼウスによってハルモニアを妻として与えられたのだが、それはかつての争いの調和をはかる結婚だった。このハルモニアという名が「調和」の意、ハーモニーharmonyの語源である。

ゼウス／ユピテル――天空の最高神

隙のある支配者

ゼウスは大地と天空が生んだ神クロノスの子で、ギリシアの最高神である。ローマではユピテルJupiter、英語ではジュピターと呼ばれ、太陽系最大の惑星である木星に重ね合わされた。ラテン語ではオプティムス・マクシムスOptimus Maximus、すなわち「最高の存在」とも呼ばれた。豊かな髭をたくわえた威厳ある姿でイメージされ、神々の長として王杖を持ち、天空の神として雷を操り、空の支配者たる大鷲が象徴。鷲は勝利の象徴にもなった。しかし最高神とはいえ、絶対的支配者ではなく、ときには妻のヘラにやり込められたりする。そういった点が、一神教の唯一絶対の神とは異なる、多神教の古代神話の面白いところでもある。

女好きのゼウス

ヘラという正妻がいながら、ゼウスには浮気によって生まれた子が数えきれないほどいる。ヘラクレスやペルセウスなど有名な英雄は、ゼウスが見初めた女たちとの間に生まれた子だ。

こうしたイメージには実は深い理由がある。ギリシア人たちが先住民とも融合しながら統一的な宗教的世界観を形成していく過程で、各地で崇められていた神・女神や名家の先祖が、最高神ゼウスに結びつけられていったと考えられる。つまり「女好きゼウス」の背景には、土着信仰の統合、名家の血統の権威づけといった実際的な事情があるのだ。また正妻ヘラは先住民の女神に由来するとの見方もある。つまり侵入民族のギリシア人が、自分たちの主神と、もっと以前からギリシアの地で崇められていた重要な女神とを、宗教統合のため結婚させたのではないかとの推測である。

ゼウス=木星にまつわる物語

木星の衛星には、ゼウスと関係する女神や女性の名前がつけられている。たとえばレダ。それはギリシア中部アイトリアの王の美しい娘の名で、ゼウスが白鳥に姿を変じて油断させてレダに近づき、交わったというエピソードから名づけられた。この白鳥がはくちょう座Cygnusの最も有名な由来説明である。天の優雅な白鳥は、ゼウスが女性に下心をもって近づいた姿なのだ。

　そしてレダが生んだゼウスの子がカストルとポリュデウケス（ラテン語でカストルとポルックス）という双子。彼らはディオスクロイ（神の子たち）と呼ばれる（ただし、ゼウスと交わった日にレダが後述の夫テュンダレオス〈ペロポネソス半島南部のスパルタの王〉とも交わったので、ポリュデウケスだけがゼウスの子で、カストルはテュンダレオスの子とする伝えもある）。ラテン語で「双子」の意のジェミニGeminiとも呼ばれる彼らが「ふたご座」としてイメージされ、カストルとポルックスは、ふたご座を形成する恒星の名にもなっている。武芸に秀でた彼らはアルゴ船の冒険（第六章「アルゴ船の冒険」参照）に参加し活躍した。レダは、双生の美しい姉妹も生んだとされ、それがクリュタイムネストラとヘレネである。双子だが、レダが同日にゼウスと夫テュンダレオスとも交わったことから、ヘレネがゼウスの子で、クリュタイムネストラはテュンダレオスの子とされる。のちにクリュタイムネストラはミュケナイ（ペロポネソス半島北東部）王のアガメムノンに、ヘレネはスパルタ王位を譲られたメネラオスに嫁いだ。ヘレネはトロイア戦争の発端となる女性である（第七章「パリスの審判」参照）。

ドミニク・アングル『ユピテルとテティス』 1811年／グラネ美術館

　またアルゴス（ペロポネソス半島北東部）の女神官だったというイオも木星の衛星名になっている。ゼウスはイオと密会していたが、妻のヘラには全てお見通しだった。あるときヘラが「あら、あなた何してるの。偶然ね」と密会の場に近づいてきたとき、「これはまずい」とゼウスはイオを牛の姿にしてしまい、「ただの牛だから。見てただけだから」とばかりにごまかそうとした。しかしヘラは「いい牛ね。私にちょうだいな」と、そしらぬ顔をしてイオを連れ去ってしまった。

後でイオを助けようとしたゼウスだったが、ヘラは全身に一〇〇の眼をもつという巨人アルゴスに牝牛を見張らせていた(先述の地名や、他の人名に同名アルゴスが見られるが、こちらは巨人の名)。常にアルゴスの眼が開いていたので、ゼウスは牝牛を助けることができない。困ったゼウスは盗みの神ヘルメスにアルゴス退治を命じる。ヘルメスは笛を吹き、アルゴスの眼を全部眠らせてから首を切り落とし、イオを解放した。ヘラはアルゴスを失って悲しみ、せめてその瞳だけでも世に残そうと、瞳を孔雀の羽に縫いつけたという(『変身物語』一・七二〇以下)。孔雀の羽に眼のような模様があるのはこのためなのである。

しかし、ヘラは虻を遣わして牛の姿のイオを苦しめ、イオは世界をさまよい歩くはめになった。イオはついにエジプトまで達して、そこでゼウスがやっと人間の姿に戻してやったのだった。

美少年をもさらう

一方、ガニメデ(英語でゲニミード Ganymede)という木星の衛星は少年の名が由来である。美少年ガニュメデスが気に入ったゼウスは、大鷲の姿になって少年をさらい、神々に酒をつぐ給仕とした。ガニュメデスが持つ甕が、みずがめ座 Aquarius の由来と伝えられる。またゼウスが変じた大鷲の姿が、わし座 Aquila となった。ホメロスによると、ガニュメデスはトロイアの名祖トロスの子とされ、第七章で詳しく述べるトロイア戦争に参加した英雄たちの二、三世代ほど前にあたる。

罰を下すゼウス

威厳ある神にそぐわないようなエピソードを紹介してきたが、ゼウスには正義と秩序を司るという、まさに最高神らしい面がもちろんあった。いずれの神々も不敬な人間に罰を下すのだが、特にゼウスにはそうした物語が多く語られている。

たとえば、大洪水を生き残ったデウカリオンの子孫であるサルモネウスの話。ペロポネソス半島でサルモネなる町を創建したサルモネウスは、自らをゼウスと称し、自分に供物を捧げるよう人々に求めたり、青銅の釜を馬車で引いて雷鳴のような音を立てて走り、雷と共に現れるゼウスの真似をしたりした。こうした不敬行為への罰としてゼウスはサルモネウスを雷撃で殺し、さらに町をも滅ぼしたという。なおこうした「傲慢」を「ヒュブリス」といって、それは女神として擬人化されてもいる。

ウェルギリウスの『アエネイス』では（六・五八五以下）、サルモネウスは冥界の最下層、タルタロスに落とされたと伝えられる。ゼウスが罰した者はタルタロスに落とされ、さらに未来永劫続く罰を受けることがあり、サルモネウスの兄弟シシュフォスもそうした運命をたどったことで知られている（第五章「ハデス」参照）。

また、ギリシア北部ラピテス族の王でゼウスに目をかけられたイクシオンもゼウスの怒りをかった一人。彼は大胆にも最高神ゼウスの妻ヘラを誘惑しようとしたのだ。これを事前に知ったゼウスは、ヘラの似姿を雲で作った。イクシオンはそれをヘラと思い込んで交わり、そこから半人半馬のケンタウロスが生まれたと伝えられる（ピンダロス『ピュティア祝勝歌』二）。そしてゼウスによって彼は、炎をあげる車輪に縛りつけられて、永遠に回転し続けるという罰を受けているのである。一説にはイクシオンもタルタロスに送られたという。

オリンピックの起源

ゼウスは最高神として広く崇められていたが、特にペロポネソス半島北西部のオリュンピア（オリンピア）はゼウス信仰の中心地だった。その名は、オリュンポスの最高神であるゼウスの呼称の一つ「オリュンピオス」から転じた地名だ。オリンピックの起源である競技会は、当地においてゼウスに捧げられた祭典である。ギリシア中の国々から集った代表選手が競う聖なる祭典の開催期間は、戦争が禁止されていた。この慣習を意識し、オリンピックは「平和の祭典」とも称されるのである。ゼウスの威光は、こんな形でも生き続けている（第四章コラム参照）。

ディオニュソス／バックス——酒と祭りと狂乱の神

葡萄酒を人間に伝える

ディオニュソス、別名バッコスは酒と祭りの神。ローマではバックスと呼ばれたり（英語でバッカスBacchus）、豊穣の神リベルと同一視されたりした。父はゼウス、母はテバイの王女セメレ（テバイの創建者カドモスの娘）。古くは髭のある中年男性の姿で描かれていたが、しだいに髭のない若者としてイメージされるようになった。酒神として酒杯を持ったり、松かさのついた杖テュルソスを携えたりして描かれる。

まずは誕生譚から。ゼウスに愛されたセメレに嫉妬したヘラは、乳母の姿に変身してセメレに近づき、言葉巧みに、ゼウスにある願いを聞き入れさせるようセメレをそそのかした。それは「本当の姿で私のもとに現れてほしい」ということ。ゼウスは、ステュクス川にかけてどんな願いでも聞き入れると誓ったあとで（ステュクスは冥界を流れる川で、その誓いは破ることができない）セメレの願いを聞いてしまったので、やむをえず本当の姿を現すことに。しかしそれは天空神として雷をまとった姿だったため、雷にうたれセメレは死んでしまったのだった。

このときすでに彼女はゼウスの子を宿していた。ゼウスは赤子を取り上げ、自分の太腿の中に縫いこんで、成長させてから生み出した。この子がディオニュソスで、一説によるとその名は「神（ゼウス）の子」の意。その後ディオニュソスは、ゼウスの浮気に怒るヘラから逃れて各地を巡り、その間に葡萄栽培、葡萄酒の造り方などを覚えると人々に伝えたという。そしてのちにオリュンポスの神々として迎え入れられたのである。

葡萄酒を人間に伝えたことについては、以下のような逸話がある。ディオニュソスは、ギリシア中西部カリュドンの王オイネウスのもとに客として滞在したときに、オイネウスの妻アルタイアのことが気に入った。オイネウスはいっとき町を離れてディオニュソスとアルタイアが結ばれる機会を作ったという。そしてアルタイアはのちにヘラクレスの妻となるデイアネイラを生むことになる。ディオニュソスはこの配慮への感謝から、オイネウスに葡萄の木を与え、その実りをオイノス（「葡萄酒」の意）と呼ぶようにしたというのである（ヒュギヌス『神話集』一二九）。

ディオニュソスは、酒と祭りの神として人々に集団的狂乱をもたらすと考えられた。エウリピデスの悲劇『バッカイ（バッコスの信女）』には、以下のような物語が伝えられている。

テバイ王ペンテウスは、ディオニュソス信仰を危険視して禁じ、ディオニュソスを捕らえようとする。しかし、ペンテウスの母を含むテバイの女たちはその信仰に狂乱していた。そして狂気にとらわれた女たちは、ペンテウスを八つ裂きにして殺してしまうのだった。

ディオニュソスという名の神自体は、前二〇〇〇年紀からギリシアにおいて存在したことが粘土板文書の断片的記録からわかるが、どうやらディオニュソス信仰には、のちに伝わってきた東方の集団的狂乱・陶酔を伴う宗教の要素が強く影響を与えているようだ。『バッカイ』のような物語は、その信仰がときに警戒されながらも広まっていったことを反映しているのだろう。

現代では、ディオニュソスやバッコスの名は、ワインなどの酒、また酒の入ったお菓子などの名称に用

カラヴァッジョ『バッコス』 1595年頃／ウフィツィ美術館

いられている。なお「ディオニュソスに仕える者」といった意のディオニュシオスという人名が短くなったのが、現代のデニス、ドニといった名である。

従者サテュロス

ディオニュソスの従者がサテュロス。角や蹄など山羊（古くは馬）の特徴を備えた姿で知られ、ときに牧神パン／ファウヌスと同一視される。またサテュロスには性的に放縦であるというイメージがあり、神話を題材にした卑猥なパロディー劇は、「サテュロス劇」と呼ばれていた。

サテュロスのマルシュアスについては以下のような物語がある。マルシュアスは笛の名手だった。その笛は女神アテナが作ったのだが、頬を膨らませて吹く顔がおかしいと他の神が言ったものだから、アテナはそれを投げ捨てていた。マルシュアスはこれを拾って使っていたのである。

マルシュアスの見事な演奏は、音楽の神であるアポロンの竪琴と並び評されるようになった。そこでアポロンとマルシュアスは演奏を競い、学芸の女神ムーサの判定のもと、アポロンが勝利する。するとアポロンは、思い上がった罰だということで、なんとマルシュアスの皮を生きたまま剝いでしまった。マルシュアスの苦しみを思って悲しんだ者たちの涙によってできたのが、フリュギア地方（小アジア中西部）の清流、マルシュアス川だと伝えられている。

シレノスとミダス王

同じくディオニュソスの従者とされたのが、人の姿に馬の耳や足をもつシレノス。サテュロスより老いた姿でイメージされ、ときに賢いと考えられた山野の精霊だが、サテュロスとよく混同される。

ディオニュソスとシレノスに関わる有名な話が、フリュギアの王ミダスの物語（『変身物語』一一・八五以下）である。酒を飲んで酔いつぶれていたシレノスが、農民によって当地の王ミダスのもとへ運ばれてきた。ミダスはシレノスを歓待し、ディオニュソスのもとに帰らせる。その恩に報いるため、ディオニュソスはミダスの願いをかなえてあげることにした。そこでミダスは、手でふれたものを何でも黄金に変えてしまうという能力を手に入れるのである。最初は大喜びだったミダスだが、食べ物まで黄金に変わって食事もできないのに困り果て、懇願してもとの自分に戻してもらったのだった。これは、フリュギアが実際に金の採れる富んだ地域だったことが背景となって語られた話なのだろう（なおミダス王のその後が「王様の耳はロバの耳」の話。第五章「パン」参照）。

非理性の象徴

一九世紀の哲学者ニーチェは、古代ギリシア文化の理性的な面を、学問や芸術を司るアポロンのイメージで捉える一方で、ディオニュソス信仰が狂乱を伴うものであったことを念頭に、ギリシア文化の非理性的な面はディオニュソスのイメージで捉えたことが知られている。ディオニュソスは、人間の文化の類型を考えるうえで象徴的な存在となったのである。

ちなみに現代では、音楽のヘヴィメタルにおいて、ディオニュソスやサティアー（サテュロス）、シレノスが、バンド名やアーティスト名、曲のモチーフなどとして受け継がれている。激しい音楽性を特徴とするヘヴィメタルはその根底に社会批判や既存の価値観の破壊という発想があり、欧米社会で既存の価値観といえばその代表格の一つがキリスト教であるから、キリスト教とは異なる古代神話の世界がヘヴィメタルというジャンルの世界観に強く影響を及ぼしていることがある。なかでも狂気を伴うディオニュソスやその従者のイメージがよく用いられるのだろう。ほかにも神話にまつわる名のヘヴィメタルのバンドやアルバム、曲が数多くあるので、そうした音楽に興味のなかった方も、文化的な視点から捉えてみるとなかなか面白いのではないだろうか。

デメテルとペルセフォネ／ケレスとプロセルピナ――豊穣の母神とさらわれた娘

大地の女神

デメテルは豊穣、特に穀物の実りをもたらす大地の女神。美術表現では高貴な婦人の姿をしており、麦の穂を持って描かれる。名の語源は、一説によると「ゲー Ge」（大地）＋「メーテル Meter」（母）にあるのではないかといわれている。デメテルはローマでは「ケレス Ceres」と呼ばれ、これが穀物（シリアル cereal）の語源。

古代の人名デメトリオスは「デメテルに仕える者」といった意で、そこからスラヴ系のディミトリ、ドミトリといった名が派生している。また女性名やブランド名として受け継がれる「クロエ」はデメテルの別名で、春に息吹く緑を表現した言葉。古代ギリシアのロンゴス（紀元二～三世紀）が作者とされる牧歌的な恋愛物語『ダフニスとクロエ』のヒロイン名としても有名である（この物語はモーリス・ラヴェル作曲のバレエ音楽で知られる。また、三島由紀夫の小説『潮騒』も『ダフニスとクロエ』から着想を得ている。ちなみに男性主人公の名「ダフニス」は、月桂樹の森で生まれたことから「月桂樹の実」の意）。

ペルセフォネの誘拐

デメテルには、ゼウスとの間に生まれたペルセフォネという娘がいた（別名「乙女」の意のコレ、ラテン語ではプロセルピナ）。あるとき、冥界の王ハデスがペルセフォネに恋をし、ゼウスの許しを得て彼女を冥界に連れ去ってしまった。父ゼウスの勝手な許しのもと娘が与えられるという展開は、実際の古代ギリシア社会において基本的に父親のみの判断で娘の嫁ぎ先が決定されたことを反映しているとも考えられる。

消えてしまった娘を、母デメテルは嘆き悲しみながら探しまわった。そして事情を知る太陽神ヘリオスから、ハデスが娘をさらったこと、しかもゼウスが関与していることを聞いて、デメテルは神々の住まうオリュンポスから去り、人間の姿に身をやつして下界を放浪したので、大地の実りがもたらされなくなってしまった。

人間にとって困った事態だが、収穫を奉納してもらう神々も困ってしまったので、ゼウスがハデスを説得して、ペルセフォネは地上に戻ってくることになる。しかし、彼女は冥界でザクロを口にしていた。冥界の食べ物を口にしてしまった者は、完全には地上に戻ってくることができない。そのためペルセフォネは、年の三分の一だけは冥界で暮らし、残りは地上で母と暮らす、ということになったのである。これは種がまかれてから地下に隠れ、地上に芽を出す穀物を象徴した物語と考えられる（ザクロは多くの種をもつため豊穣多産の象徴でもある）。

ペルセフォネは誘拐されたわけだが、ハデスとペルセフォネは良い仲になったとする解釈もある。ハデスがミンタ（メンテ）というニンフと浮気をした

ベルニーニ『プロセルピナ略奪』
1621-22年／ボルゲーゼ美術館

ので、嫉妬したペルセフォネが彼女を「ミント」にしてしまったという逸話も伝わっている（ストラボン『地誌』八・三四四）。

ペルセフォネが地上の母のもとに戻ると、デメテルも喜んで春の息吹がもたらされ、穀物は成長し始めるのだと考えられた。自然のサイクルをこのように生き生きとイメージしたのが、古代神話の感性なのである。

なお、デメテルあるいはペルセフォネを「おとめ座Virgo」とする説明もある。おとめ座で最も明るい恒星スピカはラテン語で「麦の穂」の意味で、これはおとめ座が麦の穂を持っているという見方に由来する。豊穣の女神のイメージにふさわしいといえるが、母であるデメテルは「おとめ」としては違和感があるかもしれない。おとめ座の由来についての他の説明は、次章のアストライアの項で扱う。

エレウシスの秘儀

デメテルは、娘を探していたときにアテネの西、エレウシスにおいて人々に受け入れられたお返しに、秘密の儀式を教えたとされる。そのように由来が語られたのが「エレウシスの秘儀」という、ギリシア内外の多くの人々が入信した宗教儀式である。秘儀なので、どのような儀式がおこなわれたのかは明らかではない。ちなみに秘儀のことをギリシア語で「ミュステリオン」といって、これが「ミステリー」の語源だが、まさにミステリーなのである。間接的な証言をまとめると、どうやら来世での再生を約束する儀式がおこなわれたようだ。冥界に行って戻ってきたペルセフォネの「再生」を何らかの形で模して、輪廻転生を説くものではなかったかと考えられる。そこには大地が育む生命サイクルからの類推による、生命の永遠の循環への信仰があったのだろう。そうすると、多くの人々が参加を求めたこともうなずける。この秘儀は、キリスト教が広まり紀元四世紀にローマ帝国のもとで異教が禁止されたことによって消滅したが、神秘的古代宗教の象徴として言及され続けている。

また一説には、デメテルが穀物の栽培をエレウシスの人々に教えたという伝えもあって、エレウシスを支配下においていたアテネは、自国がそこから穀物栽培を教え広めたのだと主張していた。これは、自国の偉大さを宣伝しようという意図を反映してアテネ人によって語られるようになった神話だろう。神話はこうして創り出されたり、政治的に利用されたりしたわけである。

エジプトの女神イシス

ギリシア人がデメテルと同一視したのが、エジプトの女神イシス（英語でアイシスIsis、イシスはエジプトに至った先述の女性イオとも同一視された）である。多神教の古代世界では、どこか似ている、つながりそうな神や神話の人物が同一視されることがよくあった。イシスは生命を司る豊穣の女神なので、大地の実りをもたらすデメテルと重ねられたのである。

エジプトで語り継がれ、ギリシア・ローマにも伝わった神話によれば、イシスは神にしてエジプト王たるオシリスの妻だった。オシリスは弟のセトに殺されてしまうが、イシスが生命を司る力でもって夫を復活させ、息子のホロス（ホルス）に仇討ちを果たさせる。このように強大な力をもつとイメージされたイシスの信仰は、しだいにギリシア・ローマ世界に広まった。

ホロスはギリシアではハルポクラテスという童神と同一視され、口に指をくわえた姿で描かれたので、ギリシア・ローマでは沈黙の神としてイメージされた。

また、イシスが赤子のホロスを抱いて授乳する図像は、マリアが幼子イエスを抱いている聖母子像に影響を与えたと思われる。エレウシスの秘儀がキリスト教によって廃止された一方、このように古代神話の伝統がキリスト教に影響を及ぼしてもいるのだ。

ヘスティア／ウェスタ――かまどを守る女神

ヘスティアはゼウスの姉で、オリュンポス一二神でありながら、目立ったエピソードのない女神。というのも、彼女は家の「かまど（炉）」を守る女神だったので、必然的にアクティブなエピソードと結びつきにくいのである。またかまどは神聖、不可侵なものと捉えられ、彼女もそうしたイメージで思い描かれていた。他の神々に求婚されたこともあったが、彼女はそれを断ったように、永遠の純潔を守り続ける女神なのである。印象的な神話をもたない彼女に代わり、ゼウスの子で酒神のディオニュソスがオリュンポス一二神に数えられるようになっていった。ヘスティアは、ローマでは同じくかまどの女神ウェスタ Vesta と同一視される。

他の神々のような活動的な逸話はないが、かまどは家の中心だったので、彼女は家庭の守護神として崇められていた。さらに国家は家庭の延長として成り立っていると考えられたので、国家統合の神としても重視されたのである。ちなみにラテン語でかまど（炉）は focus。これが「中心、焦点」の意のフォーカスの語源。現代でもヘスティア／ウェスタは、家庭や住居、かまどに関係する事物の名称などとして受け継がれている。

ヘファイストス／ウルカヌス――工芸と火の神

ヘファイストスは、豊かな髭を生やした中年男性の姿でイメージされる、鍛冶と工芸、火の神。ハンマーや鋏（やっとこ）など鍛冶の道具を持った姿で描かれる。『神統記』ではヘラが単独で生み出した子で

（他の伝えではゼウスとヘラの子）、容姿は醜かったと伝えられる。ヘラは、彼を生んだときにその醜さゆえ神族と認めず、オリュンポス山上から彼を投げ落としたという。

海に落ちた彼は、海の女神テティスに救われ成長する。そして工芸の技を身につけ、母への復讐を企てた。彼は神にふさわしい豪華な椅子を作ってヘラに贈り、これにヘラが座ったところ、目に見えない紐に絡まれて動けなくなってしまった。そこで神々はヘファイストスを天上に連れてきてヘラを解放させたのだった（パウサニアス『ギリシア案内記』一・二〇・三）。著述家たちの断片的な記述によると、このときヘファイストスは解放の条件として美の女神アフロディテとの結婚を望み、ゼウスによって認められたという伝えがあったようである。ヘファイストスとアフロディテという、似つかわしくないようにも思える夫婦の成り立ちは、こうした事情で説明されていたわけだ。

ヴァザーリ『ウルカヌスの鍛冶場』 1564年頃／ウフィツィ美術館

いずれにせよ、ヘファイストスは天上に帰ってオリュンポスの神となった。後代では単眼巨人のキュクロプスたちが彼のもとで働く職人とされた。
アフロディテはこの夫が気に入らず、軍神アレスを愛人にしていた。これを知ったヘファイストスは、目に見えない網を寝台にかけておき、二人の浮気現場を捕らえる。そして他の神々を呼び寄せ、網に絡まって動けない二人を笑いものにしたという（『オデュッセイア』八・二六七以下）。
鍛冶に密接につながる「火」の神であるとこ

ろから、ローマ名ウルカヌスVulcanusが「ボルケーノvolcano」すなわち「火山」の語源。そして先述のキュクロプスと共に、シチリアのエトナ山など火山の地下を仕事場にしていると想像されるようになった。ウルカヌスは英語でヴァルカンVulcan。機関砲の「ヴァルカン砲」の由来でもあるので、ウルカヌス由来の言葉は力強い感じもする。ちなみに、アメリカのSFドラマ・映画の『スタートレック』に登場する知的な異星人がヴァルカン人。こちらは、優れた技術をもつウルカヌスのイメージに重なる。

ヘラ／ユノ——夫の浮気に怒る女神

結婚、母性、貞節の女神

ヘラはゼウスの妻で、結婚と母性、貞節を守護する女神。高貴な中年女性の姿でイメージされ、象徴は孔雀。名の由来は一説には、「ヒーロー」（英雄）」の語源「ヘロスheros」の女性形と推測され（すなわち英単語の「ヒーロー」と「ヒロイン」の関係と同じ）、もともとは「女主人」といった意味と思われる。ローマ神話では最高神ユピテルの妻ユノ（英語でジュノJuno）と同一視された。

ヘラはティタン神族のクロノスの娘で、ゼウスとは姉弟ということになるが、そのゼウスと結婚して、戦いの神アレス、出産の女神エイレイテュイア、青春の女神ヘベ（＝ローマではユウェンタスJuventas）をもうけた。また鍛冶の神ヘファイストスもヘラの子だが、ゼウスとの間の子とする伝えのほか、先述のようにヘラが一人で生み出した子ともいわれる。

ヘラ信仰の痕跡は古くまで遡るので、土着の女神だったようである。先述のようにゼウスを主神とする北方からの征服者（前二〇〇〇年頃に移動してきたギリシア民族）が先住民を征服し、宗教的にも統合するため、ゼウスとヘラを夫婦としたのではないかとの推測もある。

結婚の守護神でもあるヘラは、ゼウスがこっそり浮気しても気づいてしまう。現代でも、そうした勘は女性のほうが鋭いといわれたりするが、古代から同様に考えられていたのだろうか。ヘラは嫉妬心が強く、ゼウスの愛人たちや、その間に生まれた子たちを迫害するエピソードが数多くあるのだが、結婚の守護神として自身はとても貞淑なのである。

受け継がれるヘラ／ユノ

ヘラの母乳は、飲んだ者に神的な力を授けるとされた。ゼウスが浮気して生まれた子である英雄ヘラクレスも、ゼウスの策略によってヘラの乳を飲むことができたため、乳児にして怪力を得たのだった。また このとき、ヘラクレスの母乳を吸う力があまりにも強かったので、ヘラはヘラクレスを突き飛ばし、飛び散った母乳が天の川になったとイメージされた（ヒュギヌス『天文詩』二・四三）。だから英語では天の川のことをミルキー・ウェイ Milky Way と表現するのである。

また、すでに第一章で述べたように、ヘラのラテン名はユノ Juno、六月 June はユノの月なので、ジューン・ブライド June Bride は、結婚の女神に見守られた月に結婚すると縁起が良いという考えに基づいている。

さらに意外なところにもユノはつながっている。ユノの別名が、モネータ（「忠告する女」の意）。ローマのカピトリウムの丘にあったモネータ神殿がのちに貨幣鋳造所となったことから、モネータが貨幣と結びつけられ、英語の money、仏語の monnaie といった「お金」を意味する単語になったのである。

バレンタインデーの起源？

ユノと、バレンタインデーの起源との関連も示唆されている。ローマでは二月一五日に、ルペルカリアという祭りがおこなわれていた（ルペルクスとも呼ばれた牧神ファウヌスを祀ったとされる）。そしてユノの祭日でもある前日（二月一四日）、共に祭りを楽しむ男女のペアをくじで選ぶ風習があったという。昔、一般の女性たちが外に出て活動したり多くの人と接したりするような機会は限られていたので、こうした「出会いの場」は社会的に有意義なものだったのだろう。そして、このような祭りがのちにキリスト教のもとで、恋人たちのため献身した四世紀のヴァレンティヌスValentinus（英語でValentine）という聖人の日とされ、バレンタインデー（＝恋人たちの日）となっていったという解釈があるのだ。

ヘルメス／メルクリウス――商売を守護する伝令神

商売、豊穣、盗みの神

ヘルメスはゼウスと女神マイアの子。牧歌的楽園とイメージされたペロポネソス半島アルカディア地方の洞窟で誕生したと伝えられ、オリュンポス神族のなかではゼウスの末子。青年の姿で描かれる、商売と豊穣、盗みの神である。翼のついた帽子をかぶり、有翼のサンダルで空を飛んで移動できるヘルメスは、神々の使者としていろいろなエピソードに顔を出す。たとえばゼウスに命ぜられ、アルゴスという怪物を退治したことから、「アルゴス殺し」の異名をもっている。

「道祖神」のような面もあり、上部が人間の姿で男根を備え、下部は柱になっているヘルメス像が道路や戸口に立てられていた。そうした性質こそが本来のヘルメス信仰ではないかと推測され、そこから発展したのだろう、やがて旅人の守護神になり、そして各地を行き来する商人を守護して富をもたらす神にもなり、利益を追求するイメージが行き着いたのか、盗人の神にもなったのである。さらには「あの世への旅」まで司る神として死者の魂を冥界に導くとも考えられた。

ローマではメルクリウスという神と同一視され、英語で「マーキュリー」、すなわち水星のことでもある。水星は太陽に近く、ほかの惑星よりも速く天を移動しているように見えることから、すばやく動くヘルメスのようにイメージされた。またマーキュリーは「水銀」も意味する。水銀が強い流動性をもつので、すばやい伝令神に重ね合わされたのである。

誕生のエピソード

生まれたときからヘルメスは、よくいえば智謀、悪くいえば詐術の才を備えていた(以下は『ヘルメス讃歌』とアポロドロスの伝えるところを合わせた物語)。赤子ヘルメスは揺りかごから抜け出ると、兄にあたる神アポロンの飼っていた牛五〇頭を密かに連れ出して隠してしまう。しかも牛たちの尾を引っ張って後ろ向きに歩かせるなどして、移動の跡も隠したのだった。さらにヘルメスは肉が食べたくて、何頭か焼いたりして食べてしまったという。牛を盗まれたアポロンは占いによってヘルメスが犯人だと知ると、怒ってヘルメスのもとにやってきた。するとヘルメスは、「生まれたばかりで、そんなことができるわけはありません」などと言って、ごまかそうとする。

ヘルメスの才を笑って認めたゼウスの勧告で、ヘルメスとアポロンは和解することになるが、アポロンは釈然としなかっただろう。しかしヘルメスはここで竪琴を取り出す。

ティントレット『銀河の起源』 1582年頃/ロンドン・ナショナル・ギャラリー

日本橋三越本店正面のヘルメス像　著者撮影

盗みが露見する前、ヘルメスは亀の甲羅に羊の腸を張って、竪琴（リュラ）を作り出していたのだ。ヘルメスが奏でる竪琴の見事な音色に魅了されたアポロンは、竪琴をヘルメスから譲り受けて大いに喜んだ。こうしたやり取りはヘルメスの商売神としての性格も示唆している。

ヘルメスを探して

ヘルメスが主人公のエピソードは誕生直後のもの以外にあまり見られないが、成長した青年神ヘルメスは神々の伝令として数多くのエピソードに関わっており、古代神話を描いた絵画においてよく登場するので、その姿を探してみるのも面白いだろう。先述のように、翼を備えた帽子とサンダルが、飛ぶように移動する伝令神ヘルメスの象徴である。

またヘルメスの持ち物といえば、ケリュケイオン（ラテン語ではカドゥケウス）という二匹の蛇が巻きついている杖もある。友好の印としてアポロンがヘルメスに贈った富の象徴と伝えられるもので、マーキュリーすなわち水星を示す記号☿は、この蛇が巻きついた杖のイメージに由来する（似ているが、第五章「アスクレピオス」で述べる「アスクレピオスの杖」は一匹の蛇が巻きついているもの）。二匹の蛇は、命を生み出すため交合する蛇をイメージしているのかもしれない。ヘルメスは豊穣神の性質も備えていたので、この杖は豊穣をもたらす象徴なのである。

また彼は商売の神でもあったことから、ケリュケイオンは商業のシンボルにもなっている。たとえばそれは一橋大学の校章にあしらわれており、これは一橋がかつて商科大学だったときにデザインされたもの。そして商売といえば、日本橋三越本店の正面入り口では、裸の青年ヘルメス像が商売繁盛を見守り続けているのである。

なおヘルメスはヘレニズム時代にエジプトの知恵の神トートと同一視された（楽器の発明者である点など類似しているので）。伝令神であるヘルメス自身が死者の魂を冥界に導くと考えられていたし、トートが魔術と結びつく神でもあったことなどから、ヘルメスは神秘的イメージを強く帯びるようになり、神秘思想においてよく象徴的に取り上げられる神格になっていった。それで後世では、ヘルメス・トリスメギストス（「三倍偉大なヘルメス」の意）なる伝説的な錬金術師の存在が想像されたりもしたのである。

ヘルメスの名はフランス語では「エルメスHermès」。商売の神として縁起がいいということで名前としても受け継がれ、フランス人ティエリ・エルメスが創始したのが、世界的なブランドに発展した「エルメス」社（もともと馬具を作っていたが、のち皮革製品製造に転じた）である。名前といえば、ヘルメス／メルクリウスの英語名マーキュリーは水星の意だけでなく、ロック・バンドのクイーンのヴォーカリスト、フレディ・マーキュリーでも有名。これは芸名だが、現代世界でも「ヘルメス」は多才で、様々なところに顔を見せている。

ポセイドン／ネプトゥヌス——海を支配する神

嵐を呼び、津波を起こす

ポセイドンは海を支配する神。ティタン神族のクロノスの子で、ゼウスとハデスと兄弟。髭をたくわえた老人の姿でイメージされた。海のニンフのアンフィトリテを妻とし、その間に生まれたのがトリトンである。ローマではネプトゥヌス、英語でネプチューンNeptune。ネプチューンとは海王星のことでもある。

ポセイドンは、ティタン神族との戦いの際に鍛冶職人でもある巨人キュクロプスから贈られた三叉の矛

ヴェルナー・ファン・デン・ファルケルト『馬に乗ったネプトゥヌス』1619年頃／コペンハーゲン美術館

（トリアイナ、英語でトライデント）を武器とし、これによって嵐や津波を引き起こす力を有すると考えられた。ネプチューンすなわち海王星を表す記号♆は、この矛のイメージに由来する。また図像表現では、イルカと共に描かれるほか、馬（ヒッポス）と魚（カンポス）が合成された姿をしている「ヒッポカンポス」という想像上の生物に乗っているところが描かれることもある。

馬といえば、ポセイドンは馬の神でもあった。海と馬の神、というのは意外に思われるかもしれないが、ポセイドンは古くは、ギリシア先住民に崇拝された大地の神、特に地震を司る神だったと考えられ（異名が「大地を揺らす神」）、この点が馬の神でもあったことと関連するのかもしれない。ゼウス、ハデス、ポセイドンの兄弟間で、くじによって支配領域を定め、海神となったというエピソードも、先住民の要素を取り込んだギリシア人が、神々の司る領域を整理していったことを反映しているように思える。

海神ポセイドンの名は海に関する名称として浸透している。たとえば、豪華客船ポセイドン号が嵐にあうパニック・ムービー『ポセイドン・アドベンチャー』（一九七二年、リメイク版が二〇〇六年）。また泉を湧き出させたというエピソードをもつように、水をあやつるポセイドンの像が、現代でも泉や噴水の近くによく見られる。ヨーロッパの町の中心部にはよく広場と泉や噴水があるが、そこに三叉の矛を持った神様の像があれば、それはポセイドン／ネプトゥヌスである。泉といえば、ローマにある「トレビの泉」が有名だが、そこにもネプトゥヌス像が、豊穣の女神ケレス（デメテル）と健康の女神サルスと共に建っている。

ポセイドンとトリトン

ポセイドンとアンフィトリテの子のトリトンは、半人半魚の姿で海馬にまたがり、ほら貝を吹き鳴らす姿で想像された。トリトン triton とは「ほら貝」のこと。またトリトンは海王星ネプチューンの衛星名でもある。その名は海をイメージさせる名称によく用いられており、漫画家の手塚治虫には、海棲人類の子トリトンを主人公とした作品『海のトリトン』がある。

ほかにも、ペガサス（第六章「ペガサスの誕生」参照）、オリオン（第八章「オリオン」参照）など、ポセイドンの子孫たちは様々な形で生き続けているのだ。

column【オリンピックの起源】

オリンピックの起源は、古代ギリシア人がゼウスを讃えて聖地オリュンピア（オリュンポスの最高神ゼウスの呼称「オリュンピオス」から転じた地名）で開催した競技会にある。なおオリンピックとはOlympic Gamesのことで、「オリュンピアの」という形容詞に由来する。神話では英雄が創始したと伝えられるが、現存する記録上は前七七六年が第一回で、それから四年ごとの夏、一〇〇〇年以上にわたっておこなわれた。

オリュンピア競技会はあくまで宗教祭典だったので、初日はゼウスを祀る儀式の日である。競技には次の日から三日間があてられ、最終日が閉会式で計五日間おこなわれる。開催に際して、各地からやってくる選手団の移動を考慮し、最長三カ月、休戦が誓われた。競技会を運営する者たちが使者を派遣し、ギリシア全土に「聖なる休戦」を布告してまわったという。これは破られたこともあったが、まだ休戦の使者が来ていなかった、と主張してのことであったり、原則としては驚くほど守られていた。

どんな競技があったのかというと、まずシンプルに競走。距離は一～二四スタディオン（ギリシアの長さの単位で、スタジアムの語源）、数種目がおこなわれていた。地域で異なるが、オリュンピアの一スタディオンは約一九二・三メートルだった。そして格闘技。ボクシングやレスリングのようなものに、パンクラティオン（「全ての力」の意）という、いわば「総合格闘技」もあった。

さらに、馬に乗って競走する種目が複数あった。特に、四頭立て馬車でレースをする戦車競走が、全競技のなかでも一番盛り上がったようである。馬たちに戦車（戦場で用いる馬車）を引かせ、ときに激しくぶつかったりして争いながらゴールを目指すというもので、たいへん勇壮な競技だったことだろう。戦車競走は、アカデミー賞で一一部門を獲得した大作映画『ベン・ハー』（一九五九年）のクライマックスシーンとしても有名である（この映画は古代ローマが舞台だが、ローマでもギリシアと同じように戦車競走をおこなっていた）。

ほかにはペンタスロン、すなわち五種競技（五「ペンタ」＋競技「アスロン」）があり、円盤投げ、幅跳び、槍投げ、競走、レスリングの五種で総合的に優れた者が勝者となった（残念ながらどうやって順位を決めたのか詳細は伝わっていない）。

なお、ほとんどの競技は基本的に「全裸」でおこなわれた。不正を防ぐ意味もあったのだが、美しい裸体彫刻でも知られるようにギリシア人は人間の体を美しいものと考えたのである。また、参加者はギリシア人の成人男性のみで、原則として女性は観戦も禁止されていた（規模の小さい、未成年そして女性の部もそれぞれあった）。

各競技の勝者には、現代のようなメダルではなく、オリーブの葉の冠が与えられた（別の競技会では月桂樹の冠が与えられることもあった）。そして勝者は祖国に帰れば富を得たという。現代でもマラソンの勝者にオリーブの冠（もしくは月桂冠）が与えられるが、そもそもマラソンは、古代にマラトン（Marathon）という戦場での勝利を長距離走って報告した者がいたという故事にちなむので、古代ギリシアとの縁が深いスポーツである。

のち、ローマがギリシアを支配してからも（前二世紀～）祭典は保護され、ギリシア人に加えて一部のローマ人が参加するようになったが、紀元四世紀末、ローマがキリスト教を国教として異教を禁止したため、ゼウスを讃えるオリュンピア競技会は廃止されてしまった。その後オリュンピアは埋没し、人々に忘れられていった。

時代は下って一九世紀末、フランスの教育家クーベルタンの提言がきっかけとなって、スポーツを通じた世界の交流、平和の実現のため、オリンピックを復活させることになったのである。一八九六年、第一回大会はギリシアの首都アテネで開催された（このときギリシアらしい競技として考案されたのが先述のマラソン）。遺跡となっていたオリュンピアではさすがに開催できなかったわけだが、発掘されたオリュンピアは現在、世界遺産に登録されて名所になっている。

なお近代オリンピックの開会式では、オリンピック誕生の地ギリシアに敬意を表して、ギリシア選手団が最初に入場するのが慣例となっている（一九二四年から開催されるようになった冬季オリンピックでも同様）。その開会式において点火するためギリシアからもたらされる聖火リレーの火は、オリュンピア遺跡の神殿での「採火」によるもの。しかしこの聖火リレー自体は近代に始まったもので、考案したのは実はナチスである。一九三六年のベルリンオリンピックに際して、バルカン半島の国々を堂々と通って地形の把握をするもくろみ（もちろん当地での戦闘を視野に入れていたわけだ）もあり、ギリシアから聖火を運ぶというイベントが考え出されたのだった。

二〇二一年には東京オリンピックが開催された（本来は二〇二〇年の大会だが、新型コロナウイルスの感染拡大の影響により、一年延期）。周知のように、一九六四年にも東京で開催されたが、では一九四〇年に幻の東京オリンピックがあったこともご存じだろうか。当時、日本は戦争のため開催を返上したのである。聖火リレーもそうだが、こうした歴史をふり返ると「平和の祭典」についてあらためて考えさせられる。規模など様々な状況の違いがあるとはいえ、一〇〇〇年以上、中止せずに競技会を開催し続けた古代人に学ぶことがまだまだあると思えるのだ。

第五章　神々の世界（二）他の主な神々

アスクレピオス——蛇と医術とWHO

アスクレピオスの杖

アスクレピオスは、医術を司る神アポロンと、ギリシア北部ラピテス族の王女コロニスとの子である医神。ペロポネソス半島東部のエピダウロスや、エーゲ海のコス島を中心に崇められ、髭をたくわえた壮年の男性の姿でイメージされる。ケンタウロスの賢者ケイロンのもとで医術を学び、多くの人々を救って神となったとされる。

なおコス島にはアスクレピオスの子孫と称する医師たちがいて、そこに現れたのが高名な医師ヒポクラテス（前四六〇頃～前三七〇年頃）。現代にも受け継がれる、医師の倫理についての宣誓、「ヒポクラテスの誓い」でその名は知られている。

アスクレピオスは、医術のシンボルとして一匹の蛇が巻きついた杖を持っている。脱皮をする蛇は古代の人々にとって生命再生の象徴だったので、医療とも結びついたのだ。そのイメージは現代まで受け継がれ、蛇の巻きつい

WHOのマーク

た「アスクレピオスの杖」は、WHO（世界保健機関）のシンボルマークの中心に描かれている。

ただし杖に巻きついているのは、もとは蛇ではなく、寄生線虫のメジナ虫だったという解釈もある（石橋信義編『線虫の生物学』東京大学出版会、二〇〇三年、名和行文担当、八章「人類と寄生線虫」一〇〇〜一〇二頁）。ヒトの皮下結合組織に寄生するメジナ虫は体幅二ミリ以下だが、雌の成虫になると体長七〇〜一二〇センチに達する寄生虫である。現代でこそあまり被害はないが、こうした寄生線虫と人との付き合いは大昔に遡るので、アスクレピオスの杖はメジナ虫の治療のやり方を示している、つまり姿を見せたメジナ虫を棒状のもので巻き取り引っ張り出すところを描いているのだ、という解釈だ。もしかすると本来はそうした意味もこめられているのかもしれないが、現代では蛇としてイメージが広まり、定着している。

蛇と関わりの深いアスクレピオスは、神の意に反して死者を甦らせたことからゼウスを怒らせ、その雷霆を受けて死んだのだが、それまでに人々を救った功績から天に上げられて、へびつかい座（ラテン語でオフィウクスOphiuchus）になり、彼の象徴としての蛇が「へび座Serpens」になったといわれる。

ところで、太陽の通り道にあるように見えて最も重視されてきた星座が「黄道一二星座」であり、どの星座が太陽と一緒に見えている時期にその人が生まれたかで占う星座占いで知られるが、へびつかい座もそこに入れて「一三星座」として考えるべきではないか、という主張がある。一九九〇年代にイギリスで出てきたもので、一般には広まっていないようだが、へびつかい座も太陽の通り道付近に見えることに由来した考えである。

蛇の杯

アスクレピオスの娘（あるいは妻）とされるヒュギエイアも、蛇の巻きついた杯を持って描かれる。この「ヒュギエイアの杯」が薬学の象徴になっていて、ヨーロッパの薬局の看板に描かれていることがある。

アストライア――天に昇った正義の女神

アストライアは正義を司る女神。同じく正義を象徴する女神ディケ（ゼウスと、掟の女神テミスとの間に生まれた季節の女神ホーラたちの一人）と同一視される。大昔、神々と人間は近しい間柄にあり、地上で親しく共存していたという。しかし人間の悪行が増えたのを見て神々は天に去っていった。アストライア／ディケは人間のもとに残って正義を教え続けていたが、堕落し続ける人間についに失望し、天に昇って「おとめ座 Virgo」となったと伝えられる（前章のデメテルまたはその娘ペルセフォネを由来とする説も）。「アストライア」は、ギリシア語の「星（アステル aster）」が語源。「星印」のアステリスク asterisk も古代ギリシア語由来である。

アストライア／ディケは、「公平に評価する」正義の象徴として、てんびんを持っていた。それは天において「てんびん座 Libra」になったとされる。

アトラス――天を支える巨神

怪力の巨人

アトラスは、ギリシアの遥か西方にいて、天空が落ちないよう支えているとイメージされた巨人神。ティタン神族とオリュンポスの神々との戦いにおいて、ティタンのイアペトスの子（プロメテウスの兄弟）で怪力のアトラスはオリュンポス神族を苦しめた。戦いはオリュンポス側の勝利に終わり、アトラスには天を支える罰を科せられたのだった。

あるとき、罰に耐えていたアトラスのもとに英雄ヘラクレスがやってきた。ヘラクレスはミュケナイの王に命じられて黄金の林檎を探し求めていたのだが（第六章「ヘラクレス」参照）、その黄金の林檎はアトラスの娘たち、ヘスペリデス（ヘスペリスたち）が守っていたからである。話を聞いたアトラスは、天をいったんヘラクレスに預けた。そして娘たちのもとから林檎を取って戻ると、直接ミュケナイ王のもとに自分が持っていくと言う。そのままヘラクレスに苦行を押しつけてしまおうとしたのだ。しかし林檎を持っていくのをアトラスに任せると見せかけたヘラクレスは、天を背負い続けるために姿勢をしっかりするからと偽ってアトラスに再び天を預けると、林檎を持ってそのまま行ってしまったのだった（アポロドロス『ギリシア神話』二・五・一一）。

カリュプソとプレイアデス

アトラスの娘たちについても述べておこう。ホメロスの叙事詩『オデュッセイア』（第七章参照）に登場する海の精霊カリュプソ（カリプソ）は、アトラスと女神プレイオネの子。その名は海に関する様々な事物の名に用いられている。

「プレイアデス（プレアデス）」は、アトラスとプレイオネとの間に生まれた七人の娘たちで（カリュプソも含まれることがある）、おうし座のプレアデス星団（すばる）の由来。一説には彼女たちは狩人オリオン（第八章「オリオン」参照）に追われて逃れ、ついにはゼウスによって天に上げられたとされる。オリオン座がプレアデスを追いかけるような位置にあることから語られた話なのだろう。

プレアデスは肉眼だと五〜七個の星から構成されているように見え、「六連星」とも呼ばれる。神話のプレイアデス姉妹は七人だが、そうした見え方にも神話は対応している。姉妹の一人エレクトラ（第七章「オレステスとエレクトラ」で述べるアガメムノンの娘とは別人）とゼウスとの子が、トロイア戦争の舞台として知られるトロイアの祖。このトロイアが戦争で滅亡したことを嘆いて、エレクトラは流れ星になったので一つ星が少ないという説明があるのだ（ヒュギヌス『天文詩』二・二一）。

またアトラスは妻プレイオネとの間にもう七人の娘たち、ヒュアデスをもうけたという。彼女たちが、おうし座の頭部にあるヒアデス星団の名の由来。「ヒュアデス」とは「雨女」の意で、この星が見える時期になると雨が降るという言い伝えがあった。

そしてすでに言及した黄金の林檎を守っていた女たち、ヘスペリデス。アトラスとヘスペリスなる女（その名は「西方」の意）の間に生まれた四姉妹とされる彼女たちは（アトラスの娘としない異伝もあり）、ゼウスが女神ヘラと結婚したときに大地の女神から贈られた黄金の林檎の園を守護する存在だった。ヘスペリデスはその園自体を意味する場合もある。ヘスペリデスの園は、太陽の沈む、遥か西方の楽園とイメージされた。

グエルチーノ『天を支えるアトラス』1646年／バルディーニ美術館（提供：Alinari／アフロ）

石山になったアトラス

先述のヘラクレスの曾祖父にあたる英雄ペルセウスについて、こんな伝えもある。ヘスペリデスの園の支配者として黄金の林檎のなる木を守っていたアトラスのもとを、ペルセウスが訪れた。ペルセウスは地の果てで怪物メドゥーサを退治し、その首を持って帰る途中だった（第六章「ペルセウスの冒険（一）」参照）。メドゥーサの眼は、見た者を石にしてしまうという魔力を持っている。ペルセウスは宿を求めたのだが、アトラスはペルセウスが黄金の林檎を奪おうとしているのだと思って拒んだため、怒ったペルセウスがメドゥーサの眼をアトラスに見せて、巨大な石山にしてしまい、そこに天が乗っかったというのである（オウィディウス『変身物語』四・六二一以下）。この場合は、天を背負ったのはアトラスが石になってから、ということになる。

ペルセウスはヘラクレスの先祖なので、先述のようにヘラクレスがアトラスのもとを訪れたときに石山になっていないと矛盾が生じるが、ペルセウスとアトラスの逸話はのちに生み出されたもので、完全な整合性を求めるべきではないのだろう。いずれにせよ、アトラスが石になってできたのが、ギリシアから見て西方、アフリカ北西部にあるアトラス山脈だと考えられたのである。古代の人々には、そびえたつ山脈がまるで天を支えているアトラスのように思えたのだろう。

受け継がれるアトラス

ギリシアの遥か西にアトラスがいるとイメージされたことから、大西洋は「アトラスの海」、英語ではアトランティック・オーシャンAtlantic Oceanと呼ばれるようになった。米国に「アトランタ」という都市があるが、ここは昔、「アトランティック鉄道」の始発駅だったことからつけられた名前なので、遡ればアトラスに由来する地名である。

小・中学生が参照するような「地図帳」が「アトラス」と呼ばれたのは、一六世紀フランドルの地図製作者で「メルカトル図法」で知られるゲラルドゥス・メルカトルが製作した地図帳の表紙にアトラスが描かれ、それが地図帳の慣例となったことに由来している。

キュベレ――東方から伝来した女神

死と再生の秘儀

キュベレは、もともと小アジア中西部フリュギアで崇拝されていた女神。豊穣多産を司る大地の女神であるほか、予言や山野の動物の守護など様々な性質を帯びて、ギリシア・ローマに信仰が広まった。ローマではマグナ・マテル Magna Mater（大いなる母）と呼ばれる神格と同一視される。

キュベレへの変わらぬ愛を誓ったアッティスという美少年がいたが、アッティスがあるニンフに恋したことにキュベレが怒り、ニンフの宿る木を切り倒してしまったために、アッティスは狂気に陥り、なんと自ら去勢して死んでしまった（オウィディウス『祭暦』四・二二二以下）。しかしその死を嘆いたキュベレが願ったところ、アッティスは松の木となり、流れた血からはスミレの花が咲いた。キュベレを熱狂的に信仰する男たちのなかには、このアッティスの死と再生にあやかって儀式において去勢し、以後は女性として生きた者もいたという。キュベレとそれに付随してアッティスを崇める儀式は、死と再生の秘儀として、俗世を離脱する狂乱を伴いおこなわれていたようである。

ローマから「シベーレス広場」へ

ローマは、今のスペインとポルトガルがあるイベリア半島を、ポエニ戦争を通じて領土とした。ローマはラテン人の都市で、彼らが話したのはラテン語。ローマの支配によってイベリア半島のラテン化が進んだわけなので、イタリアだけでなくスペインとポルトガルの言語・文化をラテン系と表現することがあり、そのスペインとポルトガルが植民したことから中南米を「ラテンアメリカ」というのである。そして、古くからラテン文化の影響を受けたスペインの首都マドリードの中心にあるのが「シベーレス広場」。シベーレスとはキュベレのスペイン語形。広場の噴水には、キュベレが二頭のライオンがひく車に乗っている彫刻がある。マドリードを本拠とする世界的に有名なサッカーチーム、レアル・マドリードが優勝を果たしたとき、ファンがこの広場に集まって歓喜するのを、古代の女神マグナ・マテル／キュベレが見守るのである。

大母神――マザー・ゴッデス

古代の女神について「大母神」「大女神」あるいは「地母神」といった名称（英語でMother GoddessやGreat Mother）が用いられることがある。先述のキュベレのような女神について称号のように用いられるほか、様々な女神の「原型」とされる太古の女神を漠然と指す言葉である。ここでは後者のイメージについて述べておきたい。

多くの神々を生み出した原初の大地の女神ガイア（第三章「母なる大地ガイア」参照）のような存在には、「生命を生み、育む女性」のイメージが投影されていると考えられる。一説には、ガイアに象徴される生命と自然を司る原初の女神＝「大母神」崇拝こそが、様々な女神イメージの根源にあると推測されているのだ。また考古学的にも、女神こそが太古の最も重要な信仰対象であるとの解釈がある。すなわち南東ヨーロッパを中心とした各地で、作製が数万年前に遡る腰や胸を強調した女性偶像が数多く見つかっており、美の女神にならってヴィーナス像と呼ばれているのだが、これらは女性の生命を生み出す役割を強調した女神像であり、太古の大母神崇拝を示すという見解がある。

そうした「大母神」が敬われたような太古には、女性が権力を有した「母権制社会」が存在したと想定する者もいる（古くは一九世紀の研究者バハオーフェンが著書『母権論』で唱えた）。その主張は明確な証拠に欠けるため、厳しい批判にもさらされてきた。しかし太古の時代、女神、女性、そしてそれらと重ね合わされて自然は敬われていたが、しだいに戦闘的男性社会が発展し、自然はないがしろにされるようになったと、人類史を捉える見方は、たとえば二〇世紀後半、女性の権利向上が求められたウーマンリブの時代に脚光を浴びることになった。このように男性中心社会の歩みを批判したり、自然を崇めることを忘れた現代文明を批判したりするツールとして、自然と重ね合わされた偉大な女神＝「大母神」のイメージが受け継がれているのだ。

しかしながら、様々な女神の原型としての「大母神」の存在をはっきりと証明することはできない。先述の偶像の意味も、あくまで現代の一つの解釈である。太古の母権社会実在の確かな証拠もないことに留意しなければならない。古代の神が現代のニーズに応じるかのごとく再生しているような状況こそ、認識されるべきだろう。

太陽神とクリスマス

太陽の馬車

太陽神ヘリオスは、ティタン神族のヒュペリオンとテイアとの息子。「太陽の馬車」で太陽の運行を司っていたという。ヘリオスは、オリュンポス一二神のアポロンと同じ太陽神として同一視されることもある。また太陽神はローマでは「ソル」とも呼ばれていた。

『変身物語』（二巻冒頭以下）によると、ヘリオスの子ファエトン（ここではアポロンの子とされている）は、自分が太陽神であることを友人たちに証明しようと、父に頼みこんで太陽の馬車を操縦させてもらったのだが、制御をあやまって暴走し、大地を焼いた。そこでゼウスは暴走する太陽を止めるため、やむなく雷でファエトンを撃ち落としたという。

またこのとき、太陽が地上に近づいた暑さのために肌が黒くなって「黒人」が生まれたとされている。いろいろな事物の起源を説明するのが神話の役目でもあるのだ。

ところで「太陽がいつものコースをはずれて落ちてきた」というのは、何かをイメージさせないだろうか。つまり、地球外からの、彗星や小惑星といった天体の接近、落下や衝突である（ちなみに、「彗星」は氷や塵によってできており、成分の放出から尾を引いているように見えることがある小天体、それとは成分が異なる小天体が「小惑星」、惑星の表面に落下した固体物質が「隕石」）。もしかするとそうした出来事の実体験がこの話のもとにあるのではないかと想像力が刺激される。ところで、地球外に由来する隕石と古代人の関わりは意外なところにある。隕石には「隕鉄」という鉄が含まれていることがあって、人類最初期の鉄はこの隕鉄に由来するという説がある。実際、隕鉄を含む古代メソポタミアの鉄剣も発見されている。

受け継がれるヘリオスたち

ヘリオスは太陽の神という輝かしいイメージから、様々な名称に受け継がれている。それにhelio-は「太陽の」という意味で用いられるし、ローマでの太陽神の呼び名ソルも、形容詞solarなどにつながっている。息子ファエトンは、「太陽の馬車」のイメージから馬車の型、さらに車の型の呼び名になった。すなわち自動車における「フェートン」とは折りたたみ式の幌を備えたオープンカー。大型高級セダンも意味するようになり、二〇〇三年にフォルクスワーゲン社が高級モデルとして販売したのが「フォルクスワーゲン・フェートン」だった。

また、ヘリオスの父ヒュペリオンは「上方を行く者」の意（古代ギリシア語でヒュペルhyperが「越えて、上方を」の意で、英語「ハイパー」の語源)。現在、世界で最も高い木はカリフォルニアのレッドウッド国立公園にあるセコイアだそうだが(一一五・五五メートル)、その木には英語で「ハイペリオン Hyperion」という名がつけられている。イギリスの詩人ジョン・キーツには未完の詩『ハイペリオン』『ハイペリオンの没落』があり、これらを意識してダン・シモンズが構想した、同タイトルの名作SF小説もある。

ローマの太陽神

イランからローマに伝わって広く信仰された太陽神ミトラス(イランではミトラ、ギリシアでミトラス)についてもここで紹介しておきたい。仏教のマイトレーヤ(=弥勒)と同じ起源に遡ると考えられる、この太陽神の信仰は、ローマ帝国において大流行した。ミトラス教は、ローマの国教、世界的宗教になりえたのではないかともいわれるが、秘儀を重んじる傾向があったため、万人が救われるとして拡大を積極的に志向したキリスト教に敗れたのであった。

しかし、ミトラス教はそのキリスト教に意外な形で刻印を残している。ローマ時代の暦では冬至が一二月二五日で、その日から日中が長くなることから、太陽神ミトラスを祀るミトラス教では特に重要な祭日とされていた。一二月二五日といえば、キリスト教の始祖イエスの誕生日とされるクリスマス。しかしイエスがいつ誕生したか、はっきりとした記録は存在しない。実はキリスト教会が、四世紀になってから、ミトラス教のような異教の祭日をイエスの誕生日として、自分たちの宗教に取り込んでしまおうとしたのが、クリスマスの起源と考えられているのだ。

ハデス／プルートー——冥界の神

地底の死者の国

ハデス（もしくはアイデス）はゼウスとポセイドンと兄弟で、支配領域をくじで決めた結果、死者の国、冥界の神になったと伝えられる。死者の国は地下にあるとイメージされたので、天にいると想像されたオリュンポスの一二神に入っていない。冥界というと暗くネガティブな感じがするかもしれないが、そこを支配するハデスはキリスト教の悪魔のようなものではなく、正しい神で、閻魔大王のような存在といえる。実りなどが地中からもたらされることから、ハデスは「富める者」を意味するプルートーンという別名をもっていた。ラテン語ではプルートー、もしくは「富める者」を訳してディース・パテルと呼ばれた。

ラテン語名に由来して冥王星は「プルート」といい、その冥王星が一九三〇年に発見、命名されたことにちなんで名づけられたのが、ディズニーのミッキーマウスの飼い犬、プルート（初登場が一九三一年）。元素名プルトニウムも冥王星から名づけられたのである。

新約聖書では、ハデスの名は死者が行く場所の名前として用いられた。このようにハデス／プルートーは、どうしても死をもたらす恐ろしさを感じさせるのか、そういったイメージのキャラクター名によく用いられ続けている。たとえば手塚治虫の『鉄腕アトム』の一編、「地上最大のロボット」に登場する恐ろしい破壊能力をもったロボットの名前が「プルート」。そしてこのエピソードを、手塚ファンの漫画家、浦沢直樹がリメイクした作品が『ＰＬＵＴＯ』。また先述の放射性物質プルトニウムの名は、死者の国のイメージとは無関係にあくまで冥王星の名からつけられたのだが、結果的に恐ろしい力をもつイメージに重なる名称といえるのではないだろうか。

冥界の川

ここで冥界についてもふれておこう。冥界の入り口は各地にある深い洞窟と考えられており、生者と死者の国の境には、アケロンあるいはステュクスという川があると想像されていた（これらの川は擬人神としてもイメージされる）。そしてその川には、死者を船で向こう側に渡すカロンという渡し守がおり、死んだ者は彼に渡し賃を払わないといけないと考えられていたので、古代ギリシア人は遺体の口に硬貨を入れたのである（こうした慣習は受け継がれ、のちには目の上に硬貨を置くようになった）。

ステュクス川は「誓いの川」とも呼ばれ、神々はこの川にかけて誓いをたてた。冥界にはほかにもコキュトスという川があって、死者はここで泣き、悲しみを流したという。またレテという「忘却の川」もあり、その水を飲むと人は全てを忘れたと伝えられる。それでletheは「忘却」を意味する表現になっている。

タルタロスと、そこに落とされた者

オリュンポス神族に刃向かった者や、特に罪深い者は、冥界の最下層である「タルタロス」に幽閉されたという。冥界には罪人に限らず全ての死者がおもむくのだが、最下層のタルタロスが「地獄」のようなイメージの場所なのである。そこに落とされた者のエピソードを見ていこう。

シシュフォス

ペロポネソス半島北東のコリントスの創建者で、最も狡猾な人間とされるシシュフォス（シシュポス）は、ゼウスの恋を告げ口によって邪魔して（ゼウスが河神アソポスの娘アイギナをさらったことをアソポスに知らせて）ゼウスを激怒させ、冥界に送られたのだが、一説によるとそこでハデスを騙して生き返った。すなわち前もって妻に葬式をおこなわないようにと指示しておいて冥界に送られたシシュフォスは、妻の不義理を偽って責め、妻のもとに一度帰ることをハデスに許してもらい、そのまま冥界に戻らなかったのである。そして長寿で亡くなり、再び冥界に行ったとき、究極の罰としてタルタロスへ落とされたのであった。

シシュフォスは、大きな岩を険しい坂道の上へと押し上げねばならない。ところが、やっと上まで押し上げたと思ったら、岩は必ず転がり落ちてもとの場所へと戻ってしまう。シシュフォスはこの単調な苦役を永遠に繰り返さねばならないのである。

フランスの小説家アルベール・カミュは、『シーシュポスの神話』(一九四二年)というタイトルの随筆を著した。彼はシーシュポス(シシュフォス)に、死によって無に帰すことを承知しながら生き続ける人間の姿を重ね合わせたのである。

なおシシュフォスの兄弟サルモネウスも、自分をゼウスとして崇めるように人々に求めた罰でタルタロスに落とされたといわれている(第四章「罰を下すゼウス」参照)。

タンタロス

小アジア中西部フリュギアあるいは西部リュディアの王タンタロスは、神々の食卓に同席することを許されるほど神々に気に入られていたが、一説によると、なんと息子ペロプスを殺して、その肉を神々に供し、それを神々が見抜けるか試すという、たいへん不敬な企みを実行した。すぐに気づいた神々は怒り、彼をタルタロスに幽閉したという。

彼は水辺の果樹に縛りつけられた。手が届きそうなところに果実が垂れ下がっているのだが、空腹のタンタロスが取ろうとすると風が吹いて、果実は手が届かないところに動いてしまう。また水辺に近づいて水を飲もうとしても、水は必ず退いていく。タンタロスはこうして、目の前に食べ物と水がありながら決して手に入らず、空腹と喉の渇きに永遠に苦しめられるという、もどかしい刑罰を受けたのだった。ここから、tantalize は「じらす」という意味で、欲しいものが目前にあって欲望は増すのに手に入れることができないことを「タンタロス状態」というのである。

パン／ファウヌス――自然の神から悪魔へ？

牧人と牧畜の神

パン（パーン）は牧人と牧畜の神で、ヘルメスと、アルカディア地方のニンフであるドリュオペとの子（諸説ある）。下半身が山羊、上半身は人間で、角の生えた半獣神の姿でイメージされた。ヘルメスが生まれた子をオリュンポスの神々に見せたとき、その不思議な姿を全ての神々が面白がったことから、ギリシア語で「全て」の意の名、「パン」と名づけられたという（たとえば「パン・パシフィック」は「太平洋全体、汎太平洋」、「パノラマ panorama」は「全ての景色」の意）。しかしそれは後づけで、「牧人」の意の古形「パオン」から変化したようである。ローマ神話ではファウヌス Faunus と呼ばれ、ディオニュソスの従者サテュロスと同一視されることがある。

このパンが怪物テュフォンに襲われた際、恐慌に陥って、上半身は山羊、下半身は魚というこっけいな姿で逃げたという。それをゼウスが天に上げたというのが、やぎ座 Capricornus（Capricorn）の由来説明。一方、神々がティタン神族と戦った際に（第三章「神々の世代間闘争」参照）、パンが貝殻をほら貝のように吹き鳴らして神々を応援した姿が星座とされたという説もある（エラトステネス『カタステリスモイ／星の配置』、やぎ座の説明）。この解釈では、やぎ座の下半身が魚なのは貝殻を求めて魚の姿で海に潜った名残とされる。またローマ神話には神々の戦いにおいてユピテルに味方したというカプリコルヌスなる雄山羊がいて、こちらをやぎ座とする考え方もある。

王様の耳はロバの耳

パンにまつわる有名な話が、「王様の耳はロバの耳」(『変身物語』一一・一四六以下)である。笛の名人だったパンは、音楽の神でもあるアポロンと演奏で競うことになった。審査したのは山の神と、小アジアのフリュギア王ミダス。山の神は、竪琴を奏でたアポロンを勝者とするが、パンのほうが素晴らしかったと主張するミダス王にアポロンは激怒し、王の耳をロバの耳に変えてしまう。それからミダスは頭巾で耳を隠していたが、髪を切るときに理髪師がこれを見てしまい、口外してはいけないと思ったものの、話したい思いが募った。そこで理髪師は、穴を掘って、「王様の耳は、ロバの耳」とささやいてすっきりしていた。すると葦がその声を吸い取って、「王様の耳は、ロバの耳」と風に流したという。

パンとニンフ

笛の名人とされたパンが用いたのが、いわゆるパンパイプ(パンフルート、シュリンクス)。葦の茎などを用いた管楽器で、パンパイプが発展してできたのがパイプオルガンである。

パンパイプの由来はこう伝えられている。アルテミスの侍女でアルカディア地方に住む美しいニンフ、シュリンクスにパンは恋をした。彼女は純潔の女神アルテミスを崇めていたので、パンの猛アタックから逃れようとするが、水辺でパンに捕まってしまう。そこでシュリンクスは水中のニンフに助けを求め、葦になってしまったのだった。パンは悲しんで、その葦を切り取り楽器にしたのがパンパイプ、別名シュリンクスだという。カール・ニールセンの交響詩『パンとシュリンクス(シリンクス)』は、この物語をもとにしている。

「パニック」の由来

パンは人や家畜などを大声で驚かせ、恐慌状態に陥れると考えられた。そのイメージから生まれた言葉が「パニック panic」である。また道化師的なイメージも強く、「ピーターパン」のパンとは、この神に由来する。ユーモラスなイメージとしては、スペインの画家ピカソが、ファウヌス（パン）の顔を描いたものが何点か残っている。スペインといえば、スペイン内戦時に空想の世界を冒険する少女が主人公の映画『パンズ・ラビリンス』（二〇〇六年、原題『ファウヌスの迷宮 El laberinto del fauno』）において、少女を不思議な世界にいざなう存在としてパンが登場している。

アルノルト・ベックリン『シュリンクスを吹くパン』 1875年／ノイエ・ピナコテーク

角をもつ神

ところでパンと同じように角をもっている姿でイメージされたのが、エジプト由来で、ときにゼウスと同一視されたアモンという神（アモン Ammon あるいはアンモンはギリシア語での呼び名、エジプトではアメン）である。こちらは牡羊の角なのだが、その巻角に似ていることから、化石で見つかる古生物の「アンモナイト」という名称が生まれた。一説には、アモン神殿の近くで産出していた物質を「アモンの塩」と呼んだことから、「アンモニア」という名称ができたともいわれる。

実は、パンやアモンといった角をもった古来の神々が、キリスト教の悪魔イメージに影響を与えたと考えられている。悪魔イメージには、角や蹄などがよく見られるが、キリスト教が広まっていく過程で、パンのごとく印象的な姿の古代の神々が悪役にされ、悪魔イメージにつながったと推測されているのである。

ムーサ——学芸の女神たち

芸術のインスピレーション

ムーサ（複数形ムーサイ、英語でミューズ）は学芸を司る女神たち。ティタン神族で記憶の女神ムネモシュネとゼウスとの娘で、神託で有名なデルフォイがふもとにあるパルナッソス山に住むとされた。

詩人など芸術に関わる者たちは、ムーサに与えられるインスピレーション（霊感）によって詩を歌ったり、見事な芸術作品を生み出したりできるのだと考えていた。そのため神話を歌う詩の冒頭では、歌ってくださいムーサよ、という呼びかけが見られたりする。このように技能は神のおかげと外因に帰す発想は、ひらめいた考えを「神の啓示」として捉えることにもつながるだろう。神のお告げ、神託といったものは、自身の考えを表明・説明する方法の文化的バリエーションの一つということなのかもしれない。

詩人ヘシオドスによればムーサは九柱の女神たちだった。当初はそれぞれの女神に特定の領域の割り当てはなかったが、ローマ時代に各ムーサが司る学芸の分野が定められていった。それぞれの名前と分野は以下の通り。（ ）内は名前の意味である。

クレイオ（讃える女）……歴史
エウテルペ（喜ぶ女）……抒情詩

タレイア（華やかな女）……喜劇
メルポメネ（歌う女）……悲劇
テルプシコラ（踊りを楽しむ女）……合唱抒情詩と踊り
エラト（愛される女）……恋愛詩
ポリュヒュムニア（多くの讃歌の女）……讃歌
ウラニア（天の女）……天文
カリオペ（美しい声の女）……叙事詩

ムーサに関係する言葉

ムーサたちが司った芸術を古代ギリシア語で「ムーシケー」といい、これが「ミュージック music」の語源。一方、美術館や博物館を意味する「ミュージアム museum」は、エジプトにアレクサンドロス大王が建設した町アレクサンドリアに設立されたことでも知られる学問研究所「ムセイオン」（「ムーサ神殿」の意）から。一説によると、「モザイク mosaic」の語源もムーサ。ムーサを祀った場所にほどこされた装飾から、モザイクという言葉ができたという。また、ムーサたちが住んでいたというパルナッソス山は、フランス語で「モンパルナス」。パリのモンパルナス地区は、特に一九二〇年代に世界から芸術家が集った町として知られる。

ギュスターヴ・モロー『ヘシオドスとミューズ』 1891年／オルセー美術館

Column【謎の島アトランティス】

前五世紀後半にアテネで生まれた哲学者プラトンは、「遥かな昔、大西洋にアトランティスというたいへん栄えた島があったが、住民が傲慢になってしまったので、神罰を受けて、大地震と大洪水に襲われて海に沈んだ」という神話的物語を伝えている。この島の最初の王の名は「アトラス」だったというが、本章でふれた巨人神アトラスと何か関係があるのかは不明である。

アトランティスとはどこにあったのか、古代から現代に至るまで議論があり、大西洋に実在したのだ、いやそれはエーゲ海のクレタ島のことだ、スペイン沿岸のことだ、などなど、数えきれないほどの説があるが、どれも決定的ではない。プラトンは自らの思想を物語で表現していたので、この話はおそらく、傲慢になって滅んだ良くない国を描写した教訓話、すなわちプラトンの創作と思われる。

よって作者がはっきりとわからないまま社会に共有された神話とは性格が異なるが、神話と同様これからも人々の想像力を刺激していくことだろう。なお、この物語をめぐる諸説については別に詳しく論じたことがあるので（拙著『アトランティス・ミステリー』）、興味があったら参照していただきたい。謎の島の物語は、現代ではディズニーのアニメ映画『アトランティス』や、英BBCの冒険ファンタジードラマ『アトランティス』などの着想の源になっている。

第六章　英雄と怪物

ギリシア・ローマ神話の特徴といえるのが、神々の血をひく英雄たちの豊かな物語、英雄伝説である。「英雄」は古代ギリシア語で「ヘロス（ヘーロース）」、これがヒーロー hero という言葉の由来。また彼らは、神の血を半分受け継いでいるということで、「半神」という意味の「ヘミテオス hemitheos」とも呼ばれた（ヘミが「半分」、テオスが「神」の意）。

先述のように、神々には人間のごとく思い描かれた面があるが、より人間に近い英雄たちの物語は、古代人にとっての歴史的リアリティも有しながら、基本的に同じ人間であるからこその強い共感や憧れを喚起したり、様々な模範となったりして、受け継がれたのであった。

ここではまず、怪物メドゥーサ退治で有名な英雄ペルセウスと、その子孫のヘラクレスから見ていこう。それから他の有名な英雄たちの物語、さらに英雄物語に登場する怪物たちについても紹介していく。

ペルセウスの冒険（一）――メドゥーサ退治

捨てられた子

アルゴス王アクリシオスは、「娘のダナエから生まれる子供によって殺される」という神託を受けた。ならばダナエが子を生まなければよいと考えたアクリシオスは、男が近づかないように青銅の部屋にダナエを幽閉してしまう。しかし、美しいダナエを見初めたゼウスが黄金の雨となって降り、部屋の中へ入ってきた。そしてダナエがゼウスの子を身ごもり、誕生したのが英雄ペルセウスである。

子供を生んだダナエに当然アクリシオスは驚き、その子にいずれ殺されるという予言を恐れた。しかし孫の命を奪うのは忍びなかったのだろうか、アクリシオスはダナエと幼いペルセウスを大きな箱に入れ、海に流した。

ゴルゴン退治

漂流した二人はセリフォスという島に流れ着き、島の王ポリュデクテスに助けられる。ポリュデクテスはダナエに思いを寄せたのだが、彼女はペルセウスが無事に成長するまでそういった気持ちは抱けないと考えたのか、ポリュデクテスの思いを断り続けた。そのうちペルセウスは立派な若者に成長し、今度はこのペルセウスが邪魔になったので、ポリュデクテスは一計を案じた。

ポリュデクテスが祝宴を開くと、島の貴族たちは祝いの品を持って集まったが、招かれたペルセウスは何も持たずにやってきた。そこでポリュデクテスにけしかけられてペルセウスはこう言った。「遥か西に住むという恐ろしい怪物、ゴルゴンの首だって持ってくることができる」と。そしてペルセウスは、誇りをかけて実際にゴルゴンのもとへ向かうことになったのである。

ゴルゴンとは、長姉ステノ、次姉エウリュアレ、末妹メドゥーサの三姉妹で、遠い西方に住み、髪が無数のうごめく蛇で、翼をもっており、眼を見た者を石化させるという怪物であった。彼女たちは、ガイア(大地)の息子で海の神のポルキュスと、同じくガイアの娘であるケトが交わって生まれたと伝えられる。ゴルゴンなお同じ親から生まれたという説がある怪物が、上半身が女で下半身が蛇という怪物エキドナ。ゴルゴンとエキドナは混同されることがある。

ペルセウスはなにしろゼウスの子であるから、神々の導きを得て、まずグライアイ三姉妹のもとを訪れた。彼女らは一つの眼と一本の歯を交代で使い見張りをするという老女で、ゴルゴンの姉妹。彼女たちが、ゴルゴン退治に必要な物を有するニンフたちの居場所を知っていたのだ。ペルセウスは、見張りの交代の隙にグライアイの眼を奪い、それを返す代わりにニンフの居場所を聞き出した。それからニンフたちによって、翼のある靴、かぶれば姿が見えなくなる帽子、ゴルゴンの首を封じておくための袋を与えられる。またヘルメスからはゴルゴンの首を斬るための鎌も与えられた。

準備万端のペルセウスはゴルゴンの住む地にたどり着く。ゴルゴン三姉妹のうちメドゥーサだけが不死ではなかったので、ペルセウスはメドゥーサに狙いを定めた。直接その眼を見ると石になってしまうので、アテナに導かれながら彼は輝く青銅の楯にメドゥーサの姿を映し出し、それを見ながら首を斬り落としたという。

カラヴァッジョ『メデューサの首』 1598年頃／ウフィツィ美術館

メドゥーサのイメージ

ペルセウスが斬ったメドゥーサの首は、のちにアテナに捧げられた。それはアテナの防具「アイギス」の飾りとなったといわれる。アテナを描いた絵や、彫刻を見る機会があったら、アイギスとして描かれた胸当てや楯に注目してほしい。そこには舌を出したメドゥーサの顔が描かれている。

メドゥーサの首のイメージは、後世の多くの画家の想像力を刺激した。カラヴァッジョやルーベンスなど、西洋絵画史に名を残す偉大な画家たちがメドゥーサの首を描いている。特にルーベンスの『メドゥーサの首』はとてもグロテスクで、「閲覧注意」である。

ペルセウス座も、ペルセウスがメドゥーサの首を持っている姿でイメージされる。そのメドゥーサの生首にあたる星が、アルゴル星。この星は連星で、一方がもう片方の星に隠れたりすることで、周期的に見た目の明るさが変化する、いわゆる「変光星」である。まるで瞬きをするように明るさを変えるところが、まがまがしく受けとめられることもあり、この星は「瞬く悪魔」とも呼ばれるため、怪物メドゥーサにうってつけといえるだろう。

ペガサスの誕生

ところでペルセウスがメドゥーサの首を斬ったとき、メドゥーサの体から生まれ出てきたものがある。翼をもった馬、ペガサスが飛び出てきたのだ（ペガサスは英語発音で、本来のギリシア語ではペガソス、ラテン語でペガスス）。

実はペガサスは、海神ポセイドンとメドゥーサの間にできた存在とされる。つまりペルセウスがメドゥーサ退治にやってきたとき、メドゥーサはペガサスを体内に宿しており、死に際して飛び出てきたというわけだ。ポセイドンは馬の神でもあったし、メドゥーサは翼をもっていた。この両方の特徴がペガサスには受け継がれている。ペガサスというと美麗なイメージがあるかもしれないが、凄惨な場面で誕生したのである。

なぜポセイドンがメドゥーサと関係をもったのかという前日譚についてははっきりとは伝わっていない。オウィディウス『変身物語』（四・七七〇以下）によれば、実は本来メドゥーサは美しい娘で、ポセイドンがこれを見初め、女神アテナ（ミネルウァ）の神殿においてポセイドンはメドゥーサと力ずくで関係をもったという。そして聖なる神殿を汚した罪で、アテナによってメドゥーサは恐ろしい怪物の姿にされてしまったとされる（悪いのはポセイドンなのに）。このようにメドゥーサが美しい女性だったという前提で解すべき話なのかもしれない。しかし怪物になってからのメドゥーサとポセイドンのカップリングも面白い気がする。

メドゥーサの正体

メドゥーサはもともと女神だった、という解釈もある。トルコでは、メドゥーサは単なる悪役ではなく、女神としても信仰されていた。ただし、こちらが元祖メドゥーサでギリシアに入って完全に悪役になったのか、それとも小アジアにギリシア人が移り住むようになってから、女神と怪物に、見た目など何か共通の要素があって混同あるいは同一視されるようになったのかは、わからない。

またメドゥーサといえば蛇。京都大学霊長類研究所の正高信男教授らの研究によると、人間は生まれつき蛇を嫌うそうだが、古来、蛇には肯定的イメージもある。蛇は脱皮するので、古代人にとって生命再生の象徴であり、そのイメージは自然界の再生のサイクルにもつながるものだった。また地を這っている蛇は大地の象徴ともされ、蛇は大地から生まれるという考え方もあった。よって蛇は、自然・大地崇拝や豊穣祈願と結びついたのである。そうした蛇と融合した存在でもあるメドゥーサは、もともと自然・大地と結びついた「蛇女神」というような性質を有していたのかもしれない。そうだとして、なぜグロテスクなイメージになっていったのか、古い信仰が移住民などによる新しい文化のもとネガティブに変えられたのかは明らかではないが、メドゥーサがたいへん想像力をかき立てる存在であるのはたしかだろう。

受け継がれるメドゥーサ

古来、メドゥーサ（ゴルゴン）の首が、手鏡や家の瓦、神殿の柱など様々なものに描かれていた。これをゴルゴネイオンという。舌と牙を口から突き出し、顔のまわりを蛇が取り巻いている、恐ろしい形相の顔である。

そこには、怖いものには怖いもので対抗するという魔除けの発想があるのだろう。ギリシアやトルコでは、悪いものを眼力ではね返すという邪眼信仰の一種に由来する、目玉をかたどったお守りがよく見られるが、それはメドゥーサの眼だともいわれている。またトルコのイスタンブールの「地下宮殿」として知られる、ビザンツ（東ローマ）帝国時代の六世紀に造られた「イェレバタン貯水池」では、柱の礎石に「メドゥーサの首」を彫ったものが用いられている。一つは顔が横向き、もう一つは逆さになっており、恐ろしいメドゥーサを封じる魔除けとしてこうした向きになっているという説もある。それほど深い理由はなく、どこかにあったのを建築資材として再利用しただけでは、という意見もあるようだが。

また、イタリアのブランド、ヴェルサーチのエンブレムもメドゥーサの顔。このようにメドゥーサ（ゴルゴン、ゴルゴネイオン）のイメージは必ずしもネガティブなものばかりではない。同じくイタリア関連では、シチリア州旗に描かれている「トリナクリア」もメドゥーサに由来する。トリナクリアはシチリアの古い呼び名の一つで、古代ギリシア語で「三つの岬」という意味。その図柄は、メドゥーサの顔を中心に、シチリア島の三つの岬（イタリア半島を臨むメッシーナ、南端のパキーノ、西端のマルサーラ）を象徴する三本の足が顔から生え出ている、とても印象的なものである。

ペルセウスの冒険(二)――アンドロメダ救出

アンドロメダをめぐる戦い

メドゥーサの首を斬り落としたペルセウスは、その首を袋に入れて帰国の途につく。そしてアイティオピアで（「エチオピア」の語源、ギリシア人が漠然と南方にあると考えていた地名で「日に焼けた人の地」の意）、海の怪物ケトスに生贄にされるところだったアンドロメダという美しい王女を救った。怪物の姿について明確には伝えられていないが、くじら座（Cetus）の由来であるこの怪物を、ペルセウスが退治したのであった。

生贄にされようとしている囚われのアンドロメダと、彼女を救うペルセウスは人気のあった画題で、ペルセウスはよくペガサスと一緒に（ときにはペガサスに乗って）描かれている。先述のようにペガサスはメドゥーサの体内から誕生した天馬だが、ペルセウスがペガサスを連れ帰ったとか、ペガサスに乗ったという伝えは本来ない。ペガサスを乗りこなしたのはベレロフォンという英雄なのだが（本章で後述）、アンドロメダ救出の直前にペガサス誕生のエピソードがあるため、ペルセウスがペガサスと旅を共にしたという描き方がなされるようになったのだ。

ペルセウスは、アンドロメダの父である当地の王ケフェウスによって、アンドロメダを妻にすることを認められる。ケフェウスの妻すなわちアンドロメダの母が、カシオペア（カッシオペイア Cassiopeia）である。アンドロメダが生贄にされそうになった原因は、実はこのカシオペアにあった。カシオペアが、海の女神たちのネレイス（複数形ネレイデス、海の神ネレウスの娘たち）より自分が（一説によると娘が）美しいと言って自慢したことへの神罰として、生贄を要求されたのである。なおカシオペアとケフェウス、そしてアンドロメダは星座になっているので、その名をご存じの方も多いだろう。

アンドロメダを妻にすることになったペルセウスだが、彼女にはそもそも婚約者がいた。ケフェウスの弟つまりアンドロメダにとって叔父であるフィネウス（ピネウス）である。フィネウスは配下の者を連れ、アンドロメダを奪いにペルセウスのもとにやってきた。このときペルセウスが取り出したのがメドゥーサの首。メドゥーサの眼を見ると石になってしまうという恐ろしい力は、首だけになっても有効だった。その魔力によって、皆をあっというまに石にしてしまった。

男が女を救う物語

女性が怪物の犠牲になってしまうところを英雄が救うという展開は、世界中の神話・伝説において見られるもので、こうした物語を「ペルセウス・アンドロメダ型神話」と呼ぶ。実は日本神話でも似たような話がよく知られている。スサノオノミコトが、八つの蛇の頭をもつ怪物ヤマタノオロチを退治して、クシナダヒメを救い出すという物語である。

ヴァザーリ『アンドロメダを解放するペルセウス』1570年頃／パラッツオ・ヴェッキオ

男が女を助ける物語に対して、女が囚われの男を助けるような神話はあまりない。男のほうが力だって強いし、男が女を守ったり救ったりするペルセウス・アンドロメダ型神話のような展開が当たり前と思うだろうか？　もしかすると現実社会でも、そうした見方をある程度は前提としていないだろうか？　アンドロメダを救うペルセウスのような物語が古くから数多く語り継がれ、人々の考え方に刷り込まれてきたことが、現実社会においても「強い男と守られる女」的な構図を定着させてきた一因ではないだろうか。

また一方、現代では、たとえばハリウッド映画などにおいて強く勇ましい女性たちが数多く描かれるようになっていることに、古来の物語からの大きな変化も感じられよう。

祖国への帰還

セリフォス島に帰ったペルセウスは、母ダナエに無理に迫っていたポリュデクテスもメドゥーサの首で石にしてしまったあと、ダナエとアンドロメダを連れてアクリシオスに会おうと、祖国アルゴスに向かった。すると「ダナエの子に殺される」との神託を受けていた王アクリシオスはペルセウスを恐れ、国外へと逃げ去ってしまう。

しかし、神託の告げた運命から人間は逃れられない。のちペルセウスが、ギリシア北部テッサリアで開かれていた競技会に参加し、円盤投げをしたところ、誤って円盤を観客席に投げ込んでしまい、それに当たって一人の老人が命を落とす。その老人こそ、ペルセウスに殺されると予言された祖父アクリシオスだった。

その後、ペルセウスは王位を継ぐことになった。ギリシア神話最大の英雄ヘラクレスは、このペルセウスの子孫である。

ヘラクレス――最も有名な英雄

誕生と成長

ヘラクレスは、ギリシア神話において最も多くのエピソードをもつ英雄である。ペルセウスの子孫で、様々な冒険の末、死後に神となったという。本来の名前は「アルケイデス」だが、デルフォイの神託を下す巫女が彼のことを「女神ヘラの栄光」という意味の「ヘラクレス」と呼んだことから、それが彼の名になった(パウサニアス『ギリシア案内記』二・一〇・一)。ローマでもヘルクレスと呼ばれて信仰され、星座の「ヘルクレス座」はラテン語発音に由来する。英語ではヘラクリーズ Heracles またはハーキュリーズ Hercules、フランス語では Hercule エルキュール。弓矢、棍棒を武器とし、獅子の毛皮をかぶった姿で描かれる。

ペルセウスの孫にあたるアルゴスのアンフィトリュオンは、誤って殺人を犯したため、妻アルクメネを連れてギリシア中部のテバイに亡命していた。そこでアルクメネを見初めたゼウスは、アンフィトリュオンが不在のときに彼の姿に変身してアルクメネのもとを訪れる。そしてアルクメネは神の子ヘラクレスを身ごもった。

アルクメネが子を生むとき、喜んだゼウスは、「今日生まれる最初のペルセウスの子孫が、アルゴスの支配者となる」と宣言した（そもそもペルセウスはアルゴス王家の血統だった）。それを知ったゼウスの妻ヘラは、ゼウスの浮気によって誕生する子に権力を与えるものかと策謀をめぐらせた。そして出産の女神エイレイテュイアに命じてヘラクレスの誕生を遅らせ、アルゴス王家の傍系で、まだ母親のお腹にいたエウリュステウスという別の子を早産で先に誕生させたのである。ゼウスの宣言は取り消せないので、こちらの子が成長して王位についた。それでヘラクレスはアルゴス王になれず、出生の地テバイで生活し続けることになった。

まだヘラクレスが赤子のとき、ゼウスは我が子を不死身にするため、女神ヘラの母乳を飲ませようとした。ヘラクレスを憎む彼女は、もちろん母乳を飲ませることを認めないので、ゼウスはヘラに眠り薬を飲ませ、こっそり母乳を与えたのである（第四章「ヘラ」参照）。またヘラは、毒蛇を遣わして赤ん坊のヘラクレスを殺そうとしたが、すでに驚くほどの力を備えていたヘラクレスは蛇を絞め殺したという。

少年になったヘラクレスは、諸分野の達人たちに教育を受けたのだが、音楽教師が彼を罰したのに腹を立て、その教師を竪琴で撲殺してしまった。勇猛な兵士たちには、こうした逸話こそ好まれたのかもしれない。

ヘラクレスの狂気

立派な若者となったヘラクレスは、テバイ近くのキタイロン山中で家畜を襲っていたライオンを退治した。以後、自分の力を誇ってそのライオンの毛皮を身につけている。ちなみに古代ギリシアの時代、一部の地域にはまだライオンが生息していたという。

ヘラクレスはテバイ王女メガラと結婚し、三人の子供をもうけた。しかしヘラクレスをいまだ憎悪するヘラが彼に狂気を吹き込んだので、ヘラクレスは我が子と妻を殺してしまった（エウリピデス『ヘラクレス』）。正気に戻って嘆き悲しんだヘラクレスは、罪を償うにはどうしたらいいか、デルフォイの神託を求めた。そして「アルゴス王エウリュステウスに仕え、彼の命じる務めを果たせ」との神託を得る。ヘラクレスはこれに従い、本来なら自分がその地位についたはずのアルゴス王に仕え、功業をなし遂げることになるのである。

ヘラクレスの選択

一方、ヘラクレスの業績の由来として、道徳的な異説も語られた（クセノフォン『ソクラテスの思い出』二・一・二一～三四）。それによると、ヘラクレスは「快楽」を象徴する女性（のちの絵画などでは愛欲の女神アフロディテ／ウェヌスとして描かれることがある）と、「美徳」を象徴する女性（同じく知恵の女神アテナ／ミネルウァとして描かれることがある）の両方から誘いを受け、苦労を乗り越えれば最後には不死となることができると聞いた「美徳」の道を進むことにしたのだという。このように高尚な道を志すことを、現代でも「ヘラクレスの選択」と表現する。

一二の功業

では、ヘラクレスが命じられた一二の功業について見ていこう。

1　ネメアのライオン退治　ペロポネソス半島北東部のネメアにいたというライオンは、矢を通さない皮をもっていたが、ヘラクレスは棍棒でライオンを殴って気絶させ、絞め殺した。ヘラクレスを苦しめた功によって、ヘラがこのライオンを天に上げて「しし座Leo」になったと伝えられる。

2　レルネのヒュドラ退治　アルゴス近くのレルネにいたヒュドラは、九つの（あるいは一〇〇ともいわれる）頭をもち、猛毒を吐くという蛇の怪物。ヘラクレスはヒュドラの首を切っていったが、切ったところからさらに二つの首が生えてくるのできりがない。そこで従者が切口を炎で焼いて、新しい首が生えるのを防ぎ、最後に中央にあった不死の頭をヘラクレスが岩でつぶして退治した。このヒュドラが「うみへび座Hydra」の由来。これ以降、ヘラクレスはヒュドラの猛毒を矢に塗って用いるようになる。またこの戦いで、ヘラがヒュドラの加勢として遣わした巨大な蟹を、ヘラクレスは踏みつぶしたという。こちらが「かに座Cancer」の由来。

3　ケリュネイアの鹿の生け捕り　ペロポネソス半島北部アカイア地方ケリュネイアの鹿は女神アルテミスの聖獣で、黄金の角をもっていた。全部で五頭おり、そのうち四頭はアルテミスに捕らえられ女神の戦車を引いていたが、一頭だけ残っていたのである。鹿を傷つけないよう女神に戒められていたので、ヘラクレスはその鹿を一年間も追いまわし、ついに無傷で捕らえたという。

4　エリュマントスの猪の生け捕り　ヘラクレスは、アルカディアの北にあるエリュマントス山に住む人食いの大猪を生け捕りにした。この功業に向かう途中、以下の出来事が伝えられている。ヘラクレスは半人半馬のケンタウロス族のフォロス（ポロス）に歓待を受けたが、神からケンタウロスに授けられていた酒の甕をヘラクレスが強引にあけさせたので、ほかのケンタウロスたちが怒って争いになり、毒矢で彼らを撃退した。このときフォロスは毒矢に触れて、死んでしまう。憐れんだ神によって天に上げられたのが「ケンタウルス座」。また、この争いにおいてヘラクレスは、ケンタウロスの賢者ケイロンに誤ってヒュドラの毒矢を当ててしまった。ケンタウロス族の誕生はイクシオンに由来するとされるが（第四章「罰を下すゼウス」参照）、ケイロンはティタン神族のクロノスと、大洋神オケアノスの娘フィリュラの子である特別なケンタウロスで、神に愛されて不死の身にされていたため、死なずに苦しみ続けた。そこでケイロンは自分の意志で不死を放棄し、死を選んだ。ケイロンの死を惜しんだゼウスが、彼を天に昇らせ「いて座Sagittarius」にしたという。

5 アウゲイアスの家畜小屋の掃除と、怪物退治

三〇〇〇頭の牛を飼育しながら三〇年間も掃除していなかった、ペロポネソス半島北西部エリス地方の王アウゲイアスの牛小屋を掃除することになったヘラクレス。なんと二つの川の流れを強引に変えて小屋に引き込み、汚物を一挙に洗い流してしまった。ところでこのエピソードの舞台であるエリス地方には、オリンピックの由来となった競技会がおこなわれたオリュンピアがあり、一説にはオリュンピア競技はヘラクレスが創始したと伝えられる（あるいは先に英雄ペロプスが創始して廃れていたのをヘラクレスが復活させたとも。本章「ペロプス」参照）。アウゲイアスは掃除の報酬を約束していたのにそれを拒んだうえ、ヘラクレスを追放したので、のちにヘラクレ

ポライウォーロ『ヘラクレスとヒュドラ』 1475年頃／ウフィツィ美術館

スは報復してアウゲイアスを討ち取った。その勝利を父ゼウスに感謝してオリュンピア競技会が始められたというのである。

6〜8　その後ヘラクレスは、アルカディア地方ステュムパリデスの怪鳥を退治し、クレタ島の暴れる牡牛を捕らえ（ポセイドンがクレタ王に与えた牡牛と伝えられる。後述）、トラキアの人食い馬をなだめるなど、功業を続けた。ヘラクレスが牡牛を捕らえたというクレタ島の、現在の中心都市名「イラクリオン Heraklion」は、ヘラクレスに由来している。

9　ヒッポリュテの帯　東方に住む戦闘的な女部族アマゾンの女王ヒッポリュテの帯を取りに行ったヘラクレス。当初ヒッポリュテは帯を渡すことを承諾したのだが、いまだヘラクレスを憎むヘラがアマゾンの一人に姿を変じて扇動し、アマゾンたちにヘラクレスを攻撃させたため、やむなくヘラクレスはヒッポリュテを殺して帯を持ち帰ったのだった。

10　ゲリュオンの牛　次に課されたのが、西の果ての島に住む三頭三身の異形の怪物ゲリュオンの飼う牛たちを捕らえること。西を目指してアフリカに行き着いたヘラクレスが、太陽神ヘリオスに矢を射ると、ヘリオスは豪胆なヘラクレスが気に入り、海を渡るための黄金の大きな盃を与えた。ヘラクレスはその盃に乗ってゲリュオンの島にたどり着く。そこで番をしていた双頭の犬オルトロスを棍棒で打ち殺して牛たちを奪い、さらに牛を奪い返そうと追ってきたゲリュオンをヘラクレスは矢で射殺してしまった。なおこの冒険の途中でヘラクレスはジブラルタル海峡を通り、その両岸に柱を立てたという伝えから、ジブラルタル海峡は「ヘラクレスの柱」と呼ばれるようになった。スペイン国旗に描かれる紋章には、海峡を象徴する二本のヘラクレスの柱が配されている。

11　ヘスペリデスの黄金の林檎　ヘラクレスは、遥か西方にあるというヘスペリデスの園に黄金の林檎を取りに行った。黄金の林檎は一〇〇の頭をもつ竜ラドンが守っていたが、これを倒して林檎を手に入れたという（異伝については前章「アトラス」参照）。ラドンは天に上げられ、「りゅう座」となったとされる（ラテン語でDraco）。また、ヘラクレスは林檎を求めに行く途中（または帰途）、大鷲に肝臓を食べられ続けるというゼウスの罰を受けていたプロメテウス（第三章「プロメテウス」参照）を、大鷲を射て解放したというエピソードも語られており、ヘラクレスは息子であるからゼウスも解放を許したと伝えられる。

12 ケルベロスの生け捕り

ケルベロスは先述の双頭の犬オルトロスの兄で、三つの頭をもつ冥界の番犬。ヘルメスに導かれてヘラクレスは冥界に下り、ケルベロスを生け捕りにして地上に引きずり出した。そこで垂れたケルベロスの唾液から、猛毒をもつ植物トリカブトが生まれたという。

ヘラクレスの死

ヘラクレスは、巨人族ギガスと戦ったオリュンポス神族を助け、アルゴ船の冒険（次項参照）にも参加した。関係する神や英雄の世代に矛盾も見られるが（たとえばギガスとの戦いは英雄たちの時代よりも前のはず）、それほどにヘラクレスの物語は好まれて広がりを見せているのである。有名になるに伴い、ますます各地の神話と関連づけられたり、別の英雄と同一視されたりもしたのだろう。アルゴスとの強い結びつきから、もとはペロポネソス半島の英雄だったと推測されるが、離れたテバイで生まれ育ったとされるのも、そうした連結が背景にあると考えられる。

ここでは、功業の途中のエピソードをあと二つ紹介しよう。

ギリシア北部テッサリアの王アドメトスは、死期が来ても誰かが身代わりになれば死を免れることが運命の女神によって取り決められていた。そして彼の死が迫ったとき、妻アルケスティスが身代わりになって死ぬが、ヘラクレスが死神タナトス（夜を擬人化した女神ニュクスの子）と戦って彼女を生き返らせたのだった（エウリピデス『アルケスティス』）。「タナトス」という言葉は、精神分析学の祖フロイトが「死への衝動」を指す言葉として用いたことでも知られている。

また大地の女神ガイアの子で、旅人に戦いを挑んでは殺していた、リビュア（北アフリカ）のアンタイオスという男がいた。ヘラクレスは旅の途中、このアンタイオスと出会って戦った。アンタイオスは何度倒れても無限に力を復活させるので、さすがのヘラクレスも苦戦する。しかし、大地の女神の子は地に足がついていなければ力を発揮できないと気づいたヘラクレスは、アンタイオスを抱えて持ち上げたまま絞め殺した。このように怪力を誇るヘラクレスは、肉体美が肯定的に捉えられたルネサンス時代に特に好まれ、ヘラクレスを描いた絵画や彫刻が数多く制作されたのであった。

功業を終えたヘラクレスは、ギリシア中西部のカリュドン王の娘デイアネイラを妻にし、当地で子をもうけた。しかし誤って王の親族の命を奪ってしまったので、そこを去ってトラキスという町に向かうことになる。その旅先において、デイアネイラと息子ヒュロスと共に川を渡ろうとヘラクレスがヒュロスを担ぐと、ケンタウロス族のネッソスという者が現れた。ネッソスがデイアネイラを担いで渡ろうと申し出たので、ヘラクレスはそれを頼んだが、ネッソスがデイアネイラに乱暴しようとしたため、ヘラクレスは矢でネッソスを射殺してしまう。ネッソスは死の間際、デイアネイラに「私の精液と、傷口から流れた血は媚薬になる。夫の愛が冷めたときに混ぜて用いるとよい」と言い残す。信じたデイアネイラはそれをとっておいたのだが、そこには、ヘラクレスの矢に塗られたヒュドラの猛毒が混じっていたのだ。

のちにヘラクレスが別の女性に心を寄せているのを知ったデイアネイラは、ネッソスの媚薬を塗った服を夫に与えてしまった。ヘラクレスがこれを身につけたところ、たちまち猛毒におかされて苦しむ。死を逃れられないと覚悟したヘラクレスは、ギリシア北部オイテ山上で自ら火葬壇を作って登り、他の者に火を点けてもらって亡くなった。誤って夫を殺してしまったと知ったデイアネイラも自ら命を絶ったという（これを題材にした悲劇が、ソフォクレス『トラキスの女たち』）。

様々な偉業を成し遂げたことで、ヘラクレスは死後に神の座に上げられた。このときに至ってヘラもヘラクレスを許し、娘である青春の女神ヘベを妻としてヘラクレスに与えたという。

受け継がれるヘラクレス

こうして神となったヘラクレスは、ギリシア神話の英雄の代表格である。ヘラクレス伝説をかなり脚色した物語だが、ディズニーのアニメ映画『ヘラクレス』（一九九七年）など、そのイメージは現代にも受け継がれ続けている。

ヘラクレスは無双の力強さを連想させるような事物の名称によく用いられており、たとえば、中南米の熱帯に生息する世界最大のカブトムシであるヘラクレスオオカブトも、そうしたイメージでの命名だろう。またオリンピックの由来である古代のオリュンピア競技会はヘラクレスが創始したという説もあるように、ヘラクレスはスポーツとの関わりも深く、ヨーロッパのサッカークラブの名前のほか、モナコで毎年開催される国際陸上競技大会（モナコ国際）の名称にもなっている。

アルゴ船の冒険

象徴としての金羊毛

次に英雄たちの冒険譚、アルゴ船の物語について取り上げる。

ギリシア北部イオルコスに、本来は王位を継承するべきイアソンという男がいた。しかし父の兄（もしくは弟）ペリアスに王位を奪われてしまったうえ、邪魔者として「黒海東岸の国、コルキスにあるという宝物の金羊毛皮を持ち帰る」という難題を課されてしまう。イアソンは仲間を集め、アルゴ船（「速い」

の意、建造した船大工の名がアルゴス）で出発することになった。「イアソン」は英語でジェイソンJason。その名は本来「癒しを与える者」という意味である。

コルキスの「金羊毛」の由来から見ておこう。ギリシア中部ボイオティアの王子であったプリクソスは、父の後妻に命を奪われそうになり、神から遣わされた「黄金の羊」に妹ヘレと共に乗って逃れた。途中でヘレは海に落ちてしまい、そこは「ヘレの海」の意のヘレスポントスと呼ばれるようになったという（現代のマルマラ海）。羊はプリクソスと共にコルキスに至り、その黄金の羊毛が当地の宝物となって受け継がれていたのだった。なお、この羊が天に昇って「おひつじ座Aries」になったと伝えられる。

現在のジョージアにあたるコルキスは、古代、砂金が採れることで有名だった。そして昔は、羊毛で砂金を採っていたのである。羊毛皮を川に沈めておくと、流れてきた砂金は重いので毛にひっかかるというわけだ。金の羊毛とは、たくさん金が採れる豊かな土地の象徴でもあるのだろう。

金羊毛皮を求めて冒険した人々のイメージから、中世フランスのブルゴーニュ公が結成した騎士団は「金羊毛騎士団」と名づけられた。その紋章が金の羊だったのだが、それは現代のトラッドファッションブランド、ブルックス・ブラザーズのエンブレムに受け継がれている。

アルゴナウティカ

アルゴ船の冒険を題材にしているのが、前三世紀の詩人ロドスのアポロニオスによる叙事詩『アルゴナウティカ』（「アルゴ船員（アルゴナウタイ）の歌」の意）である。多くの著述家によって以前から言及がなされているので、物語の枠組みは前八世紀にはできあがっていたと思われる。ギリシア人は船で各地に渡り、黒海周辺にも進出していたので、そういった航海の記憶を反映させながら発展、浸透した物語なのだろう。

アルゴ船には、ヘラクレスのほか詩人オルフェウス（第八章「オルフェウス」参照）など、総勢五〇人前後の英雄たちが乗船し、力を合わせて冒険を進めていった。たとえば旅の途上に遭遇した怪鳥ハルピュイア（ハーピー）に対しては、風の神ボレアスの子で有翼のカライスとゼテスが立ち向かい、これを追い払った。

またゼウスを父とする双子ディオスクロイ（カストルとポリュデウケス、ラテン語でカストルとポルックス）も参加したといわれ、彼らはのちに船乗りの守護神としても崇められた。海上で船のマストの先端が放電して発光する現象が見られるが、古代においてはこうした現象がときに「カストルとポルックス」と呼ばれ、吉兆とされていたのである（プリニウス『博物誌』二・三七）。ちなみにこれは今では、キリスト教のもとで船乗りの守護聖人とされた聖人エルモにちなみ、「セント・エルモの火」と呼ばれている。

アルゴ船を題材にしたのが映画『アルゴ探検隊の大冒険』（一九六三年）。「ペルセウス」の項でも言及した、特撮の巨匠レイ・ハリーハウゼンの代表作である。仲間が結集し、それぞれの力を発揮して敵を倒し困難を克服しながら目的達成に向かっていくという物語は、少年漫画やロールプレイングゲームにも通じる普遍性を有しているといえるだろう。

ギュスターヴ・モロー『イアソンとメデイア』
1865年／オルセー美術館

さてコルキスにたどり着き、金羊毛皮を求めるイアソンに対し、当地の王アイエテスはもちろん「はいどうぞ」

と宝物を渡しはしない。金羊毛を保持している限りは王であり続けるとの神託を得ていた彼はイアソンに対し、金羊毛が欲しいなら「炎を吐く牡牛を捕まえ、畑を耕させろ」「竜の牙をまいて、そこから生まれる兵士たちと戦って倒せ」といった難題を課す。そこでイアソンたちを助けたのがコルキス王女で、魔術に長けていたメデイアであった。イアソンに恋したメデイアは彼を助けようと、塗れば炎も剣も防ぐことができるという秘薬を作って渡した。その魔術と助言のおかげで、イアソンは難題をクリアしていったのである。そして肝心の金羊毛皮は竜によって守られていたのだが、ここでもイアソンはメデイアに助けられる。メデイアの薬で竜を眠らせている間に、イアソンは金羊毛皮を手に入れたのだった。

アルゴ船の帰路

自分も連れていってくれるように懇願するメデイアも伴い、イアソンと英雄たちはコルキスから出航する。宝ばかりか王女まで奪われることになったコルキス王アイエテスは船で追ってきたが、このときメデイアは驚きの策略でイアソンを救った。彼女を慕って共に出奔してきていた弟アプシュルトスを殺し、その体をバラバラにして(!)海に投じたのである。古代ギリシアでは、遺体は(特に親族のものは)必ず回収し弔わねば神罰を招くという考えがあった。それで、バラバラにされた遺体を回収しようとコルキス側が時間を費やす間に、逃げ切ったのだった。

『アルゴナウティカ』によると、アルゴ船は黒海を横断、イストロス川(ダニューブ川=ドナウ川)を遡って今のルーマニアを通り、支流を経てアドリア海へ出たあと(かつてヨーロッパの大きな川は互いにつながっていると想像されていた)、アドリア海に流れ出ているポー川を遡ってヨーロッパに入り、その後フランス南部のローヌ川を下って地中海(つまりイタリア半島の西側)に至った。地中海では、叙事詩『オデュッセイア』(次章参照)にも登場する怪物たち、セイレーンやスキュラなどに遭遇しながら、祖国へと向かった。また途上、スケリアという島で当地の王妃の計らいにより、イアソンとメデイアは結婚したのだった。それからアフリカに流れ着いたあとにクレタ島に上陸する。クレタでは、工芸の神ヘファイストス（あるいは、本章で後述する工匠ダイダロス）が作ったという青銅の巨人タロスが島の番をしていた。メデイアがこのタロスを魔術によって、あるいは不死にしてやると偽って、踵の釘を抜き、倒したのだという。そして一行はクレタから北上、ギリシア本土に帰還した。

イアソンのその後

アルゴ船の冒険の発端は、イオルコスの王位簒奪者ペリアスにあった。メデイアはペリアスに対して、イアソンに代わって手の込んだ復讐を企てる。

ペリアスは年老いて死ぬことを恐れていたので、メデイアはペリアスの娘たちに若返りの秘術を実演して見せたのである。それは、年老いた羊を切り刻み、薬草を投じた大釜で煮ると、若返った羊が現れるというものだった。メデイアはこれをペリアスにもおこなうよう娘たちをそそのかした。娘たちはペリアスを切り刻んで（この時点でどうかと思うが）、薬草の入った大釜で煮たという。しかしメデイアは偽の薬草を入れていたので、ペリアスは復活することはなかった。このため、イアソンとメデイアはペリアスの息子によって追放されることになったのである。

その後イアソンとメデイアは、二人の子と共にコリントス（＝コリント）に移り住むが、そこでイアソンとコリントス王女との間に縁談が持ち上がったことにメデイアが激怒し、王女を魔術で殺害したうえ、イアソンへの復讐として我が子二人を手にかけた（詳しくは第八章「メデイア」参照）。それからメデイアは異国に去り、イアソンは放浪の末に亡くなったと伝えられる。

テセウスとミノタウロス——迷宮の怪物退治

アテネ王の息子

テセウスはアテネ王アイゲウスと、ペロポネソス半島東部トロイゼンの王女アイトラとの子。アイゲウスがトロイゼンを訪れた際に二人は結ばれたのだが、アイゲウスは大きな岩の下に剣とサンダルを隠し、「男子が生まれたら、自分の子である証拠として、これらの品を持ってアテネに向かわせるように」と言い残して、アテネへ戻っていった（ただしテセウスの本当の父は海神ポセイドンとする説もある）。テセウスはトロイゼンで育ち、自分の出生について知ると、岩を動かして父の残した剣とサンダルを手にし、アテネを目指した。

テセウスがアテネに到着したとき、前節のメデイアがアイゲウスの王妃となっていたという。アイゲウスの息子だというテセウスを、メデイアは邪魔者として毒殺しようとするが、テセウスはそれを免れて、父の残した剣とサンダルによって本当の息子であると、アイゲウスに認められたのだった。

ミノタウロス退治

テセウスの最も有名なエピソードが、クレタ島の怪物ミノタウロス退治である。まずミノタウロス誕生の経緯から。ゼウスとエウロペの子であるミノスは、クレタ島の王アステリオンのもとで育った。アステリオンの死後、兄弟間で王位をめぐり争ったとき、ミノスは自分が神に支持されていると主張し、海神ポセイドンに祈って、海から牡牛を送ってもらうという奇跡を起こす。これは、牛が宗教儀式などにおいて神に捧げられる重要な動物であり、立派な牛の所有がステイタスだったことを反映しているのだろう。

ミノスはこの奇跡を神の支持として王位についたが、その牡牛は神に返す（つまり海に捧げる）約束をしていた。ところがあまりに見事な牛なので手放すのが惜しくなったミノスは、別の牛を神に捧げてしまったのである。ポセイドンはこれに怒り、ミノスの妃であるパシファエ（パシパエ）がその牡牛に欲情を抱くように呪いをかけた。彼女は牡牛に恋をし、何でも作ってしまう名工ダイダロスに頼み込み、中が空洞になった牝牛の像を作ってもらった。その中にパシファエが入って、思いを遂げたという。そして誕生するのが、頭は牛、体は人間の姿をした、呪われた怪物ミノタウロス。その名は「ミノスの牛（タウロス）」という意味である。

こんな結果を招いてしまったミノスだが、弟のラダマンテュスと共に、たいへん正義感の強い人物だったと伝えられており、この二人が死ぬとゼウスは、冥界において死者を裁く仕事、つまり閻魔大王のような役割を彼らに任せたともいわれている。

その後ミノスは、凶暴に成長していったミノタウロスを、一度入ったら迷って出てくることができないほど複雑な構造をした迷宮に閉じ込めた。それは神託に従ってのことで、迷宮はミノスがダイダロスに命じて作らせたのであった。迷宮を「ラビュリントス」といい、英語のラビリンス labyrinth の語源である。

クレタは、支配下においていたアテネに、九年ごとに少年少女七人ずつを生贄として差し出させていたという。彼らは迷宮へと放り込まれ、迷っているうちにミノタウロスに出会い、食べられてしまったのだ。

これに怒ったのが、アテネの王子と認められたテセウスである。彼は自ら生贄の一団に入り、ミノタウロスを退治しようと考えた。テセウスら一行がクレタに着くと、ミノスとパシファエとの娘アリアドネがテセウスに恋心を抱き、彼が無事に迷宮から戻ってきてくれるようにと糸玉をテセウスに渡した。つまり入り口から糸を垂らして、ミノタウロスを退治してからその糸をたどって帰ってくるように助言したのである。テセウスは迷宮の奥深くへと進み、ミノタウロスに出会うと、格闘してこれを退治した。そしてその後、テセウスは糸をたどり帰還する。ちなみに糸玉のアイデアをアリアドネに伝えたのは迷宮を作ったダイダロスだったが、これに怒ったミノスによって、ダイダロスと息子イカロスは塔に幽閉されてしまう（次項参照）。

テセウスはアリアドネも連れてクレタを去るが、途中、酒神ディオニュソスの命によって、アリアドネをナクソス島に置いていった、という話の続きがある（ヒュギヌス『神話集』二五五）。そして彼女はディオニュソスの妃に迎えられ、そのとき贈られた冠が「かんむり座」になったといわれる（ラテン語で「北の冠」の意の Corona Borealis。由来神話のはっきりしない「みなみのかんむり座 Corona Austrina」は日本ではあまり見えない）。

テセウスがクレタ島に向かう際、怪物の生贄にされる予定の少年少女と一緒に船に乗ったので、喪の意味をこめて黒い帆が張られたのだが、帰りに無事だったら白い帆を掲げることをテセウスは父アイゲウスと約束していた。しかしテセウスが帰国する際、無事だったのに誤って黒い帆を掲げたままだったので、それを見たアイゲウスは息子が死んでしまったのだと思い込んで嘆き悲しみ、海に身を投げたのだった。ここからアイゲウスの海、「エーゲ海 the Aegean Sea」という名称ができたという（ヒュギヌス『神話集』四三）。

クノッソス宮殿

一九〇〇年、英国人エヴァンズがクレタ島で「クノッソス宮殿」の遺構を発掘した。その構造を再現すると、三、四層をなし、何百もの部屋を有した、たいへん複雑なものだったようである。まさに神話に伝えられる迷宮ラビュリントスのような建造物だったといえよう。

またクレタ島では、古くから牡牛が儀式に用いられ、その角を象徴したとおぼしき造形物が数多く見つかっていることなどから、牡牛がたいへん重要な存在だったと窺える。外からこの地を訪れて、巨大な宮殿と牡牛（をモチーフにした造形物）を目にした者がクレタ島のイメージを他の人々に伝え、その印象が受け継がれていくうちに「迷宮に潜む牛の怪物」の物語ができあがっていったのではないだろうか。

受け継がれるクレタ島の神話

ミノスとミノタウロス、そしてアリアドネは、様々な形で受け継がれている。まずミノスは、前一九世紀頃から前一五世紀頃まで繁栄したクレタ島の「ミノア文明」という名称の由来となった。先述のエヴァンズの発掘などによって、それまで忘れ去られていたクレタ島の古代文明が再発見されたとき、まるで神話のミノスの時代のようだということで命名されたのである。

そしてミノタウロスは有名な怪物キャラクターになっている。アリアドネについては女性名（英語でアリアドニー）のほか、テセウスを糸玉で助けたというエピソードから、「アリアドネの糸」が難問を解く手助けの喩えとして用いられている。

祖国の英雄

ミノタウロスを退治してアテネに帰還したテセウスは、父の死後にアテネ王となった。テセウスはアマゾン族の女王ヒッポリュテをさらって妻にしたとの伝えがあり、シェイクスピアの『夏の夜の夢』は、テセウスと、そのヒッポリュテ（英語でヒポリタ Hippolyta）の結婚を祝うアテネが舞台である。

テセウスとヒッポリュテの間に生まれた息子をヒッポリュトスといい、彼を題材にしたエウリピデス作の悲劇がある（『ヒッポリュトス』）。ヒッポリュトスは純潔の女神アルテミスを崇め、女性を寄せつけなかった。これに怒ったのが愛の女神アフロディテ。アフロディテは、テセウスの正妻となったファイドラ

(アリアドネの妹、テセウスと結婚した経緯については詳しく伝わっていない)が、義理の息子ヒッポリュトスに恋心を抱くように仕向ける。ヒッポリュトスに拒まれ思いのかなわなかったファイドラは自殺してしまうが、「ヒッポリュトスに言い寄られた」と書き残したため、父テセウスによって彼は追放されることになる。しかもテセウスが神に彼を罰するように祈ったので、誤った神罰によってヒッポリュトスは馬車に引かれて死に(その名は「馬に引き裂かれる者」の意)、後で真相を知ったテセウスは嘆き悲しむのだった。

のちテセウスは王位をめぐる争いに巻き込まれてアテネを去り、エーゲ海のスキュロス島の王のもとに身を寄せていたのだが、テセウスに権力を奪われるのではないかと恐れた王によって、崖から突き落とされ殺されたという。前五世紀、アテネの将軍がこのスキュロス島でテセウスの遺骸とされるものを見つけ、アテネに運んだ。おそらく国威発揚のためにも偉大な神話の英雄の帰還を「演出」したのだろう。祖国に帰還したテセウスは、国家的英雄として崇拝された。

ダイダロスとイカロス——空を飛んだ親子

前項で言及したように、クレタ島のミノス王を怒らせたことから、ダイダロスとその息子は塔に幽閉されていた。ダイダロスは何でも作ってしまう工匠なので、塔の最上階に落ちている鳥の羽を集めてロウで固め、翼を作り出す。ダイダロスと息子イカロスはそれを身につけて、空を飛んで塔から脱出した。

ダイダロスは息子に前もって警告していた。「高く飛び過ぎないように。太陽に近づくと、翼を固めているロウが溶けてしまうから」と。しかしイカロスは空を飛ぶことを楽しんで、父の注意を忘れてしまう。そのため太陽に近づきすぎて、ロウが溶けて翼が壊れ、墜落して死んでしまったのだった。嘆き悲しみながらダイダロスはシチリアに至り、当地の王に庇護されたともいうが、その晩年については語られていない。

この話は、空を飛ぶことへの古来の憧れも窺わせるし、若者は親など年配者のいましめを聞かないものだ、若者は冒険心をもつものだ、という教訓とも取れるだろう。日本では「昔ギリシャのイカロスは、ロウでかためた鳥の羽根、両手に持って　飛びたった　雲より高く　まだ遠く、勇気一つを友にして」という詩の歌『勇気一つを友にして』（作詞・片岡輝、作曲・越部信義）があり、音楽の教科書に載るなど「イカロスの歌」として知られている。一方ビジネスにおいて、成功に酔って状況の変化に気づかず衰退してしまうことをイカロス・パラドックスという（ダニー・ミラー『イカロス・パラドックス――企業の成功、衰退、及び復活の力学』亀田ブックサービス、二〇〇六年）。このようにイカロスのエピソードの読み解き方は多様なのだ。

イカロスが太陽に近づきすぎたとのエピソードから、太陽にいちばん近い小惑星はイカロスと名づけられた。またダイダロスの名は、巧みな技術で翼を作ったイメージから、優れた技術を誇るもの、飛行に関するものなどの名称に用いられている。

ペロプス――ペロポネソスの王

ペロプスは小アジアの一地方の王タンタロス（第五章「ハデス」参照）の子で、ギリシアのペロポネソス半島という名の由来。すなわちペロポネソスとは「ペロプスの島（ネーソス）」の意。タンタロスは神々を試すために息子ペロプスを殺し、その体を刻んで神々の食事に供したことから罰せられたのだったが、ペロプスはゼウスによって美しい青年の姿で甦った。そして海と馬の神ポセイドンの寵愛を受けたという。

ペロプスはギリシアに渡り、ペロポネソス半島北西のピサに至ると、当地の王オイノマオスの美しい娘、ヒッポダメイアに求婚する。オイノマオスは「娘の婿によって殺される」との神託を受けていたため、娘に求婚する者が現れると、自分に勝てば結婚を認めるが負ければ殺すという条件で、戦車競走をしていた。戦車競走とは、数頭の馬に戦車（戦場で用いる馬車）を引かせ、激しくぶつかったりして争いながらゴールを目指すというものである。

オイノマオスの戦車を引くのは名馬で、その御者ミュルティロスも優れた技術をもっていたため、すでに一〇人以上の求婚者が競走に敗れて殺されていた。そこでペロプスは馬の神ポセイドンに助けを求め、翼をもつ馬と黄金の戦車を授けられた。それによって彼は勝利したと伝えられるが、一説には勝利を確実に得ようと考えたペロプスが、オイノマオスの御者ミュルティロスに、自分が勝利して王国を継いだらその半分を与えるから協力せよと取引したのだという（ヒュギヌス『神話集』八四）。ペロプスに恋をしたヒッポダメイアの説得もあり、これを承諾したミュルティロスは、オイノマオスの戦車の車輪に細工をしておいた。競走が始まると、その細工によって車輪が外れ、オイノマオスは戦車から落ちて死んでしまった。その後、ミュルティロスがペロプスに、国をもらう約束を念押しすると、ペロプスは彼を海に突き落として殺したと伝えられる。そしてペロプスはヒッポダメイアと結婚し、新王国を建国したのであった。

オリンピックの由来であるオリュンピア競技会がおこなわれたオリュンピアは、このエピソードの舞台であるピサの近くである。一説には、ペロプスが前王オイノマオスの死に際して開催した葬礼競技がオリュンピア競技会の由来とされる（異説は本章「一二の功業」参照）。古代ギリシアでは競技によって死者の霊を弔うという発想があったのだ。

ペロプスの名がペロポネソス半島の由来となったことに示されるように、彼は当地の偉大な王となった。彼の孫にあたるのが、トロイア戦争に参加したアガメムノンやメネラオスである（前者はミュケナイ、後者はスパルタの王。次章参照）。

怪物、半獣半人、想像上の生物

本章では、英雄の物語に登場する怪物について言及してきた。ギリシア・ローマ神話に登場する、それ以外の想像上の存在についてここでまとめてみよう。そして「怪物」のような存在を思い描く意味についても考えてみたい（第八章でふれる「スフィンクス」など、別に関連箇所があるものについてはそちらで紹介する）。

キマイラとペガサス

空を駆けるペガサス（その誕生は本章で先述）に乗った英雄ベレロフォン（ベレロフォンテス）が退治したのが怪物キマイラ。ベレロフォンはコリントス王の子で、シシュフォス（第四章「シシュフォス」参照）の孫にあたるが、本当の父親は海神ポセイドンとされる。彼は誤って兄弟を殺してしまったので、隣国ティリュンスに出て当地の王プロイトスによって罪の浄めを受けた。このときプロイトスの妃が、立派な若者であったベレロフォンを誘惑するのだが、相手にされなかったために恨み、妃はベレロフォンに言い寄られたと王に嘘をつく。そこでプロイトスはベレロフォンに手紙を持たせ、小アジア南西部リュキアの王イオバテスのもとに使いに送った。実は手紙には、ベレロフォン殺害の依頼が書かれていたのである。イオバテスは、ベレロフォンに死んでもらうために、当地の恐ろしい怪物キマイラの退治をベレロフォンに依頼する。

キマイラ（英語でカイメラ Chimera）とは、ペルセウスとメドゥーサの項でふれたエキドナ（上半身が女で下半身が蛇の怪物）と、本節で後述するテュフォンの子で、ライオンの頭と山羊の胴体、毒蛇の尻尾をもち、火を吐く怪物である。ベレロフォンは女神アテナの助けを得て、乗り手を失っていたペガサスを捕らえてこれに乗り、空中からキマイラを射て退治した。かつてリュキアと呼ばれた地域には、メタンガスの噴出によって今でも燃え続けている岩山、「キマイラの燃える岩」がある。キマイラとは、こうした自然現象や火山の噴火などのイメージを具現化した怪物ではないかと推測される。

キマイラは様々な動物の要素をあわせもった怪物であるため、ある個体内に異なった遺伝情報をもつ細胞が混じっていることを指す「キメラ」という生物学用語をはじめ、由来が異なるものの合成を意味する言葉として用いられている。

キマイラを退治した後もベレロフォンは命を狙われたが、彼が見事に切り抜けたことからイオバテスは全てを明かし、勇ましいベレロフォンを娘の婿に迎えた（アポロドロス『ギリシア神話』二・三・一以下）。しかしその後、ベレロフォンはペガサスに乗って天に昇ろうと思い上がったので、ゼウスによって彼は空から落とされたという（ピンダロス『イストミア祝勝歌』七・四四）。そしてペガサスはそのまま天を駆け、ペガスス座 Pegasus になったのだった。

キュクロプス

キュクロプスは、ヘシオドスにおいてはウラノス（天空）とガイア（大地）の三人の息子である、単眼の巨人。またポセイドンと海のニンフの子とされることもある。英語でサイクロプスというが、語源はギリシア語の円（キュクロス cyclos）と目（ops）で、額に丸い眼が一つだけついていることに由来する呼び名である。ちなみに熱帯低気圧サイクロン cyclone も同じく「円」が語源。キュクロプスはそもそも鍛冶技術に長けた神的存在だが、粗暴な怪物として描かれることもある。まるで巨人が作ったようだということで、大きな石を積み上げた城壁などをキュクロプス（サイクロプス）様式 cyclopean と表現する。

巨人や怪物のイメージは、古代人が太古の巨大生物の骨・化石を目にしたことに由来するのではないかという推測がある。たとえば古代ギリシアの時代にはゾウはいなかったのだが、古い地層から、かつていたゾウ(の仲間、先祖)などの巨大な骨を見つけることがあったかもしれず、そうしたものから古代人が怪物を想像したと考えるのは的外れではないかもしれない。またゾウの頭蓋骨には大きな目立つ鼻腔が一つあいているので、ゾウを見たことのない人々が鼻腔を眼窩と思い込み、「一つ眼の巨人」をイメージするのもありうる。現代ではゲーム等に怪物として登場するキュクロプスだが、古代人にとっては、ある意味とてもリアルな存在だったのではないだろうか。

グリュプス

グリュプスは、ライオンの体に鷲の頭と翼を有する怪物。英語でグリフィンgriffin、フランス語でグリフォンgriffon。もともとはギリシアの遥か北方で黄金を守っていると考えられていたが、のちにアフリカやインドに住むと想像されるようにもなった。また、アポロンの乗る戦車をひいたり、酒神ディオニュソスのクラテル(古代の慣習としてワインと水を混ぜたが、そのとき用いた大きな甕、混酒器)を守る聖獣とのイメージもある。なおグリュプスと馬との間に生まれたとされる、鷲の頭と翼に馬の胴体をもつ生物はヒッポグリフhippogriffという。

『ハリー・ポッター』シリーズでは、主人公が属する寮の名がグリフィンドール。その紋章には黄金のライオンが描かれている。ヨーロッパでは実際にグリフィンが紋章によく描かれてきた。空の支配者たるイメージの鷲と、地上の支配者たるイメージのライオンが合わさったものなので、強さ、勇ましさの象徴とされたからである。

ケルベロスとオルトロス

ケルベロスは巨大な犬の姿で、三つの頭、蛇の尾をもち、首のまわりに無数の蛇の頭が生えている、冥界の番犬。英語でサーベラス Cerberus。第六章「ゴルゴン退治」の項でふれたエキドナ（上半身が女で下半身が蛇の怪物）と、後述のテュフォンの子。ヘラクレスによって冥界から地上に引きずり出されたという。弟にあたるのが、二つの頭をもつオルトロス（オルトス）。西の果ての島に住んでいたとされ、こちらもヘラクレスによって退治された。

ケルベロスは「恐ろしい番犬」ということで、怪物キャラクターのほか、何かを守るイメージの名称に用いられる。たとえばネットワーク上の「ケルベロス認証」は、サーバーとクライアントとの間で身元確認をおこなう認証方式の一つである。

テュフォン（テュフォエウス）

ガイアの息子。巨体で、腿から上は人間の姿だが、腿から下は巨大な蛇で、肩からは一〇〇の蛇の頭が生えていた。エキドナと交わって怪物たちを生み出した。

テュフォンはオリュンポスの神々との戦いに敗れてシチリア島まで追いつめられ、エトナ火山の下に封印されたと伝えられる（アイスキュロス『縛られたプロメテウス』三六三以下）。エトナはヨーロッパ最大の活火山で、その噴火は封じられたテュフォンが暴れて起こるとイメージされた。

英語で台風を意味する「タイフーン typhoon」は、暴れまわるテュフォンのイメージに由来するともいわれるが、語源辞典などによると中国語広東方言の「大風 tai fung」からできたという説もある。

ヒッポカンポス（ヒッポカムポス）

ヒッポカンポスは海神ポセイドンが乗る想像上の生物で、馬と魚が合成された姿をしている。「ヒッポス」が古代ギリシア語で「馬」、「カンポス」が「魚」。有名なアレクサンドロス大王の父フィリッポスの名前の意味は「馬を愛する者」で、フィリップという名前の由来である。またヒッポポタモスとは「河馬」のこと（ポタモスが「河川」）でもある。

イングランド北部のニューキャッスル市の紋章には、向かい合ったヒッポカンポスが描かれている。またその見た目から、ヒッポカンポス Hippocampus はタツノオトシゴ（＝シーホース）の学名。そして脳の「海馬」を意味する言葉にもなった。

ヒュドラ

ヒュドラは先述のエキドナとテュフォンの子である蛇の怪物。古代ギリシア語で「水蛇」の意味だが、特に英雄ヘラクレスに退治された怪物を指す。そのヒュドラは、巨大な胴体に九つの首（ときにその数は一〇〇とも）をもち、一本の首を切り落としても、すぐにそこから新しい二本の首が生えてきたという。

ヒュドラ退治は、蛇のようにうねった水の流れを制するという「治水」を表現している寓話とも解釈され、日本神話におけるスサノオの「ヤマタノオロチ」退治解釈にも同様の説がある。自然の驚異（脅威）が、怪物イメージを生み出しリアリティを感じさせた要因の一つなのではないだろうか。

ヒュドラは「うみへび座 Hydra」の由来で、現代でも海蛇の名前として用いられている。ちなみに「ヒュドル」が古代ギリシア語で「水」。それに由来するのが英語「ハイドロ hydro」で、hydrogen（水素）や hydrobiology（水生生物学）といった言葉につながっている。

怪物がもつ意味

右記のような怪物には、どんな意味があったのだろうか。まず挙げられるのは「怖い」イメージでの教育的役割である。いい子にしないと怖い怪物がやってくるぞ、と子供に言いきかせたり、危険な場所に近づかないように、あるいは危険な場所ではよく注意するように、怪物が潜んでいるぞと子供に告げたり、といったように。たとえばラミアという恐ろしい「女吸血鬼」がいる。ゼウスに愛された女性だったが、生んだ子をゼウスの妻ヘラに殺されたことから、子をさらう怪物になった。のちに人間と蛇の合わさった姿でイメージされるようになった怪物だ。地理学者ストラボン（前一世紀）は、「我々は子供を励ますために楽しい物語を語り、いましめるために怖い物語を語る。たとえばラミアのような……」と言及している（『地誌』一・二・八）。こうした子供向けの話は、乳母などが語り聞かせたようである。

もちろん怪物イメージは子供向けの話というだけではないだろう。それは人生において出会うであろう、様々な困難を象徴しているとも考えられる。神話において英雄は、成長過程で怪物に出会い、退治する。そうした物語には、人間の成長、自己実現が投影されているのだ。逆にいえば、こうした要素こそ、神話のように息の長い、影響力のある物語に昇華していく条件の一つといえるだろう。

またそこには、語り継いだ人々の世界観が表現されているといえる。怪物の出自をたどっていくと、多くの場合大地や海に至るので、怪物イメージには「自然の驚異（脅威）」が強く影響を及ぼしていると考えられる。この点では、シチリアの火山に封印されたというテュフォンなどが示唆的だろう。ギリシア人は、神々も人間の姿をしていると考える「人間中心主義」的世界観をもっていた。そうしたなかで、人間とその人間が敬い崇める存在の対極が、怪物だったともいえよう。怪物とは、人間と文明を脅かすもの全ての象徴でもあったのだ。

こう見てくると、文明（＝人間的）―野蛮（＝動物的→怪物的）という二項対立の発想が見てとれるわけだが、ことはそう単純でもない。文明的・人間的であるということは社会的であり、日常的である。それに対して野蛮は非日常的で、普通をいい意味で超えた力にも転化しうる。そこで、賢者と見なされたケンタウロスのケイロンのような存在も思い描かれたわけである。

さらに文明—怪物の対比には、ときに男—女の対比も重なる。「パンドラ」の項でもふれたが、古代ギリシアでは「人間」や「市民」とは基本的に男のことだった。よって女性は人間の文明世界と対比される野蛮や自然のイメージと重ねられるのであり、ひいてはメドゥーサなど女の怪物というのもいるわけである。男性に物理的な力で劣る女が恐ろしい怪物イメージとも結びつくのは、このように男性たちが自己の反対のイメージとしていろんなものに「女」の属性を付与したことによる。一方で「女性的」と見なされた領域（出産など）では女神が崇められもしたわけだが。

さて、自然を飼い慣らしたかのような現代においては、恐ろしさとは無縁の「想像上の生物」が日常にもあふれ（昨今の「ゆるキャラ」はもちろん、大人でさえも魅了される様々なキャラクターなど、その例にはこと欠かないだろう）、「怪物」でさえも、ときにかわいらしいキャラクターと化す。それは万物を支配し恐れない人間の自負が表れている一面、といえるのかもしれない。

Column【イカロスの墜落】

空を飛んだが、太陽に近づき落ちてしまったイカロスの物語にメッセージをのせた名画が、一六世紀フランドルの伝ピーテル・ブリューゲル作『イカロスの墜落のある風景』である。絵の主題であるはずのイカロスは、海に墜落する瞬間の姿が右下のほうにとても小さく描かれているにすぎず、ちょっと遠目ではわからないほどだ。手前に大きく描かれた農夫のほうは、墜落するイカロスにまったく気づいていないように見える。イカロスの足だけが海から突き出ているなど、一見ユーモラスにも思える絵なのだが、実は深いメッセージがこめられている。

ブリューゲルの時代のフランドルはスペイン・ハプスブルク家の圧政下にあり、支配に抵抗して処刑される者も数多くいた。一説には、勇気をもって空を飛び、結果として命を落としたイカロスは、圧政に立ち向かって殺された者たちを暗示しているという。そしてイカロスの墜落に気づいていないように見える農夫は、声をあげられず無関心を装っているフランドルの人々を表している。

一方で、仕事に専念する農夫を肯定的に描き、傲慢なイカロスを否定的に描いている絵画だ、との説明がなされることもある。いったいどっち?と思われるかもしれないが、こうした見方の違いもまた、神話や絵画解釈の面白いところではないだろうか。いずれにせよ、いろいろな思いがのせられながら神話は受け継がれていることを、あらためて感じさせる絵画である。

第七章

トロイア戦争とローマの起源

本章では、英雄伝説のなかでも最も有名なトロイア戦争と、その後の物語について紹介していこう。

トロイア戦争

ルーベンス『パリスの審判』 1632-35年頃／ロンドン・ナショナル・ギャラリー

パリスの審判

トロイア戦争とは、トルコ北西沿岸部にあったというトロイア（英語でトロイ Troy）に、ギリシア連合軍が遠征し、一〇年にわたってトロイア軍と戦ったという物語である。神話中の世代には整合性がないことが多いが、前章で扱ったヘラクレスやアルゴ船の冒険の一、二世代後のこととしてイメージされ、前一二〇〇年頃に実際に起こった戦争とギリシア人は考えていた。

前八世紀頃に成立したらしいホメロスの叙事詩『イリアス』と『オデュッセイア』は、このトロイア戦争の物語の一部を歌っている。その他の部分を歌った詩は失われてしまい、伝わるのはあらすじのみである。以下ではホメロスの叙事詩に加え、断片的な古い伝承や後世の詩人・著述家が伝える情報をふまえて、物語の全体像を見ていこう。

その始まりは、地上に人間が増えすぎたので、大地の女神ガイアが重さに耐えられないと嘆き、ゼウスが大きな争いを起こして人間の数を減らそうと考えたことにあった。このゼウスの画策を背景に、戦争を引き起こすことになるエピソードが「パリスの審判」である。

ギリシア北部テッサリア地方のプティアの王ペレウスと海の女神テティスは、ゼウスの意向で夫婦となった。ゼウスはテティスを我がものにしようとしていたのだが、「テティスとゼウスから生まれる子は、ゼウスよりも強くなるだろう」と掟の女神テミスが予言していたため、あるいはゼウスと交わることをテティスが拒否したことにゼウスが怒ったため、ゼウスはテティスと人間を結婚させることにしたのである。そこで相手となったのが、神々に愛されたペレウスだった。そして二人から、トロイア戦争の英雄アキレウスが誕生するのだが、それはのちの話である。

ペレウスとテティスの結婚式に神々が集ったとき、争いの女神エリスだけが招かれなかった。仲間外れを恨んだエリスは、神々が集まっている婚礼の場にこっそり近づき、「最も美しい女神へ」という言葉が刻まれた黄金の林檎を投げ入れたという（それは第五章でふれたヘスペリデスの園の林檎とも伝えられる）。

たまたまそれを手に取ったある女神が「あら、最も美しい女神って私のことだわ」と口に出す。それを横から見た別の女神が「いえ私のことでしょ？」と言う。また別の女神が「いやいや、うちのことやろ？」とケンカ腰で割って入る。というようなやりとりは勝手な想像だが、アフロディテ、アテナ、ヘラの三人の女神が、それぞれ自分が最も美しいと主張して争いになったのである。

これを目にしたゼウスは、第三者である美しい人間の男に判定してもらうことを提案した。そこで選ばれたのが、トロイアの王子パリス、別名アレクサンドロスである。トロイア王プリアモスと王妃ヘカベの間にパリスが生まれたとき、この子がトロイアを滅ぼす発端となる、との予言を受けたため、王は家来にパリスを捨てるよう命じた。しかし、この家来にパリスは救われて羊飼いとして育てられ、羊を守ったことから「守護者」の意のアレクサンドロスと呼ばれたのだった（なお死んだと思われていた彼は、のちに成長して身分を証明し、王家に迎え入れられる）。その別名は一代で大帝国を築いたアレクサンドロス大王によって普遍的な名前となっている。英語でアレキサンダー、イタリア語でアレッサンドロなど、広く見られ、愛称のアレックスでも浸透している（女性形がアレクサンドラ、短縮形がサンドラ）。

さてパリスは、やはりというべきか、美の女神アフロディテが最も美しいとの判定を下した。そもそも「最も美しい女神へ」と刻まれた黄金の林檎が発端だったが、パリスが三人の女神を前にして、アフロディテにその林檎を渡しているモチーフが、「パリスの審判」である。エーゲ海ミロス島で発見され、現在はルーヴル美術館にある『ミロのヴィーナス』像は、両手が欠損していることで知られるが、そのもとの姿の推測として、林檎を手に持っているのがふさわしいのではないかとの意見がある。

実はこの美の争いにおいて、女神たちは自分を選ぶようにとパリスにアピールしていた。ヘラは、自分を選んでくれたら「アジアの王にしてやる」とはたらきかけた。アテナは「誰にも負けない無敵の強さをお前に与えよう」と交渉していた。そしてアフロディテは、「絶世の美女をお前の妻にしてやろう」と言っていたのだ。「絶世の美女」に心を動かされたのか、美の女神アフロディテが抜きんでて美しかったのか、パリスはアフロディテを選んだのであった。

アフロディテがパリスに見返りとして与えることにした美女とは、ギリシアのスパルタ王メネラオスの妃、ヘレネである。女神の手助けのもとパリスはヘレネをさらい、トロイアに去る。これが発端となってトロイア戦争が始まるのである。なお後世では、スパルタを訪れたパリスとヘレネは魅かれ合って不倫関係となり、駆け落ちをしたとの解釈も現れる。

美女ヘレネは、女性名ヘレンHelen、エレンEllenの由来。ただし、これらの名前が広まったのは、キリスト教を公認したローマ皇帝コンスタンティヌスの母で、イエスが磔にされた聖なる十字架を紀元四世紀前半に発見したと伝えられる聖女ヘレナ（ヘレネのラテン語形）の影響である。

ギリシア軍の遠征

ヘレネ奪還のため、ギリシアは連合軍を結成してトロイアに遠征する。一人の女性の奪還のため、なぜ連合軍が結成されるのか疑問に思う方もいるだろう。それはヘレネがあまりに美しい女性だったので、ギリシア全域の英雄たちが集って彼女に求婚した際、誰が選ばれても争いが起きないようにと、選ばれた婿がこの結婚によっていつか苦境に立たされることがあれば皆で協力して助けると誓っていたのである。そして選ばれたのがメネラオス。彼の兄で有力国ミュケナイの王であるアガメムノンを総大将に、かつての誓いのもと、ギリシアの英雄たちが参戦したのであった。

ギリシア軍とトロイアとの間で、一〇年にわたる攻防が繰り広げられた。その戦いの終盤を描いているのが叙事詩『イリアス』で（トロイアの別名がイリオンで、「イリオンの歌」という意味、英語でIliad）、主人公はギリシア最強の英雄アキレウスである。また神々も戦争に影響を及ぼした。たとえばアテナはギリシア側の英雄を鼓舞した一方、アポロンはギリシア軍に疫病をもたらすなどしている。勇気が出るとか、疫病が流行するとかいったことは神々の力に由来するとされ、人間は常に神々と共にあると考えられたのである。

アキレウスとトロイア攻防

『イリアス』の主人公である英雄アキレウス（ラテン語でアキレス）について、より詳しく見ていこう。

まず彼の先祖から。アキレウスの祖父は、河神アソポスの娘アイギナとゼウスとの子で、最も敬虔な人間だったというアイアコスである。アイアコスは母の名に由来するアイギナ島（エーゲ海エギナ島）を治め、息子のペレウスが後を継いだ。しかしペレウスは異母兄弟を殺してしまったので当地を去り、ギリシア北部テッサリアに渡る。このペレウスと女神テティスとの子がアキレウスで、彼はテッサリアからトロイアに出征することになった。ペレウスの兄弟テラモンはエーゲ海のサラミス島の王となり、その息子（つまりアキレウスの従兄弟）アイアスもトロイア戦争に参加した。

遡ってアキレウスが赤子のときの話。神々は不死だが、神と人間との子であるアキレウスがいつか寿命で死んでしまうのを憐れに思った母テティスは、赤子のアキレウスを密かに冥界のステュクス川へと連れていった。この川に赤子の身を浸すと、不死になるからである。しかし、そのときアキレウスの足首をつかんだまま水につけたため、かかとの部分は水に浸っていなかった。そのため、アキレウスはかかとが弱点なのだ。英語でAchilles' heelとは「唯一の弱点」を意味し、足首の後ろの腱は「アキレス腱」と呼ばれるようになった。

トロイア戦争への参戦

アキレウスは、父ペレウスの友人であったケンタウロス族の賢者ケイロンに教育を受けるなどして立派な戦士に成長し、トロイア戦争に出征する。実はトロイアに行けば戦死すると母テティスが予言しており、出征を妨げようとしたのだが、アキレウスは名誉を求めて遠征軍に加わったのだった。

彼はトロイアにおいて勇敢に戦ったが、遠征も長引き一〇年がたつ頃、参戦を拒否してしまう。アキレウスが捕虜にしたブリセイスという美しいトロイアの女を、ギリシア軍の総大将アガメムノンが無理やり取り上げた横暴に怒ったのである。

姿を見せるだけで敵を恐れおののかせる英雄アキレウスが戦場に現れないため、ギリシア軍は次第に劣勢に追い込まれる。そこでアキレウスの盟友パトロクロスがアキレウスの武具を身につけ、彼に扮装して戦場に出ていった。トロイア軍をおおいに恐れさせ、いっとき勢いを盛り返すが、敵を深追いしてしまった結果、トロイア軍最強の男であるトロイア王子ヘクトル（パリスの兄）の手で、その命を奪われてしまう。

盟友の死を知って、アキレウスはまるで子供のように泣きじゃくる。そしてトロイア軍への激しい怒りから、再び参戦して鬼神のごとく暴れまわり、親友を殺した宿敵ヘクトルを討つのである。『イリアス』では、主役アキレウスは後半まで戦場に出てこない。引っ込んでいた主人公がここぞというところで登場し、大活躍するという展開には、主人公の力を際立たせ、カタルシスをもたらす普遍性がある。語り継がれる神話は、人が面白いと感じる物語の型の宝庫でもあるのだ。

ギリシア軍は攻勢に転じるが、アキレウスはパリスの放った矢で弱点のかかとを貫かれ、命を落としてしまう。逃れられぬ運命に翻弄されながら、自らの意志に基づいて行動するアキレウス。強いが、ときに子供のような激情を見せ、弱点もある、そんな人間的な姿は、普遍的な英雄像の一つといえるだろう。

トロイアの陥落

先述のように、『イリアス』の直接の続きを歌った叙事詩は残っておらず、後世の作家が記録したあらすじが伝わっているのみである。それによると、アキレウスが命を落としたのち、彼の息子ネオプトレモスが参戦するなど攻防がさらに続いたのだが、ついに「木馬の計」によってギリシア軍がトロイアを陥落させたという。

ギリシア軍は神に奉納する巨大な木馬を作り、その中に兵士たちを潜ませ、トロイア攻略をあきらめて撤退したように見せかけて木馬を残していった。ついにギリシア軍を撃退したと思って歓喜に沸いたトロイアの人々は、戦利品として木馬を城内に運び込んだのだが、夜になって兵士たちが木馬から出てきて、城内に火をつけたうえ城門をあける。すると密かに待機していたギリシア軍が攻め込み、トロイアは陥落したのである。このように「トロイの木馬」は、敵の内部に入りこんで内側から破壊するというイメージから、コンピュータ等に密かに侵入する悪意あるソフトウェア、「マルウェア」の一種を指す言葉にもなっている（マルウェアという言葉が一般にそれほど浸透していないため、トロイの木馬とはコンピュータウイルスのこと、とも紹介されるが、正確にいうと自己増殖しないといった点で「トロイの木馬」とコンピュータウイルスは異なる）。

このとき木馬を城内に入れないよう警告して信じてもらえなかったのが、トロイアの王女で予言の力をもっていたカサンドラ（第四章「アポロン」参照）である。ヘクトル、パリスの妹にあたる彼女は、ギリシア側の総大将アガメムノンの捕虜として連れ去られ、のちにその妻クリュタイムネストラによって殺された。彼女と双子のヘレノスもアポロンによって予言の力を与えられていたとされるが、彼はギリシア軍に捕らえられ、ギリシア軍が勝つための条件を予言したという（後述）。

トロイアの神官ラオコーンも木馬について警告したのだが、ギリシア側を支持する女神アテナが遣わした大蛇によって、ラオコーンと息子たちは絞め殺されてしまった（ウェルギリウス『アエネイス』二・四〇以下、二・一九九以下）。これを描いているのが、ヴァチカン美術館に収められている有名な古代彫刻『ラオコーン像』である。

戦争のきっかけを作ったパリスは、弓で射られた傷がもとで亡くなった。そのパリスを射たのが、ギリシア方の弓の名手フィロクテテス（ピロクテテス）。彼はヘラクレスの死に立ち会って、弓を授けられたという。実は彼は、ギリシア軍がトロイアに遠征する際、蛇にかまれて負傷したため途上の島に置き去りにされていたが、トロイア陥落には彼の弓が必要との予言者ヘレノスのお告げによって、戦場に召喚されたのだった。こうした経緯を題材にしたのがソフォクレス作の劇『フィロクテテス』である。

パリスにさらわれた美女ヘレネは、本来の夫メネラオスと一緒に帰国の途につき、エジプトに漂着するなど（当地でのエピソードを描くのがエウリピデス作の劇『ヘレネ』）しながらギリシアに帰還、以後は幸せに暮らしたと伝えられている。

一方、トロイア陥落の際の混乱、戦争の悲惨さを、トロイア王妃ヘカベ（ヘクトルらの母）など女性に焦点を当てて描いた悲劇が、エウリピデス作『トロイアの女たち』。同じくエウリピデスには、戦争によって子を失う王妃を描く『ヘカベ』、ヘクトルの妻がギリシアの英雄の妾となった行く末を描いた『アンドロマケ』もある。

なお、トロイア王族の英雄アイネイアス（ラテン語でアエネアス）は、トロイア陥落の際に父と共に脱出してイタリアへと渡り、のちのローマの祖となったという（本章後述）。

さて、トロイア戦争後にギリシアの英雄たちは様々な苦難・冒険を経て帰国していった。特に、オデュッセウスが祖国のイタケ島に帰還するまでの冒険を描いたのが、後で詳しく扱う叙事詩『オデュッセイア』である。

トロイア遺跡

ギリシア人は、このトロイア戦争が前一二〇〇年頃に実際に起こったことだと考えていたが、なにしろトロイアの町が後世に土の中に埋もれてしまったこともあって、トロイアの存在自体が作り話と考えられるようになった。しかし一九世紀、ドイツ北部（当時はプロイセン王国内）出身で実業家として成功していたハインリッヒ・シュリーマンが、遺跡発掘に関心をもって財産を投じ、ついにトロイア遺跡を発掘した（一八七〇〜七三年）。これによって、少なくともトロイアの町は実在し、伝説の中核に事実があったことが示されたのである。

さらにシュリーマンはギリシア本土で、トロイア遠征軍の総大将アガメムノンの支配地だったというミュケナイの遺跡も発掘し（ちなみに彼はギリシア人の妻との間に生まれた息子にアガメムノン、娘にアンドロマケという名をつけた）、ギリシア考古学の発展に多大な貢献をした。神話に語られる英雄時代の重要な地名などが、実際にミュケナイ時代に繁栄した場所であることなどが明らかになり、ミュケナイ時代の「記憶」が反映されているとわかったのである。

ところで、発掘から一〇〇年以上たって、シュリーマンの実像がいろいろと明らかになっている。たとえば、彼は子供のころからトロイア発掘を夢見て、それを実現したのだと自伝において語っていたが、そうしたエピソードは後からの創作であった。彼自身が自分を伝説化したといえるだろう（詳しくはデイヴィッド・A・トレイル『シュリーマン――黄金と偽りのトロイ』青木書店、一九九九年）。

シュリーマンがトロイア戦争時の遺跡と考えたのは、実際にはもっと古い層のものだったのだが、その後もトロイア発掘が進み、複数の破壊跡、ギリシア人移住の痕跡が認められている。おそらくその物語は、前二〇〇〇年紀の様々な「事実」が重なり合って伝説化し、さらに語り継がれる過程の社会も反映しながら（ミュケナイ時代末期を舞台としているはずのホメロスの叙事詩には、それよりも後にギリシアで使われ始める鉄器も登場）形成されたと推測される。世界遺産となっているトロイアは「神話」と「歴史」の狭間で魅力をもつ遺跡といえるだろう。

生き続けるトロイアの英雄たち

トロイア戦争のイメージは、様々なところで生き続けている。アキレウスとオデュッセウス以外で、その名が現代の事物に関わっているトロイア戦争の英雄を紹介しよう。

祇園祭の山鉾　筆者撮影

まずアキレウスに次いで勇猛なギリシアの将が、アキレウスの従兄弟である大男のアイアスである。彼はのちに味方と争って我を忘れ、狂乱に陥ってしまったことを恥じ、自ら命を絶つ（これを題材にしている悲劇がソフォクレス作『アイアス』）。そうした選択をした姿がときに好まれて、彼の名とイメージは後世に受け継がれ、「アヤックス Ajax」というオランダの名門サッカークラブの名称になっている。

ペロポネソス半島南西のピュロスから参戦したネストルは賢明な老人。彼のイメージから、現代でもネスター nestor といえば助言者や長老を意味する。

トロイア側では、王子ヘクトルは高潔な人物として描かれており、ギリシアから見れば敵だが、後世でもその人物像が好まれた。ヘクター Hector（フランス語やスペイン語だとエクトル）という人名はこのヘクトルに由来する。

そして本来の古代神話にはなかったが、中世に発展した物語をもとにしたのが、シェイクスピアの劇『トロイラスとクレシダ』（ギリシア語名だとトロイロスとクリュセイス）で、トロイアの英雄の悲恋を描いている。

意外なところでは、京都の祇園祭において英雄の姿を目にすることができる。祇園祭では山鉾、つまり祭りの山車が七月一七日に巡行をおこなうのだが、「鶏鉾《にわとりほこ》」「霰天神山《あられてんじんやま》」「鯉山《こいやま》」「白楽天山《はくらくてんやま》」の四つの山鉾を彩っているのが、一五七五～一六二〇年にベルギーで製作されたトロイア戦争を題材とする連作タペストリーである。たとえば鶏鉾の見送幕は、出陣するヘクトルと妻子との別れを描いたもの。渡来の経緯は明確ではなく、江戸時代に貿易していたオランダ経由でもたらされたのではないかなど、諸説ある。いずれにせよ、徳川家や豪商が関わって京都に至ったらしい。タペストリーは原産地ベルギーにもほとんど残っておらず、極めて貴重なものだそうだ。トロイア戦争の物語は、日本の伝統行事においても受け継がれていたのである。

トロイア戦争後の物語――オデュッセウスの旅

オデュッセウスの物語

次に、トロイア戦争後の物語、英雄オデュッセウスの帰国譚について見ていこう。オデュッセウスは、ペロポネソス半島の西側イオニア海に浮かぶイタケという島の王。トロイアに遠征したギリシア軍中で最強の英雄がアキレウスであるのに対し、オデュッセウスは智謀の英雄で、先述の「トロイの木馬」の計略を考えたともいわれる。

彼が戦後に苦難を乗り越えて帰国するまでを描いているのが、ホメロスの叙事詩『オデュッセイア』(「オデュッセウスの歌」の意)である。「オデュッセイア」は現代では「オデッセイ Odyssey」、つまり旅や冒険を意味する名詞になっており、有名なSF映画『2001年宇宙の旅』も、原題は『2001:スペース・オデッセイ』だった。ちなみに、火星に取り残された男が生き延びようとする奮闘を描いたSF映画『Martian(火星の人)』(二〇一五年、リドリー・スコット監督)が、逆に日本で『オデッセイ』という邦題にされている。その日本では、「オデッセイ」はホンダの車名に採用されていた。またオデュッセウスの名前はラテン語では Ulixes(ウリクセス)あるいは Ulisses(ウリッセス)、英語では Ulysses(ユリシーズ)ともいい、アイルランドの作家ジェイムズ・ジョイスによる有名な小説『ユリシーズ』(一九二二年)は、オデュッセウスの冒険がモチーフになっている。

ロートパゴスとキュクロプス、アイオロスの島

トロイア戦争後、祖国に向かって航海していたオデュッセウス一行の船は嵐に襲われ、ロートパゴス人の国に流れ着いた。ロートパゴス人は、食べると全てを忘れ夢心地になってしまうという果実、ロートスを食べる者たちである。オデュッセウスの部下たちがこれを口にしてしまい、島に留まろうとしたため、オデュッセウスは無理やり彼らを連れ戻して船に乗せ、航海を続ける。この話から、英語の lotus-eater とは「夢想家」、lotus land は「まるで夢のような場所」の意の表現。そして lotus 自体は「ハス、スイレン(ロータス)」を意味している。

その後オデュッセウスらは一つ眼の巨人キュクロプスたちの島に上陸する(オデュッセウスの冒険に登場する土地は想像上の性格が強いが、キュクロプスの島はシチリアに同定されるようになった)。オデュッセウス一行は、そうと知らずに、キュクロプスの一人ポリュフェモス(ポリュペモス)の洞窟に酒を持って入ってしまった。そして戻ってきたポリュフェモスによって閉じ込められてしまい、オデュッセウスの部下たちが食べられていく。しかしオデュッセウスが酒を飲ませるとポリュフェモスは気をよくし、オデュッセウスの名前を尋ねる。オデュッセウスが「ウーティス」(英語で nobody、「誰でもない」の意)と名乗ると、ポリュフェモスは「おまえを最後に食べてやろう」と言って、酔い潰れ眠ってしまう。そこでオデュッセウスは残った部下たちと協力し、大きな丸太の先を鋭くとがらせて、ポリュフェモスの眼に突き刺した。ポリュフェモスの悲鳴を聞きつけて、仲間が集まってくるのだが、誰にやられたのか聞かれてポリュフェモスが「ウーティス(誰でもない)」と答えたので、仲間のキュクロプスたちは帰ってしまったのだった。その後オデュッセウスたちはキュクロプスが飼っていた羊の腹の下に隠れて脱出する。

なお『オデュッセイア』では語られないが、ポリュフェモスには海のニンフのガラテイア(海神ネレウ

スの娘）への恋のエピソードも伝えられている。美しいガラテイアに恋をしたポリュフェモスだったが、彼女にはアキスという青年の恋人がいたので、そのアキスを岩の下敷きにして殺してしまったという。一九世紀フランスの画家ルドンに、『キュクロプス』（一八九八〜一九〇〇年頃）という作品がある。この絵では、ポリュフェモスが大きな一つ眼でガラテイアをじっと見つめていて、乱暴なポリュフェモスが不器用ながら一途にガラテイアに思いをよせる様が描かれている。

キュクロプスの島を去った一行は、風の神アイオロスの島にたどり着く。シチリア島北方にはアイオロス Aeolus に由来する「エオリア諸島 Aeolian Islands」がある。

風の神は、西風以外の風を閉じこめた袋をオデュッセウスに与えた。この袋を閉じておけば風は西風ばかりになって、それによって船はまっすぐ故郷のイタケ島に着けるというのだ。ところが部下たちが袋には風しか入っていないと信じずにあけてしまったので、暴風が吹き荒れ、彼らは故郷と遠く離れた海域に流されてしまったのであった。

怪鳥セイレーン

その後一行は、アイアイエという島で魔女キルケに遭遇し、部下たちはキルケの魔術によって豚の姿に変えられてしまうのだが、オデュッセウスがキルケに迫ってもとの姿に戻させると、彼らは島に滞在することになり、しばらくオデュッセウスとキルケは夫婦のように暮らした。

オデュッセウスはキルケの助言に従い、高名な予言者テイレシアス（第四章「アテナ」参照）の亡霊に帰国の指針について伺いを立てるため、大洋の流れの向こうに入り口があるという冥界に下った。そこで帰国についての託宣を得た後、キルケのもとに戻って彼女にも再び助言を受け、祖国目指して出航する。

そしてオデュッセウスたちは、美しい歌声で船乗りを惑わし、船を難破させる怪鳥セイレーンに遭遇し

ハーバート・ジェイムズ・ドレイパー『オデュッセウスとセイレーン』 1909年／ファレンズ・アート・ギャラリー（提供：Bridgeman Images／アフロ）

た（セイレーンの姿はのちに人魚としても想像されるようになる。そうしたイメージの変遷や影響について詳しくは、尾形希和子『教会の怪物たち』講談社選書メチエ、二〇一三年参照）。セイレーンのいる海域を通る際、オデュッセウスは部下たちにロウで耳栓をさせる一方、自分はセイレーンの歌を聴くため体をマストに縛りつけさせる。歌によってオデュッセウスはセイレーンのもとに行こうとするが、部下たちがこれを押さえ、無事にセイレーンの海域を通過したのだった。

　続いて彼らは、三重の歯をもつ六つの頭と、一二の足を有するという姿で、船乗りを捕らえて食ったという怪物、スキュラが潜む断崖を通る（のちにスキュラは、人間の上半身に魚の尾、さらに六つの犬の頭をあわせもつ姿と想像されるようになる）。その反対側にはカリュブディスという大渦巻きが存在しており、オデュッセウスは多くの部下を失いながらここを通過する。昔の航海は、現代と比べものにならないほど危険だったから、セイレーンやスキュラといった海の怪物は、船乗りたちの間で語り継がれた海の脅威のイメージに由来すると思われる。

　スキュラは美しいニンフだったという話も『変身物語』（十三・七二九以下）などに伝えられている。スキュラは、海の神の一人であるグラウコスの愛を受け入れなかった。そこでグラウコスは、先述の魔女キルケに「魔術の力でなんとかならないだろうか」と相談したのだが、キルケのほうがグラウコスを愛してしまった。そして嫉妬したキルケの魔術によって、スキュラは怪物に変えられたというのだ。

「ナウシカ」の由来

その後、オデュッセウス一行は太陽神ヘリオスの島にたどり着くが、そこで部下たちが神の牛を殺して食べたために、神の怒りによる雷に打たれて一行の船は沈められてしまった。オデュッセウスだけが船のマストにつかまって漂流し、ニンフ（または女神）のカリュプソの島に流れ着く。オデュッセウスは歓待を受け、カリュプソから「夫となってくれれば不死にする」とまで言われるのだが、彼は故郷への帰還を願い、カリュプソのもとを去るのだった。

嵐に遇って漂着したスケリア島でオデュッセウスは、可憐な王女ナウシカに出会う。その名は、宮崎駿の漫画・アニメ映画『風の谷のナウシカ』で有名。宮崎は神話解説本を通じてこの王女ナウシカの姿に魅力を感じ、物語の主人公の名前にしたのだとか。ナウシカに助けられたオデュッセウスはスケリア島をあとにして、ついに故郷に向かう。

イタケ島への帰還

オデュッセウスが目指した故郷のイタケ島は、「イサカ Ithaca」という各地にある地名の由来。そのイタケで彼の無事を信じて帰還を待ち続けていたのが、妻ペネロペと息子のテレマコスである。『オデュッセイア』序盤では、テレマコスが父の行方を探し求めて各地を訪れながら成長していく姿が描かれている。オデュッセウスは戦地に出向く際、そのテレマコスをメントルという親友に託していた。英雄たちを母のごとく庇護する女神アテナはこのメントルに変身して、テレマコスに助言を与え、励ました。それで「メントル」は、信頼のおける相談相手や良き指導者を意味する「メンター mentor」という単語になっているのである。

島の者たちは、オデュッセウスはもう死んだと思い、美しいペネロペのもとを訪れて結婚を求めていたのだが、彼女は「いま織っている織物ができるまで待ってください」と言って、夜になると織物をほどき、夫の帰還を待ち続けていた。その名は貞淑な女性の良いイメージを伴って、現代の女性名（英語でペネロープ Penelope）に受け継がれている。

主の不在をいいことに、求婚者たちはオデュッセウスの財産を浪費していた。そしてペネロペの時間稼ぎも彼らに見抜かれ、追い詰められた彼女は、オデュッセウスの強弓を引くことができた者と結婚すると宣告する。しかし求婚者たちは誰一人その強弓を扱うことができなかった。そこに現れたのが、すでに密かに帰国し、成長した息子との対面を果たしていたオデュッセウス。彼は自分の弓を取って見事に引き絞ると、正体を明かして求婚者たちを成敗したのだった。

ユリシーズ＝百合若大臣？

実は日本にも、この『オデュッセイア』に似た話がある。それは、浄瑠璃や歌舞伎にもなっている『百合若大臣』である。百合若は春日姫という美しい妻を残して出征するのだが、部下に裏切られ、とある島に置き去りにされる。そこからなんとか帰還して、自分を陥れた者に復讐を果たして妻と再会するという物語である。

これは『オデュッセイア』が昔の日本に伝わって形を変えた物語ではないかという説を坪内逍遙が唱えたのだが、明確な証拠があるわけではなく、支持されていない。こうした物語の展開は普遍的に見られるもので、必ずしも伝播を想定しなくてもよいといえる。ずっと昔、共通の説話が広まるような人々の移動などがあった可能性も全否定しないが、似たような物語を思いつくような精神構造が人間にはあるのではないだろうか。

物語の力

ここで、ホメロスの叙事詩が語り継がれた背景についても話しておきたい。英雄叙事詩は、限られたメディアしか存在しない古代において、情報を記録・伝達する手段としての性質を備えていたと考えられる。もちろん文字記録もあったが、識字能力のない人も多かったし、社会全体でいえば口承で情報を伝える傾向が強かったのである。

たとえば叙事詩においては、各地の都市や国の成り立ちなど、諸物の由緒や、現実の王族貴族にもつながるとされた英雄の系譜が語られており、それは歴史教科書や百科事典のような要素をもっていた。また物語中のエピソードを具体例として、人々は様々な慣わし、自文化の行動原理を学び、世界観を共有したともいえる。

たとえば神の怒りによって疫病がもたらされ、人々がそれをおさめようとするエピソードを通じ、神々が常にこの世に関わりをもち影響を及ぼすという観念や、神々をどう敬うべきかを学び、共有し、のちの世代に伝えていったのである。そして、特に完成度が高くて浸透していたのがホメロスの詩だった。

情報伝達の手段として「物語」に優れている面があるのは、現代においても実感できるのではないだろうか。たとえば評論家が難しい言葉で社会を批判するよりも、社会批判を題材とした小説や映画のほうが多くの人の心を捉え、影響を及ぼしうるのは想像に難くない。ただし英雄の物語の影響力についてはギリシア特有の事情があったのだが、それは後述する。

さて叙事詩が慣わしや行動原理を伝えたという点について、もう少しふみ込んでみよう。叙事詩において主に活躍するのは英雄たちである。神々の血をひく英雄は、人間を凌駕する存在であると同時に神々よりはずっと人間に近く、自らの姿をより重ね合わせやすい存在だったといえる。そのため叙事詩には人間の模範を提供する役割があったと考えられる（プラトン『国家』六〇六E、クセノフォン『饗宴』三・五、特に子供たちの教育手段としてはプラトン『プロタゴラス』三二五E〜三二六A）。人間がある場面でどう行動すべきかの模範として、戦場での名誉を求めたアキレウスや、知略をもって苦難を乗り越えたオデュッセウス、そのオデュッセウスの帰還を待ち続けた貞節な妻ペネロペ、そのほか様々な人間たちの姿が語り継がれたのである。

現代でも我々は、勇気や正義とかいった抽象的なことを、幼いときにヒーローものなどの物語を通じて自分なりに理解したり、偉人の伝記物語などを読んで「そのような人物になろう」と思ったりする。このように物語に影響を受けるのは、先にもふれたように古代と現代でも共通する部分があるのだ。ただし古代ギリシアの場合、神話を語り継いだ人々は、当代と隔てられた時代に偉大な英雄たちが生きていたという認識のもと、遥かな過去の時代に対して、畏怖、憧れを伴う強い関心があった。そして英雄たちに比べれば、現実の人間は卑小な存在と考えていたのである。そのため、英雄の物語にこそ様々な面で教訓や模範を求める傾向がとても強かったといえる。

また、ホメロスの叙事詩は、神々に翻弄されつつ主体的に生きようとする人間の物語でもある。これは中世以降に長らく支配的になった、「唯一の神に従う」キリスト教の人間観とは異なる。だからこそトロイア戦争の物語は、キリスト教的伝統を補完するように受け継がれ、人間考察の一つの原典として常に顧みられながら、西洋文化理解に必須の知識となっているのである。

オレステスとエレクトラ——母を殺した子供たち

父を殺した母を討つ

ホメロスは直接扱っていないが、悲劇の題材として有名なエピソードを別に挙げよう。父を殺した母に復讐するオレステスとエレクトラの物語である。

彼らの父とはトロイア戦争の総大将、ミュケナイ王アガメムノン。話の発端はトロイア出征に遡る。遠征に出発する軍船が集結していたアウリスという地において、アガメムノンは鹿を射て、狩りの女神アルテミスよりも優れた腕前だと誇った。その不敬に怒ったアルテミスが船を進ませる風を止ませて、ギリシア軍は出航できなくなってしまう。

ウィリアム・ブグロー『オレステスの悔恨』 1862年／クライスラー美術館

従軍していた予言者によれば、アガメムノンの娘を生贄に捧げれば女神の怒りはおさまるという。そこでアガメムノンは、娘のイフィゲネイア（イピゲネイア）を結婚させると偽って呼び寄せた。父の目的を知った娘は戸惑ったが、ついには自ら犠牲となって、ギリシア軍は出征する。これを恨んだのがイフィゲネイアの母、つまりアガメムノンの妻クリュタイムネストラだった。彼女はトロイア戦争の原因となった絶世の美女ヘレネの姉である。トロイア戦争が終わり、アガメムノンが帰ってくると、クリュタイムネストラは愛人のアイギストスと共謀してアガメムノンを殺害してしまった。

アガメムノンにはもう一人の娘エレクトラと、息子オレステスがいた。オレステスはミュケナイから逃れて叔父のもとで育てられ、立派な若者に成長してから姉のエレクトラと再会を果たす。エレクトラは母のもとで暮らし続けていたものの、父を殺した母を恨んでいた。そこで姉弟は結託して、母と愛人アイギストスを殺害するのである。その後、親殺しという重い罪のため狂気に陥るオレステスだったが、その罪は神々によって許されるのだった。

この物語をテーマにしたのが、アイスキュロス作の悲劇、オレステイア三部作（「オレステスの歌」の意で、『アガメムノン』『供養する女たち』『慈愛の女神たち（エウメニデス）』の三作）である。愛憎と罪を描く名作として現代に至るまで上演され続けている。

次章で、幼い男子は母を独占しようと父を憎むという「エディプス・コンプレックス」に言及するが、女子版はこのエピソードから「エレクトラ・コンプレックス」と表現する。つまり幼い女子は母を憎むという考え方である。ちなみにエレクトラは「琥珀」を意味する古代ギリシア語エレクトロンの女性形。琥珀が摩擦で静電気を発生させるところから、電気electricにつながっている。

復讐の女神

オレステスを狂気に陥らせたのが、復讐の女神たち、エリニュスである。彼女たちは、天の神ウラノスを息子クロノスが傷つけたときに流れた血から誕生したという女神で、罪（特に親族間での不当な行為）を犯した者を罰する三人の女神。翼をもって罪人のまわりを飛びまわり、頭髪が蛇というその恐ろしい姿は、罪悪感にさいなまれる感情を象徴しているのだろう。

一方でギリシア人はこの女神たちを、「慈愛の女神」という意味でエウメニデスとも呼んだ。恐ろしい力をなだめるため、そのような別名を用いたのだ。先述のアイスキュロスの悲劇では、オレステスの罪が許されるとエリニュスたちは穏やかな女神エウメニデスになったという。

ローマの起源とアエネアス

ローマ創建の物語

トロイア戦争の物語は、さらに意外なところにつながっている。それは、イタリアのローマ創建である。ローマの起源は、トロイア戦争後にイタリアにやってきた英雄アエネアス（ギリシア語でアイネイアス）まで遡るとされる。アエネアスは、トロイア王家の血をひくアンキセスと、彼を愛した女神ウェヌス（アフロディテ）との子。

アエネアスの物語を歌った叙事詩が、古代ローマの詩人ウェルギリウス（前七〇〜前一九年、英語でヴァージル Virgil）による『アエネイス』（「アエネアスの歌」の意）。トロイアの英雄で、女神ウェヌスの息子でもあるアエネアスが、トロイア戦争後に地中海を放浪してイタリアに渡り、敵対勢力と争いながら建国に向かう物語である。この叙事詩は、ラテン文学はもとより、後世でもダンテの『神曲』など、西洋文学に多大な影響を及ぼした。

『アエネイス』のあらすじ

トロイアがギリシア軍によって陥落させられたとき、トロイア王族の将アエネアスは老いた父アンキセスを背負い、息子ユルス（イウルス Iulus、ギリシア語でアスカニオス）と従者たちと共にトロイアを出国する。そして母たる女神ウェヌスや、神託、予言者の言葉に導かれながら地中海を放浪する冒険譚にはギリシア神話の影響が強く見られる。アルゴ船の冒険に出てくる怪鳥ハルピュイアや、『オデュッセイア』に登場する怪物スキュラなどが登場するのである。

新天地を求めて一行はイタリアに向かうが（途中、シチリアでアンキセスは亡くなって葬られた）、船が風で流されてアフリカに漂着し、カルタゴ（現在のチュニジアの首都チュニス近く）の女王ディドに出会った。ちなみにカルタゴは東地中海沿岸部を本拠地に活動した航海民族フェニキア人が建設した植民市（語源はフェニキア語で「新都市」の意）で、のちのローマのライバル国家である。アエネアスの母で愛の女神ウェヌスは、愛情を操る神クピドを遣わして、ディドがアエネアスに恋するよう仕向けたために、一行は女王に助けられる。アエネアスと恋に落ちたディドは当地に留まるよう求めたが、アエネアスは神に導かれてカルタゴを去る。悲しみのあまり、ディドは自ら命を絶ってしまった。

それから一行は目的地のイタリアにたどり着く。クマエ（現在のナポリ北西）において女予言者シビュラに指示を受けたアエネアスは、未来を知るため冥界に下った。そこで多くの亡霊に出会いながら、父アンキセスの霊によって、一族の栄えある運命とローマの将来についての予言を授かると、アエネアスは地上へ戻り、新天地を求めて旅を続ける。

そして一行は、王ラティヌスが治める土地、ラティウムに到達した。ラティウムとはすなわち「ラテン人の土地」の意で、ローマがあった地域名である。ラティウムおよび周辺にはラテン人以外にも諸部族がいた。そのうちの一部族ルトゥリ人の王トゥルヌスが、ラティヌスの一人娘ラウィニアに求婚していたのだが、彼女には「ラティウムの外の異国から来た者と結婚せよ」という神託が下される。そこでラティヌスは、娘の結婚相手にふさわしいと、トロイアからやってきた高貴なアエネアスを歓迎したのだった。しかしアエネアスのことを快く思わない女神ユノ（ヘラ）の策略で、ラティヌスの妃はアエネアスを迎え入れることに反対し、王女の婚約者であるトゥルヌスは軍を起こす。

トゥルヌス側には、近隣のウォルスキ人の女戦士カミラや、エトルリア人（実際にローマ以前に繁栄し、ローマに影響を与えた民族）から追い出されたメゼンティウスといった者たちが加わった。一方アエネアスのほうでも、メゼンティウスの暴政を憎んだエトルリア人や、ギリシアのアルカディアから移住してパランテウムという町を建設していたエウアンデル（ギリシア語でエウアンドロス）などを味方にした。

トゥルヌス軍との攻防が繰り広げられるなか、エウアンデルの息子パラスが戦死するなど、アエネアス軍は劣勢に追い込まれていく。しかしアエネアスがメゼンティウスとその息子を討ち倒して盛り返していき、アエネアスは一騎打ちでトゥルヌスをついに討ち取るのだった。

なお叙事詩『アエネイス』は未完で、一騎打ちの場面において終わっているが、他の著述家によると、アエネアスはラウィニアと結婚して新しい市を創建し、妻の名からラウィニウム（ローマの南にあった港町）と名づけたと伝えられる。

『アエネイス』ではローマ創建について直接は語られないが、詩の中で何度も建設が予言されるアルバ・ロンガ（後述するようにアエネアスの息子が創建）がローマの祖ロムルスの出身地で、そこがローマの礎と見なされており、ほかにもローマ近郊の町の由来が言及されているので、『アエネイス』はローマの神話的基礎を歌う物語なのである。

またこの叙事詩は、それが作られた時代において特に重要な意味をもっている。ローマの内乱を終結させ帝位についた初代皇帝アウグストゥスと、ローマの未来を讃える叙事詩でもあったのだ。アウグストゥスの属したユリウス氏族はアエネアスの子孫と称していたので、アエネアスは皇帝を連想させた。そして叙事詩中ではローマの栄えある運命が繰り返し強調され、神話の血統に連なる偉大な皇帝の統治と、帝国の繁栄が示唆されているのである。叙事詩の完成前にウェルギリウスは世を去ったのだが、アウグストゥスの指示によって『アエネイス』は公刊されたのだった。

なぜトロイアとローマがつながったのか

トロイアからイタリアにやってきた者がローマの基礎を築いたというのは神話であって、歴史的事実ではない。本来はギリシア人が語った物語の、しかもギリシアの敵方のトロイアの英雄が、なぜローマと結びつけられたのだろうか。

これはウェルギリウスの気まぐれな創作ではなく、先行して文明を発展させたギリシアの神話的歴史に、ローマのそれをつなぎ合わせようという気運が背景にあったと考えるべきであろう。地中海世界を統一していくローマは、ギリシアもその支配下としたが、ローマの詩人ホラティウスが「ローマは文化的にはギリシアに征服された」と評したように、ギリシア文化に強く影響を受けたのだった。そこで、ローマはいわばギリシアと神話的世界観を共有することにして、そのなかで自国の歴史も語ろうとしたわけである。そしてローマの起源として選ばれたのが、ギリシアと対等に戦ったトロイアの血筋であった。

一〇年もの間ギリシアに屈しなかったトロイアには古来、肯定的なイメージもある。現代でも「トロイア人のように戦う to fight like a Trojan」とは、忍耐強く何かを成し遂げるという良い意味の表現なのだ。またアエネアスというキャラクターに関しても、トロイアから父を背負って逃れたといったエピソードが、父祖を敬うことを重んじたローマ人の気風に合致していた。

トロイアから渡ってきた英雄がローマの祖だというのは、我々から見れば創作である。しかし当時の神話的世界観のもとでは、それは、自国がギリシアと同じくらいの伝統をもつ高貴な存在なのだというローマ人なりの宣言・宣伝だったといえる。のちの中世ヨーロッパの王侯貴族も、こうした神話的世界観の影響を受け、自らの起源をトロイアに遡って高貴な血筋を示そうとしたのだった。

ロムルスとレムス——狼に助けられた双生児

軍神マルスの子

アエネアスがイタリアで新しい国をつくった後の物語、著述家たちが伝えた神話的歴史をたどっていこう（プルタルコス『ロムルス伝』、オウィディウス『祭暦』、リウィウス『ローマ市建設以来の歴史』など）。

オウィディウスの伝えるところでは、アエネアスは死ぬときに、母である女神ウェヌスに身を浄められ神となったとされるが、その後、息子のユルスは父の町ラウィニウムを、その名の由来でもある義母ラウィニアに譲って、自分は少し東に行った地で新都市アルバ・ロンガ（「白い長い城」の意）を建設したという。また、もともとギリシア語ではアスカニオスという名の彼が、ユルスというラテン名に改名したのはこのときと伝えられる。ローマの名家ユリウス家はこのユルスの直系の子孫と主張していた。のちにこの一族から現れるのが、ローマの独裁者ユリウス・カエサル、その養子が、初代皇帝となるオクタウィアヌス（アウグストゥス）である。

ラティウム全体は、アエネアスとラウィニアとの間に生まれたシルウィウス王の末裔によって治められた。彼らはシルウィウス王の異母兄弟にあたるユルスが築いたアルバ・ロンガに王宮をおいたので、アルバ王と呼ばれていた。

シルウィウス王から十数代後、ヌミトルとアムリウスという兄弟が王位を争い、弟アムリウスが兄から権力を奪って独裁者となった。そしてアムリウスはヌミトルの一人娘であるレア・シルウィアを、女神ウェスタの巫女にする。巫女は婚姻が許されないので、これで兄の血筋を断絶させようと考えたのである。

しかしそのシルウィアを見初めたのが、軍神マルスだった。シルウィアはマルスによって双子ロムルスとレムスを授かる。アムリウスは神の子と認めず、王位を継ぎうる子たちを捨ててくるよう召使に命じた。その召使は、赤子を籠に入れて川岸に捨てたのだが、川が増水して逆流すると籠は上流まで運ばれた。そこで双子を助けたのが、マルスの使いたる雌の狼。二人は狼に乳をもらって生きのびたのである。そして羊飼いファウストゥルスが双子を拾い、その妻に育てさせたのだった。

ロムルスとレムスと名づけられて二人は成長する。あるとき、弟レムスがヌミトルの家畜を奪おうとしてヌミトルのもとに捕らえられたことから、双子は自分たちがヌミトルの孫であると知った。そしてロムルスはアムリウスに敵対する者たちを率いて王宮へと攻め入って、これを討ち取る。二人は祖父であるヌミトルに国を任せることにし、新たな地に自分たちの国をつくることにした。

ローマ建国

双子は人々を率いて近隣の土地に移った。しかし、新しい国の中心をどこに定めるかで、二人は対立する。レムスはアウェンティヌスの丘、ロムルスはパラティヌスの丘という場所を選んだのだ。二人は神の示す吉兆で決めることにした。すると、レムスのほうには禿鷹が六羽、ロムルスのほうにはその倍の数の禿鷹が現れたという。禿鷹は人のものに害を加えず、珍しい鳥として吉兆を示すとされたのである。神に選ばれたとして、ロムルスは都市建設に取りかかる。

ところがレムスは気に入らなかったので、ロムルスによって城壁のまわりにめぐらされた堀を飛び越え、ロムルスを挑発した。怒ったロムルス（または部下の者）が、レムスを殺してしまうのである。ロムルスはレムスを埋葬し、建設を進めていった。こうした双子の争いには、もう一人の自分、これまでの自分との葛藤や決別といった神話モチーフが読み取れるのかもしれない。

ロムルスは都市を完成させると、自分の名からローマと名づけたという（おそらくこれがローマ固有の建国神話であったのが、先述のアエネアスに結びつけられたのだろう)。

最後は争った二人だが、ロムルスとレムスが狼に乳を与えられ助かったという逸話から、狼の乳を吸う双子の姿がローマ市の紋章に描かれるなど、彼らのイメージは永遠の都ローマにおいて受け継がれ続けているのである。

Column【なぜ神々は「裸」なのか】

神話を題材にした西洋芸術において、神々はよく裸で描かれる。たとえばトロイア戦争の発端のエピソード、「パリスの審判」。本来、この逸話に登場する女神たちは服を脱いでいないが、これを描いた後世の絵画では、女神たちはよく裸で描かれている。このように神々の「裸」が強調されたのは、古典文化復興が刺激となって様々な価値観が変化していったルネサンス以降（一四世紀頃〜）のこと。

中世の時代に人々の世界の見方を規定していたキリスト教は、もともと肉体をけがれたものと考えたり、性的なことをネガティブに捉えたりする傾向が強かったので、絵画に裸体を描くことは許されなかった（それにキリスト教絵画の題材のバリエーションはイエスの磔刑や聖母子像など限られたものだった）。しかしルネサンスの頃には、肉体を美しいものと肯定的に考えた古代にならい、裸体を描くようになったのである。それで、これ以降の絵画では必要以上にというか、「なぜ裸なの？」と思ってしまうような場面でも裸体がよく登場するのだ。

ただしもちろん、裸を無条件に何でも賛美するようになったわけではない。古代の神々の裸という、俗世の生々しさとキリスト教の伝統からは距離をおいたような形で描かれたので、古代神話を題材にした絵画において裸体がよく見られるのである。

第八章 愛憎の物語

すでに述べてきたように、ギリシア・ローマ神話の魅力の一面は「人間くさい」物語にあるが、なかでも時代が下るにしたがって恋愛を題材にした神話が多く語られ人気を博すようになっていく。本章では、これまでふれてこなかった、様々な愛憎物語を扱うことにしたい。

エオス／アウロラの愛

エオスは、ティタン神族のヒュペリオンとテイアの娘で、曙の女神。ローマではアウロラ Aurora と呼ばれ、すなわち「オーロラ」の語源である。

エオスは、トロイア戦争時のトロイア王プリアモスの兄弟であるティトノスを愛し、彼をさらってエチオピアに連れて行き、夫とした。そしてエオスはゼウスに請うて夫を不死にしてもらったのだが、「不老」にしてもらうのを忘れたため、ティトノスは老い続けながらも死なずに最後には声だけの存在となったという。さらに後代には蟬になったと説明されるようにもなった（一〇世紀頃に東ローマ帝国〈ビザンツ帝国〉で編纂された『スーダ辞典』のティトノスの項）。

なおエオスの夫としては、星空の神であるアストライオスがおり、この二人の間の子らが風の擬人神。翼を備えた姿で描かれた彼らは、エウロス（東風）、ゼフュロス（西風）、ノトス（南風）、ボレアス（北風）

の四人。西風のゼフュロスは名画『ヴィーナスの誕生』において風を吹かせ女神を島に運んでいる。北風のボレアスは、アテネ王女オレイテュイアをさらい、二人の間に生まれたカライスとゼテスがアルゴ船の冒険に参加した（第六章「アルゴ船の冒険」参照）。古代ギリシアの物語作者アイソポスに由来する「イソップ寓話」の「北風と太陽」に登場するのが、このボレアス。また四人の風の神たちは、アネモイすなわち「風」と総称された。ちなみに花の「アネモネ」は、風で花が落ちやすいことから「風の花」という意味の名前である。

エンデュミオンとセレネ／ルナ――永遠に眠る男と月の女神

セレネは月の女神で、ローマではルナと呼ばれた。セレネとエンデュミオン（エンディミオン）の恋物語は以下のように伝えられる（ロドスのアポロニオス『アルゴナウティカ』四・五五以下、アポロドロス『ギリシア神話』一・七・五など）。セレネ／ルナはあるとき、羊飼いの美しい青年エンデュミオンに恋をした（エンデュミオンはゼウスの孫、一説には息子）。夜になって月が昇ると、エンデュミオンの夢にセレネが現れ、二人は夢の中で愛を育んだのだった。この恋の場所は、ペロポネソス半島北西部のエリスとも、小アジアのラトモス山ともいわれている。

女神であるセレネは歳をとらないが、人間であるエンデュミオンは次第に美しさを失っていく運命にある。セレネと永遠に一緒にいたいと思ったエンデュミオンは、ゼウスに永遠の若さを願った（一説にはセレネが願ったとも）。

ゼウスはエンデュミオンの願いを聞き入れるが、それには条件があった。すなわち、永遠に衰えない若さを手に入れる代わりに、彼は永遠に眠り続けることになったのである。そして眠り続けるエンデュミオンをセレネが見守りながら、夢の中で二人は愛を語らい続けたという。
この幻想的な話は、芸術家たちを刺激して多くの絵画等の題材になっているし、日本の漫画・アニメ『セーラームーン』のモチーフにもなっている。

オイディプス――悲劇の最高傑作

父殺しの物語

ギリシア中部テバイの王ライオスは、「男子が生まれたら父殺しとなるだろう」という恐ろしい神託を得て信じていたが、あるとき酔って王妃イオカステと交わり、男子が生まれた。その子供は不吉な子と考えられ、くるぶしに孔をあけて両足を縛られたうえ、捨てられることになった。ライオスの牧人は命じられてキタイロン山に赤子を捨てにいったが、憐れに思って異国コリントスの王に仕える者に密かに渡した。そしてその子は、子供のいないコリントス王夫妻に引き渡され、「オイディプス」(「腫れ足」の意)と呼ばれて育てられる。

自分の出生の真相を知らないまま成長したオイディプスは、ある宴会で酔った男に「あなたは王の息子ではない」と非難された。オイディプスはそれについて母(実は養母)に問うが、否定される。そして密かにデルフォイの神託を伺いにいくと、ことの真相は聞けなかったが、「父を殺し、母を妻とするであろう」との神託を受けた。オイディプスは育ての親を実の両親と思っていたので、このまま留まっては恐ろしいことになると思い、旅立つのだった。

旅の途上、オイディプスは実父ライオスと偶然に出会うが、そうとは知らずに、ささいな争いからライオスを殺してしまった。誰も気づかぬうちに、ここで一つ神託は実現するのである。

スフィンクスの問い

一方その頃、オイディプスの本当の祖国テバイは、スフィンクスという怪物に苦しめられていた。獅子の体に女の顔という姿の怪物スフィンクスは、人々の前に現れてはクイズを出して、それに答えられない者たちを食ったのである。テバイ王亡き後（なぜなら知らずしてオイディプスが殺してしまっていたので）、国は王妃の兄弟クレオンが治めていたが、彼はスフィンクスを退治した者に王国と王妃を与えると宣言した。

スフィンクスは、ヘシオドスによるとエキドナとオルトロス（第六章「怪物、半獣半人、想像上の生物」参照）の子とされるが、エジプトやメソポタミアの想像上の神聖な生き物がギリシア神話に取り入れられ、怪物に転じたと思われる。エジプトのおなじみの半獣像「スフィンクス」は、エジプトではもともと別の名（一説にはシェセプ・アンク、すなわち「生ける像」の意）で呼ばれていた。スフィンクスとはギリシア人が使って広まった呼び名である（ただし、シェセプ・アンクがなまってギリシア語のスフィンクスになったという説もある）。ちなみにスフィンクスは漢字で「獅子女」と表現するという。

スフィンクスの問いは、世界で最も有名な「なぞなぞ」といってよいかもしれない。それは「声は一つで、四本足、二本足、三本足になるものは何か?」という問いだ（朝は四本足、昼は二本足、など、バリエーションがある）。答えをご存じの方も多いだろう。正解は、「人間」である。赤ん坊のときはハイハイして四本足、歩けるようになって二本足、歳をとって杖をついて三本足になるから、というわけだ。

さて、この問いに答えを出したのが、祖国と知らずにテバイを訪れたオイディプスだった。答えを当てられたスフィンクスは潜んでいた山から身を投げ死んだという（答えを当てられたショックで死んでしまうのは、少々ユーモラスな感じもするが）。このためオイディプスは、テバイの救世主と見なされ、先述の宣言通り王の座を与えられて、未亡人となっていたイオカステ（つまり実の母）を妻とすることになったのである。

続く物語が、ソフォクレス作の悲劇『オイディプス王』に描かれている。テバイは謎の疫病に襲われ、どうすべきかデルフォイの神託に伺いを立てたところ、「ライオス殺害者を罰せよ」と告げられる。そこで調査がなされると、しだいに真相が明らかに。かつて赤子のオイディプスを捨てに行った者なども現れ、捨てられた子が死んでいないこと、ほかならぬ今の王がその人であることが判明する。息子と結婚していたと知ったイオカステは、自ら命を絶ってしまう。そしてオイディプスは、こんな現実など見たくないとばかりに、また自分への罰として、両眼をつぶし自ら視力を奪い、王位を捨て国外へ去っていった。『オイディプス王』は、ギリシア悲劇の最高傑作として受け継がれている。

なお先述のスフィンクスの問いに対する答えは、オイディプス自身だという文学的解釈がある。すなわちそれは、最初は人間（＝二本足）だったオイディプスが、母と交わるという獣のおこないを犯し（＝四本足）、最後は視力を失って、杖をついて国を出る（＝三本足）、という運命を暗示しているとする解釈である。

ギュスターヴ・モロー『オイディプスとスフィンクス』 1864年／メトロポリタン美術館

オイディプスはのちにアテネ王テセウスに迎えられコロノスという地で世を去ったと伝えられ、こちらは別の悲劇での題材とされている（ソフォクレス『コロノスのオイディプス』）。

呪われたオイディプスの子ら（実の

母との間に生まれた子たち）は、テバイ王位をめぐって他国をまきこんで争うことになる。兄弟が争った末に一方の遺体が戦場に放置されたのに抗議し、捕らえられて自死したのがオイディプスの娘アンティゴネ。こうした物語はアイスキュロス『テバイ攻めの七将』やソフォクレス『アンティゴネ』に描かれている。アンティゴネは、自己犠牲や権力への抵抗を象徴するキャラクターとして受け継がれる。

エディプス・コンプレックス

オイディプス（英語でエディパスOedipus、ドイツ語でエディプスödipus）の物語から生まれたのが、「エディプス・コンプレックス」という言葉である。精神分析学の祖フロイトが提唱した理論で、「幼い男子は母親に思慕を抱き、父親を敵対視する」という見解である（その女子版は前章「オレステスとエレクトラ」参照）。神話は、人間の本性を考える際に、こうしてインスピレーションを与えてきたのだ。

オリオン——狩人の恋

大地ガイアから生まれたとも、海神ポセイドンの子ともいわれる、巨人のオリオンは、見事な狩りの腕前を誇る美青年だが、粗暴であったともいう。そんなオリオンがキオス島の王オイノピオンの娘メロペに心を奪われ、結婚を申し込んだところ、オイノピオンに両眼をつぶされてしまった。その後オリオンは、ケダリオンという男児を導き役とし、太陽の神ヘリオスの光を受けることで視力を回復させる。

またオリオンは、自身と同じく狩猟を得意とする女神アルテミスと恋に落ちたとされる。二人は一緒に狩りをしていたが、これをよく思わなかったのがアルテミスの兄アポロン。純潔の女神アルテミスが恋をしていることに加え、粗暴なオリオンのことも気に入らなかったのかもしれない。あるときアポロンは、海辺でアルテミスに「あの遠くの的を射ぬくことは、さすがのお前でもできぬだろう」と言う。アルテミスは狩猟の神として見事な弓矢の技を誇るので、すぐさま、遥か遠くに動く何かを射ぬいた。しかしなんと、射抜かれたのは海上を歩いていたオリオンだった。海神の子ともいわれるオリオンは自由に海を移動することができたのである。愛するオリオンの命を自ら奪ってしまったアルテミスはたいへん嘆き悲しみ、オリオンを、天空で狩りを続ける星座にしたという（ヒュギヌス『天文詩』二・三四）。

一方で、そもそもオリオンがアルテミスを襲い、怒ったアルテミスが毒をもつサソリを送ってオリオンを殺し、天に上げられてオリオン座と「さそり座 Scorpius」になったという伝承もあった（アラトス『ファイノメナ／天界現象』六三四以下）。天でもオリオンはサソリを恐れ、東からさそり座が現れるとオリオン座は西の地平線に隠れてしまうのだという。こうした話がもともとの形で、恋物語が好まれていく時代に先述のようなアルテミスとの悲恋に変化したのかもしれない（アポロンがサソリを送ったという伝えもある）。神話には変化、異説がつきもので、ときに「これが正統」といえない複雑さを生み出しているが、このような様々な異説が豊かな神話世界を成り立たせているともいえるだろう。

オリオンは、アトラスの娘たちであるプレイアデス（第五章「カリュプソとプレイアデス」参照）を追ったとも伝えられる。そして天に昇ってプレアデス星団になった彼女たちは、オリオン座から逃げている（ように見える位置関係にある）というのである。

オリオン座は明るい星を複数含んで見つけやすく、とても有名なので、オリオンという名は天文関係を中心に様々な事物の名称として受け継がれている。

オルフェウス――冥界に下った楽人

冥界下り

オルフェウス（オルペウス）は優れた詩人・音楽家で、トラキア（バルカン半島東部）の人。学芸の女神ムーサの一人カリオペとトラキア王の子とも、カリオペとアポロンの子ともいわれている。竪琴と歌で動物さえも魅了したという彼は、アルゴ船の冒険（第六章参照）に加わり、歌で人を惑わせる怪物セイレーンとの歌合戦で勝利するなど自慢の音楽で活躍した。

そんなオルフェウスの最も有名なエピソードが「冥界下り」である（オウィディウス『変身物語』一〇巻冒頭）。オルフェウスには、木のニンフである美しい妻エウリュディケがいたが、彼女は毒蛇にかまれ死んでしまう。そこで、どうしても妻を甦らせたいオルフェウスは、死者の世界に入るのである。

ギリシアでは、各地にある深い洞窟が地下の死者の世界、冥界に通じていると考えられていた。彼は自慢の竪琴と歌で、冥界の川ステュクスの渡し守カロンや、冥界の番犬ケルベロスをも魅了して進んでいった。ついにオルフェウスは、冥界の王ハデスとその妻ペルセフォネのもとにたどり着き、エウリュディケを甦らせてくれるよう求めて竪琴を奏でた。心を動かされたペルセフォネにハデスも説得され、エウリュディケをオルフェウスの後ろに従わせて送るのだが、エウリュディケを冥界から連れ出すには条件があった。「地上に戻るまで、決して後ろをふり返ってはならない」というのである。

気配を感じさせない妻を後ろに連れて、オルフェウスは地上を目指した。やっと光が見え、地上まであと少しというとき、妻が本当について来ているのか不安で耐え切れなくなったオルフェウスは、後ろをふり返ってしまった。妻はたしかにそこにいたのだったが、オルフェウスが約束を破ってしまったがゆえに、あっというまに冥界へと引き戻されてしまい、二度と会うことはできなかったのである。

日本神話にも、これとよく似た話が伝わっている。夫婦で日本の国土を形づくったとされるイザナギとイザナミの逸話で、イザナギが、死んでしまった妻のイザナミを黄泉の国から連れ戻そうとして、あと少しというところで失敗してしまう話である。先述のように、こうした類似が文化の伝播によることを示すはっきりした証拠はないし、人間の普遍的発想が文化を越えて表出している例として捉えるべきかと思われる。しかし、偶然にしては本当によく似た神話ではある。

受け継がれるオルフェウス

妻を失い嘆き悲しむオルフェウスはトラキアに帰ると、女性との関係を絶ち、輪廻転生を説くオルフェウス教を広め始めたという。オルフェウス教は古代に存在した密儀宗教で、その起源の神話的説明なのだろう。

一説には、女にまったく関心を示さないオルフェウスに侮辱されたとして怒ったトラキアの女たちによって、彼は八つ裂きにされ死んだという(『変身物語』一一巻冒頭)。オルフェウスの首は川に投げ込まれたが、首は歌いながら川を下っていった。そしてそれはエーゲ海のレスボス島に漂着したとも伝えられる。ちなみにレスボス島は「レズビアン」の語源として有名。前七世紀に実在した女流詩人サッフォーが、この島で少女たちを集めて歌や踊りを教えていたことに由来する。

その後オルフェウスの竪琴は、彼の死を惜しんだゼウスによって天に上げられ、「こと座 Lyra」になったという。

オルフェウスとエウリュディケの物語は、芸術に多大な影響を与えており、たとえばグルック作曲のオペラ『オルフェオとエウリディーチェ』(一七六二年)の題材となった(オルフェオはイタリア語形)。オペラといえば、オッフェンバック作『天国と地獄（地獄のオルフェ）』も、この物語をもとにしている（初演一八五八年、オルフェはフランス語形）。日本では特に、その劇中歌で軽快な曲調の『地獄のギャロップ』が、運動会の定番曲になったことで知られる。またジャン・コクトー作の戯曲『オルフェ』、そしてオルフェウスの愛の物語を現代化した映画『黒いオルフェ』（一九五九年）も有名。その他、音楽関係の事物の名称にオルフェウスの名がよく用いられている。

クピドとプシューケ——結ばれる愛と魂

美と愛欲の女神アフロディテ／ウェヌスにつき従い、その息子ともいわれる神エロスは、ローマでは「クピド（英語でキューピッド）」、あるいは「アモル」と呼ばれた。「アモル」はラテン語で「愛」の意で、フランス語のアムール amour、イタリア語のアモーレ amore などにつながっている。クピド／アモルにまつわる有名なエピソードが、「クピドとプシューケ」。紀元二世紀の作家アプレイウス（アープレーイユス）の『黄金の驢馬』（四〜六巻）が伝える話は以下のようなものである。

ある国に三人の王女がいて、末の王女プシューケはその美しさで評判だった。プシューケが女神のごとく崇められていることに怒ったウェヌスは、息子クピドに、恋心を操る弓矢を用いてプシューケが卑しい男に恋することになるよう命じる。ところがクピドは、当のプシューケに恋してしまったのである。

プシューケがあまりに美しいため、ふさわしい求婚者が現れなかったので、どうすべきかと両親が神託を求めたところ、「プシューケを山の頂上に運び、そこに現れるものに彼女は捧げられるべし」とのお告げを得た。神託に従うことになったプシューケだが、その場に行くと風によって運ばれ、美しい宮殿へ着く。そこで、姿の見えない、声だけで語りかけてくる夫と結ばれる。夫は夜になるとプシューケのもとにやってくるが、暗闇で姿を見ることができない。しかし声だけでもプシューケを愛する気持ちを感じ、彼女はこの謎の夫と、あらゆるものが用意された宮殿で暮らしたのだった。

しばらくして、家族が恋しくなったプシューケは夫に懇願し、姉たちを宮殿に連れてきてもらった。不思議な状況ではあるが不自由のないプシューケの暮らしを妬んだ姉たちは、こう妹をそそのかした。「姿を見せない夫は実は恐ろしい怪物で、そのうちお前を食ってしまうつもりだから、夫が寝ている間に姿を確認するように」と。

これを信じてしまったプシューケは、夫が眠っているときにこっそり明かりを持って近づき、その正体を知る。夫は、美しい姿の愛の神クピドだったのである。ウェヌスの命に背いてプシューケに恋をしてしまったクピドは、こうして密かにプシューケを妻としていたのだった。このときプシューケは誤って灯の油をクピドの肩に落としてしまう。それで目を覚ましたクピドは、正体を知られたことに驚き、去って行った。しかも火傷のために、命も危ないような状態に陥り、身を隠したのだった。

フランソワ・ジェラール『プシューケとアモル』
1798年／ルーヴル美術館

プシューケは愛するクピドを探して奔走するが、ことの次第を知ったウェヌスが怒りを増してプシューケを捕らえ、彼女に難題を課した。しかしプシューケは不思議な助けを得て、それらをやり遂げていく。たとえば、様々な種類のものが混ざっている雑穀の山を、一日で種類ごとに選別することを命じられたときには、蟻たちがプシューケに同情して手助けしてくれたのであった。

一方、ウェヌスの監視下にあったクピドは、傷が癒えると最高神ユピテル（ゼウス）に助けを願い出ていた。ユピテルは二人を結婚させることにして、プシューケに神の食物アンブロシアを与え、彼女を神々の仲間とした。ここに至ってウェヌスも怒りをおさめ、めでたくクピドとプシューケは結ばれたのである。

プシューケはギリシア語で「精神、魂」を意味する（また「蝶」も意味する）。心理学のことを英語でサイコロジー psychology というが、これはプシューケ psyche、英語発音「サイキ」に由来する。愛の神クピド／アモルと、プシューケとのエピソードは、愛と精神・魂が一体になって結ばれる象徴的な物語といえるだろう。

ナルキッソスとエコー――ナルシストと「こだま」

河神とニンフの子で、たいへんな美少年だったナルキッソスは、多くの女性たちの求愛を冷たくあしらっていた。そこに登場するのがエコーというニンフである。オウィディウスによると（『変身物語』三・三五九以下）、夫ゼウスの浮気の現場をおさえようというヘラをエコーがおしゃべりで引きとめたため、怒ったヘラによって、エコーは相手の言葉を繰り返すことしかできないという呪いを受けていた。

そのエコーがナルキッソスに恋をしたのだが、彼が言うことをエコーは繰り返すだけだから、まるで相手にされない。実らない恋に絶望してエコーは弱っていき、ついには死んでしまう。しかし彼女の声だけは存在し続け、「こだま」（エコー echo）になったのだった。

ナルキッソスに拒まれた者たちが、そんなエコーのために天に祈り、神罰の女神ネメシスがこれを聞き入れて、ナルキッソスには水面に映った自分の姿に恋する呪いがかけられた。そしてナルキッソスは自分自身の姿に見とれたまま衰弱して死に、水仙 narcissus になったという。それで水仙の花言葉は「うぬぼれ」や「自己愛」なのである。

ピュグマリオン——彫像を愛した男

　ピュグマリオンは、東地中海のキュプロス島の王。現実の女性に失望していた彼は、理想の女性としてガラテイア（ガラテア）という名の象牙の女性像を彫刻した。その見事な姿に満足し、眺め続けたピュグマリオンは、なんとその彫刻に恋をしてしまったのである。彼は像に話しかけたり、贈り物をしたり、像と一緒に寝たりした。そして「この像が人間になってくれないだろうか」という切なる彼の願いを聞き入れたのが、愛の女神アフロディテ。女神が像に生命を与えてやったのである。そしてピュグマリオンは、人間となったガラテイアを妻にした（『変身物語』十・二四三以下）。

　この物語をもとにしたのが、ジョージ・バーナード・ショーの戯曲『ピグマリオン』で、さらにそれがミュージカルとなったのが『マイ・フェア・レディ』である。往年の名女優オードリー・ヘプバーン主演の映画版（一九六四年）で有名だが、映画のなかでヘプバーン演じるイライザは、教養を得ることで、ピグマリオンにとっての女性像のように生まれ変わっていくのである。またその後、この物語をリメイクしたのが映画『プリティ・ウーマン』（一九九〇年）だった。

　ほかにピュグマリオンの物語がもとになったものとして、「ピグマリオン効果」という言葉がある。ピュグマリオンのように強く願っていると実現するというイメージから、「教師の期待によって学習者の成績が向上する」といった効果を指し、「教師期待効果」とも呼ばれる。ただし、調査者の期待も反映され、偏った結果に見えているのではないかという批判があることをつけ加えておく。

メディア——女の情念

コリントスへの呪い

第六章で述べたアルゴ船の冒険の物語において、宝物を求めて黒海東岸コルキスを訪れた英雄イアソンを魔術で助けたのが、当地の王女メディアだった。メディアも、愛するイアソンの帰還に伴い、ギリシアへ渡ってきた。

しかし二人の行く末には破滅が待っていた。イアソンは結局のところ王位に就くことができず、メディアと、二人の子と共にコリントスに移り住む。その後を描いた、エウリピデス作『メディア』のあらすじを見ていこう。

コリントスにおいて、イアソンとコリントス王女との縁談が持ち上がった。イアソンは由緒正しい家系の英雄である。ときのコリントス王に気に入られたうえ、王女もイアソンに恋心をいだき、イアソンは縁談を受けようとする。

しかしイアソンには妻メディアと、その間に生まれた子供が二人もいる。彼は妻の説得を試みた。その言い分は、「コリントス王家とつながることで、子供たちの地位も保証される」というもの。そして、これまでイアソンを助けてきたメディアに対して、それは神様の思し召しだからお前は関係ない、などと冷たい言葉を浴びせてしまう。

祖国を捨て、愛する男に尽くしてきたメディアは激怒した。そこでまずメディアは、コリントス王女にその憎しみを向けた。メディアが得意とする魔術と策謀の見せどころである。メディアは、イアソンと王女の結婚を祝うふりをして、衣装と黄金の冠を贈る。二人のことを認めてくれるのだと喜んだ王女は、さっそく身につけるが、それらには魔術がかけられており、コリントス王女の身は燃え上がって、死んでしまったのである。

次いでメデイアの怒りは夫へ向かう。メデイアが夫への復讐のためにとった手段はなんと、イアソンとの間に生まれた、我が子の命を奪うことだった。メデイアは自らの息子二人を手にかける。それを知ったイアソンが悲嘆にくれるところで、悲劇『メデイア』は幕を閉じる。メデイアはその後アテネに渡り、イアソンは放浪の末に亡くなったと伝えられている。

先述のように、神話の様々な物語の大枠は長年語り継がれて伝統化していたわけだが、メデイアが我が子の命まで奪うエピソードはほかでは確認できないので、エウリピデスが加えた展開と考えられている。そしてそのインパクトのあるプロットの影響もあるのだろう。メデイアの物語は男女の愛憎を描いた普遍的作品として受け継がれてきた。

男だけの演劇

これまで時代を代表する数々の女優たちがメデイアを演じてきた。たとえばフランスでは、有名な舞台女優サラ・ベルナール（一八四四～一九二三年）。彼女がメデイアを演じた芝居は、そのポスターをチェコの画家アルフォンス・ミュシャが描いたことでも知られている。また、二〇世紀最高のソプラノ歌手ともいわれたマリア・カラス（一九二三～七七年）も、オペラでメデイアを演じているほか、ピエル・パオロ・パゾリーニ監督の名作映画『王女メディア』（一九六九年）で主役を務めている（ちなみにマリア・カラスはニューヨーク出身だが、ギリシア系移民の子）。

しかしながら、実は古代の演劇では演者は男性だけだった。彼らは仮面をかぶって様々な役を演じており、女性の役も男性が担っていたのである。後世、イギリスのシェイクスピア（一六一六年没）の時代でも、

ドラクロワ『怒れるメデイア』 1862 年／ルーヴル美術館

登場人物は全て男優が演じており、特に若い女性役は少年俳優が演じていた。

そもそも『メデイア』が上演されたアテネにおいて、演者だけでなく悲劇作者や裏方など劇上演に携わるのは男ばかりだった。はっきりとした記録がないのだが、観劇したのも男性だけだったかもしれない。悲劇は、当時の社会的・文化的活動が男性のみによって支配されていたことを浮き彫りにしているのである。

歪んだ女性観と「魔女」

『メデイア』の作者エウリピデスは、他の演劇でも様々な女性たちを描いており、女性に同情的だったのではないかとも指摘される。しかしメデイアの姿には、当時の男性優位社会に生きる男性たちが共鳴したであろう、歪んだ女性観も窺える。すなわち「女性は悪事に巧みであって、人に害をもたらそうとするときには身体的な力が弱いからこそ毒薬のような手段を用いる」と強調されているのだ。

古来、男性優位の社会においては、男性との対比の強調から女性にはネガティブな要素が押しつけられやすい一方で、「男性にはできないことを女はする」という神秘のイメージもときには絡んでくる。そこには自分たちと異なる存在である女性に対する男性側の恐れも潜在しているかもしれない。そして男性による社会や文化の支配こそが、メデイアを、そしてメデイアを一つの原型とするような「魔女」のイメージを生み出してきたといえる。現代では魔女はキャラクター化され、ときにかわいらしく描かれるが、魔術を女が用いるというイメージは、根が深いのである。

Column【再生するギリシア悲劇】

ギリシア悲劇は、古くから語られていた神話を脚色して上演された演劇で、アテネから各地に広まった。アテネでは、酒と祭りの神ディオニュソスを祀るディオニュシア祭において、選ばれた三人の悲劇作家が競うコンテストの形で上演されていた。それぞれの作家が三編の作品を用意したが、現存するアイスキュロスのオレスティア三部作（第七章「オレステスとエレクトラ」参照）のように三編の内容が連続している場合もあれば、内容はつながっていない場合もあった。また、それらに加えて、合唱隊が半獣神サテュロス（第四章「ディオニュソス」参照）に扮した滑稽なサテュロス劇も上演された（つまり各作家による劇が四編ずつ）。上演会場のディオニュソス劇場（一万数千人収容）は、荒廃しながら今もその姿をとどめている。なお、ディオニュソス劇場が廃れたあと、紀元二世紀に建設されたヘロデス・アティコス音楽堂（五〇〇〇人収容、同名の富豪が寄贈）は、現代でも演劇やコンサートなどに用いられている。

その上演形態には様々な変遷があったが、盛期アテネではメインキャストは三人となって、彼らが仮面をつけて英雄や神々を演じた。歌劇なので、十数名で構成される合唱隊もいた。古代ギリシア語でこの合唱隊のことを「コロスchoros」といって、これが「コーラスchorus」の語源。合唱隊が歌舞したスペース「オルケストラ」が、「オーケストラ」の語源である。

作家も含め、ふだんは一般市民である演者や合唱隊、裏方の者たちが（先述のように男性のみ）、祭典での上演のために準備をした。悲劇上演は、市民が実際に参加し、観劇する国家行事だったのである。そしてそれは単なる娯楽ではなかった。戦時にはトロイア戦争を題材にして戦争への意識が高められたり、人間の悲壮な運命が描かれたり、現実社会と人間の本質をめぐる様々な事柄が、畏怖された神話的過去に重ね合わせて表現され、メッセージが発せられたのであった。

人間の深奥を考える契機を与えてくれるような内容によって普遍性を備えていたがゆえ、悲劇は現代に至るまで受け継がれてきた。世界的に評価された舞台演出家の蜷川幸雄は、ギリシア神話を題材とした舞台を数多く手掛けており、なかでも彼の演出による『オイディプス王』は、二〇〇四年のアテネオリンピック開催に合わせて、先述のヘロデス・アティコス音楽堂で上演され、好評を博した。

ただしもちろん、現代において上演される悲劇は、古代のそれの「再現」ではない。昔はメインキャストが三人だったことを述べたが、現代はその形式に縛られないし、舞台設備等は大きく異なっている。そして、時代に応じた解釈や、新たなメッセージが付与されることもあるわけだ。

前四一五年に上演された、エウリピデス作の『トロイアの女たち』という悲劇は、アテネとライバル国家スパルタとの長引く戦争に対する厭戦気運のなかで、エウリピデスが神話のトロイア戦争の敗者側に目を向けて描いた「反戦劇」でもある。蜷川は、二〇一二年末、イスラエルのテルアビブにおいて、『トロイアの女たち』を独特の演出で上演した。そこでは、日本人俳優と共に、アラブ系、ユダヤ系のイスラエル人が共演し、それぞれが各々の言語で演じたのである。その演出には、争いの絶えない中東において「共存」を強くうったえるメッセージがこめられていた。このようにギリシア悲劇は「再生」し続けているのである。

終　章

時を越えるギリシア・ローマ神話

普遍的遺産としての神話

なぜギリシア・ローマ神話は、長きにわたって受け継がれてきたのだろうか。大昔の人々が生み出したイメージと物語に、現代人も惹きつけられるのはどうしてなのだろうか。こうした問いに対する答えは本書のところどころでも部分的に述べてきたが、最後にふり返りつつ、まとめておきたい。列挙してきた諸事項の根底において共通しているようなエッセンスを抽出してみることで、理解をより深めてもらえるだろうし、ギリシア・ローマ神話およびその継承について、この先いっそう関心を強めてもらうことにもつながるだろう。

そこで、次の三つの観点のもとに整理するとわかりやすいのではないかと思う。一つには、世界中で大昔の人々が語っていた神話というものに共通する魅力。二つめは特にギリシア・ローマ神話に固有の魅力。そして三つめはギリシア・ローマ神話継承の経緯である。

では、神話全般の魅力から考えていこう。最初に挙げたいのは以下の点だ。神話は、世界の起源について語り起こされ、人間の世の成り立ちを物語っていく。世界はどのように生まれたのか、我々はどこから来たのか、この壮大で究極的な問いに答えようとする神話に、人間の好奇心・探求心の最も根源的な部分が共鳴し、まずは惹きつけられるのではないだろうか。

そして古代神話には、世界を成立させる始原の存在から、強大な力を有する神々、自然界の精霊たちや、神の血を受け継ぐ英雄たちなど、様々な「キャラクター」が登場する。天の神や、大地の神、海の神、森の精霊、運命に翻弄される人間などなど、万物と諸現象を擬人化・象徴したキャラクターたちが世界を形づくっているのである。こうした想像によって人間は世界を感じつつ、神的存在を畏怖したり、崇めたり、加護を願ったり、憧憬したり、愛でたりしてきたのだ。こうした「世界のキャラクター化」は、人間の本性だと思う。科学的・合理的世界観のもとに人々が生きるようになった現代においても、身のまわりに注意を払ってみてほしい。生命をもたない存在、姿・形をもたない諸現象を、キャラクター化して象徴し、生き生きと思い描いている例が、いかに多いことか。特に日本では、この頃どこに行っても、土地や名産物を象徴するキャラクター、いわゆる「ゆるキャラ」たちに出会う。こうした流行もあってのことだろう、企業や大学が最近になってイメージキャラクターを公募したりして設定するケースも多いようである。そういえば近年、日本の子供たちの間で流行したのは、諸現象を「妖怪」のせいとして象徴的に説明する発想に基づくゲーム、アニメであった。これらの例は、たしかに「神話」とまったく同じように捉えてはならないし、相違点のほうこそ目につくかもしれないが、「世界のキャラクター化」という、時代を越えた共通性にこそ注目すべきだろう。すなわち、「世界のキャラクター化」は人間の普遍的な思考ツールなのだ。伝統ある古代神話のキャラクターたちも、必然的に原型としてふり返られ、参照され、生き続けるのである。

そして神話は、神的キャラクターたちが織りなす物語だ。人間は物語が大好きである。幼いときから絵本を読んで物語にふれる。物語から人はいろいろなことを学んでいく。嘘をついてはいけないよ、と言うだけでは子供にしっかり伝わらないが、嘘ばかりついていて困った事態に陥ってしまう「オオカミ少年」

の話なら強く印象に残る。また、単に列挙された事項を覚えるのは難しいのに対して、因果関係やハッとさせられるような展開のある物語のほうが頭に入ってくるだろう。学校の勉強をすっかり忘れた人でも、浦島太郎の話は覚えているのではないだろうか。小説や映画、ドラマなど、物語にまったく接しないで生きていく人はほとんどいない。どちらかというと若い世代に熱中する人が多いだろう漫画やアニメ、ゲームにも、優れた物語性をもっているものが数多くある。いや優れた物語であるものこそ、人気を得ているといえるだろう。映画や漫画といったら基本的に虚構だが、現実の人間についての伝記、歴史記述やドキュメンタリーだって、事実を志向しつつ語られる「物語」である（「歴史―ヒストリー」と「物語―ストーリー」の語源はそもそも同じだ）。老若男女、我々は物語に囲まれて生き、それを通して様々なものを吸収している。このような無数の物語のなかで、大昔から多くの人に共有され、共感を得たり、切なる思いが投影されたり、語り継ぐ人々が伝えるべきと見なした情報がこめられ、神聖視されたりして、ある文化や地域において最も伝統化されたのが、各地の神話なのである。その「重み」、「深み」をもった神話物語に、人々は魅了されてきたのだ。

　また、神話のなかでも、神々に近い人間たる英雄たちの物語が、現代でもフィクション作品等に強く影響を及ぼしているのだが、それは英雄物語こそが有している普遍的原理による。すなわち、英雄の物語には、出自に特別な事情がある「選ばれし者」が自己実現に向かって新たな世界へと歩み出し、助けを得ながら進み続け、怪物や強大な敵に打ち勝ったり、様々な困難を克服したりするという、「人間の成長」の原理が見て取れる。昔も今も、人はそうした物語こそ特に求め、共感したり、憧れたりするのだ。

　以上のように、神話は人間にとっての普遍的遺産として、時代を越えて受け継がれるわけである。しかしそのなかでもなぜ、「ギリシア・ローマ神話」が最も広まったのだろうか。

ギリシア・ローマ神話の魅力

では、ギリシア・ローマ神話の特徴を考えつつ、その魅力をあらためて抽出してみよう。ギリシア・ローマ神話は、いうまでもないが無から想像のみによって生じたのではない。たとえば神々の世代間闘争などは始原の民族移動を反映している可能性がある（第三章「神々の世代間闘争」参照）。より歴史性がはっきりと見て取れるところでは、英雄物語の中核にはトロイア戦争のような前二〇〇〇年紀の記憶があったと思われる。後世の人もまた、神話に大昔の記憶を見出し、リアリティを感じて神話への興味が増したり、未知の先史をひもとくロマンとして魅力を感じたりもするのである。もちろん神話と歴史との連続性や交差は、世界の様々な神話に共通する点でもあろうが、ギリシア・ローマ神話には、歴史性を強く帯びた英雄たちの物語がとりわけ多い。そしてトロイア遺跡のように有名な物語の舞台が実際に発掘されていて、現代の我々にも歴史性をより具体的に感じさせる一助になっている。よって歴史性は、ギリシア・ローマ神話の特質、魅力として強調されるべき点だと考える。

さらに別の観点からも考えてみよう。ギリシア・ローマ神話は、詩人ホメロスやヘシオドスの作品をいわばスタンダードとして枠組みが定まっていたし、ある程度まとまりはあったものの、キリスト教の聖書のように一元的に固定化された聖典があるわけではない。古代ギリシアでは文化的共通性はあったけれども、統一国家は（前四世紀後半のマケドニアによる統一まで）なかったことも背景となって、各地で競い合うように神話が語られた。そして、神々の系譜を詩に歌って広く影響を及ぼしたヘシオドスはもともと農夫だったように、社会の隅々にまで神話は浸透しており、語り手も幅広い聞き手を意識して、多様な人々の思いを映し出す改変が生じつつ流布していた。人々に受け入れられてしだいに確立していく伝統に大きく矛盾しない範囲であれば、新たな解釈や創作付加が許容されたのだ（そこに「著作権」など存在しない）。そのうえ、ギリシアは東方諸国やエジプトから様々な面で影響を受けたから、異邦の新しい神が取り込まれたりもして神話要素がより豊かになったという点も指摘できよう。ギリシア文化を継承したローマの要素が加わったことも、もちろん忘れてはならない。

こうした状況から、人間的で個性あふれる神々に加え、各地の歴史性を帯びた偉人としての多くの英雄たちがいて、とにかく多彩である。あらゆる事象の背景には、オリュンポス一二神をはじめとした無数の神々が存在していると考えられた。先ほどの表現を用いれば、「世界のキャラクター化」がきわめて豊かといえよう。そして神々は神話において生き生きと喜んだり、怒ったりする。神々の喜怒哀楽のスケールは大きい。それは、人間の姿が神話というスクリーンに大写しされたものでもあるのだ。また、勇猛な男の究極型のようなヘラクレスや、名誉や国、家族のために戦うトロイア戦争の英雄たち、恐ろしい運命の変転を経験するオイディプスのほか、神に罰せられる者など、数多の英雄たちには、より身近な人間像が映し出されている。このような神々と英雄たちのイメージと物語には、世界の起源と原理から、人類の歩み、喜び、苦悩、愛憎や生死、模範とすべき人間像や忌避すべき人間像に至るまで、世界と人間の全てを見出すことができるのだ。そして人々は畏怖や共感を覚えつつ、魅了されるのである。

イメージのアーカイブ

続いては、ギリシア・ローマ神話継承の経緯についてあらためて見ていこう。そもそもギリシア・ローマの古典文化は、西洋文化の源泉であるから、その一環としてギリシア・ローマ神話が欧米において、またその欧米に影響を受けた日本を含む各地に伝わっていったのも当然と思えるかもしれないが、特に神話をめぐる状況について少し掘り下げて考えてみたい。

ギリシア・ローマと並んで西洋文化に多大な影響を及ぼしているのは、いうまでもなく一神教のキリスト教だ。他国による征服など多くの苦難を経験した東地中海の古代ヘブライ民族が、自分たちだけを救済してくれる唯一神を崇めて成立させたユダヤ教を母胎とし、万人救済を説いて発展したのがキリスト教である。ローマ帝国領内において当初は迫害されつつもしだいに信者を増やし、ついにキリスト教はローマの国教となる。そして異教は公式に禁止され、ゼウスを崇める祭典であったオリュンピア競技会も廃止されたのだった。五世紀に帝国は解体し、北方から移動してきたゲルマン民族の諸国家が分立する時代を迎えるが、キリスト教はゲルマン国家にも受け入れられていく。中世キリスト教世界の到来である。

一神教のキリスト教とギリシア・ローマ神話は、根本的に相容れないはずだ。ところが、その後もギリシア・ローマ神話は受け継がれていく。なお、それ以外にも、ゲルマン民族が語っていたゲルマン神話(北欧に痕跡を残した北欧神話)や、ローマと争ってブリテン島など周辺部に移動していったケルト民族の神話も各地において継承された。政治権力とも結びついて広まり続けたキリスト教が、こうした神話を表面的には覆い隠してしまうが、古代民族が長年なじんできた神話は、容易に消し去られはしなかったのである。キリスト教では、布教に大きく貢献したり、奇跡を生じさせたりするなど功績を残した偉人を聖人・聖女と認定し、「〇〇の守護聖人」として崇める「聖人崇敬」という習わしがあるが、これなどは、諸事物を司り守護する神々を崇める多神教がキリスト教化されたものともいえる。こうしたなかで、ローマ帝国領内に浸透、定着していたギリシア・ローマ神話の要素がやはり多く生き残っていった。

ではキリスト教のもとでのギリシア・ローマ神話継承を、より詳しく見ていこう。キリスト教以外の神々はたとえば、もともと太古の偉人や権力者であった人間が死後に崇められたのであって唯一神とは矛盾しないのだとして許容され、その物語が語られ続けられた。また古代神話は、あくまで自然界の力の象徴として神とは次元の異なるものと解されることもあった。ところで、もともと乾燥地帯に起源をもつキリスト教には、自然についての豊かなイメージ表現がなかった。自然は人間が利用するために創造されたと考え、敬う発想も本来なかった（本来ない、というだけで、その後もまったくないというのではないが）。それを補完するように、神話的自然観はキリスト教と並存していったという面もある。ほかにも、神々は宇宙の力の象徴とも解され、星の象徴や星座の由来説明としても残ったし、人間の徳などを擬人化したものが古代の神々であるという寓意解釈が強調されることもあった。民衆の間に浸透し影響力を有する古代神話をキリスト教化してしまおうという神学者・教会の意図もあったのだろう。さらには、最高神ゼウスや、太陽神で文化的な領域も司るアポロンを、唯一神と同一視するとか、翼のついた帽子をかぶり有翼のサンダルで空を飛んで移動できる伝令神ヘルメスを、キリスト教の天使に重ね合わせるといった発想まで見られるようになるのである。一方で、神話の怪物イメージや、キリスト教の発想にそぐわない姿の古代神が「悪魔」に、アルテミスやヘカテといった女神が「魔女」に転化されるというネガティブなイメージ変化での継承もあった。ともあれ、ギリシア・ローマ神話は消滅などせず、むしろ様々な形で継承され、新たな解釈までも加えられたことをふり返ると、多神教の神話と一神教のキリスト教は意外にかみ合っていたようにも思える。

そして、後世への神話継承の最も大きな促進力を生み出すことになったのが、一四〜一六世紀頃のルネサンスである。古代への関心復活を背景に、芸術家や著述家は、こぞってギリシア・ローマ神話に眼差しを向け、あふれんばかりの蓄えのなかから汲み出したイメージと物語に、徳、愛、美、勇気、平和などなど、様々なメッセージをのせて表現した。こうして西洋の文芸とギリシア・ローマ神話とは密接につながって、今に至っている。

さてルネサンス後についてもう少し補えば、一八〜一九世紀、近代西洋において科学的世界観が発展していくが、それは、世界の原理を神的存在で説明する神話的世界観とまさに対極をなすものである。しかし、科学的世界観が発展すればこそ、アンチテーゼとして、作家や詩人、画家などがあらためて神話を題材として取り上げ、古代神話への興味が促されるという動向もあった。古代神話は、異なる価値観、オルタナティブ（代替）の世界観を提供しうるものとして、実は科学的世界観と表裏一体に存在しているのだ。

また、古来の星座、天体の名称や由来についてのギリシア・ローマ神話が有名であるため、天文学と神話は関わりが深いが、ほかにも元素名や科学用語などに、ギリシア・ローマ神話に関連する名称が広範に見られ、豊かなイメージが付与されている。実は神話が科学にも彩を与えてきたといえるのである。

こうしてふり返ると、ギリシア・ローマ神話は西洋において、自文化の成り立ち、歩みを映し出すものでもある。西洋諸国では、子供たちは学校で必ずギリシア・ローマ神話を学ぶ。最も伝統化された物語として、初歩的な情操教育の素材とされている面もあろうが、結果的に自文化の根幹に関わる重要な要素を学び、文芸や諸学問につながる知的教養の基礎を学ぶことにもなるのである。そしてそのように学んだ者たちによって、改変や再創造も常に生まれる。たとえば、ヨーロッパの植民地から発展した「新しい国」アメリカだからこそ創造に熱意を注いでいるといえるかもしれない、「現代の神話」たるハリウッド映画に、ギリシア・ローマ神話はインスピレーションを与え続けているのである。

日本では、明治以降、西洋文化の流入と共にギリシア・ローマ神話もしだいに知られるようになった。日本には『古事記』などにまとめられた神話が存在しており、もちろん日本人にとって重要な伝統的物語はこちらのはずである。ところが、第二次世界大戦と敗戦を経て、日本を神の国と見なす皇国史観がタブー視されることになったため、日本固有の神話が公にあまり語られなくなった。いつの世も人は神話を求めるにもかかわらず、こうした「神話の空白」状態が生じたわけである。そんななか、戦後の西洋文化のさかんな受容に伴ってギリシア・ローマ神話がとりわけ入ってきやすくなったという面があろう。また、神話が途絶えたからこそ日本の物語欲求は、漫画やアニメにいっそう向かったともいえるかもしれない。影響力のあるギリシア・ローマ神話の要素がそこに入ってくるのは必然ともいえるのであり、結果として生み出された『聖闘士星矢』や『セーラームーン』のような作品が海外でも人気を得て、ギリシア・ローマ神話の再加工、逆輸出のような事態になっているのである。

このように、文芸のみならず、また西洋にとどまらず、ギリシア・ローマ神話の影響は広がっている。何かを世に向けて表現しよう、うったえようという者たちにとって、ギリシア・ローマ神話は常に活用しうる「イメージのアーカイブ（保管庫）」なのである。しかもそれは単に古いものを保管しているわけではない。古いものが洗練されたり、新しいものが加わったりして、のぞいてみれば常に新たな発見があるようなアーカイブなのだ。

おわりに

EPILOGUE

神話のことなどいっさい知らなくても、人間は生きていけるはずだ。しかし、神話は常に人間と共にあったし、きっとこれからも共にあり続けるだろう。超自然的な神々の存在を思い描いて畏怖したり、英雄の冒険譚に心躍らせたり、愛や死を描く物語に共感したり、怪物を想像して恐れたり、諸現象を神格化したり擬人化したり、万物に神話イメージで個性を与えたりするのが、人間なのである。神話こそ、人間の本質を理解するカギの一つであり、だからこそ大いに学ぶべき意味があるのだ。

あらゆる文化にそうした神話があるが、ここに見てきたように、イメージと物語が最も豊かで、西洋文化の根幹として受け継がれたことで、ギリシア・ローマ神話は世界的に影響を及ぼし、万物につながりながら、現代世界に浸透し続けている。本書では、本来の神話のエッセンスに加え、そんなつながりと浸透についても意識して紹介してきたが、神話から影響を受けた事物は無限に増殖し続けているから、本書を知的探求のきっかけに、ぜひ実例を皆さんなりに探してみていただきたいと思う。そんな例に気づくとともに、神話のイメージと物語に囲まれて人間は生きているのだと実感することだろう。それは、人間が築き上げてきた文化について、そして人間自体について、理解を深めるということなのである。

主要参考文献

神話の翻訳

- アイスキュロス／ソフォクレス／エウリピデス『ギリシア悲劇全集』全一三巻、松平千秋／久保正彰／岡道男編、岩波書店、一九九〇—九三年
- アープレーイユス『黄金の驢馬』呉茂一／国原吉之助訳、岩波文庫、二〇一三年
- アポロドーロス『ギリシア神話』高津春繁訳、岩波文庫、一九七八年
- アポロニオス『アルゴナウティカ——アルゴ船物語』岡道男訳、講談社文芸文庫、一九九七年
- アラトス／ニカンドロス／オッピアノス『ギリシア教訓叙事詩集』（西洋古典叢書）伊藤照夫訳、京都大学学術出版会、二〇〇七年
- ウェルギリウス『アエネーイス』（上）（下）泉井久之助訳、岩波文庫、一九九七年
- ウェルギリウス『アエネーイス』（西洋古典叢書）岡道男／高橋宏幸訳、京都大学学術出版会、二〇〇一年
- オウィディウス『祭暦』（叢書アレクサンドリア図書館）高橋宏幸訳、国文社、一九九四年
- オウィディウス『変身物語』（上）（下）中村善也訳、岩波文庫、一九八一—八四年
- クイントゥス『トロイア戦記』松田治訳、講談社学術文庫、二〇〇〇年
- コルートス／トリピオドーロス『ヘレネー誘拐・トロイア落城』松田治訳、講談社学術文庫、二〇〇三年
- セネカ『セネカ悲劇集1』小川正廣／高橋宏幸／大西英文／小林標訳、京都大学学術出版会、一九九七年
- セネカ『セネカ悲劇集2』岩崎務／大西英文／宮城德也／竹中康雄／木村健治訳、京都大学学術出版会、一九九七年
- パウサニアス『ギリシア案内記』（上）（下）馬場恵二訳、岩波文庫、一九九一—九二年
- ヒュギーヌス『ギリシャ神話集』松田治／青山照男訳、講談社学術文庫、二〇〇五年
- ピンダロス『祝勝歌集／断片選』（西洋古典叢書）内田次高訳、

京都大学学術出版会、二〇〇一年
- ヘシオドス『仕事と日』松平千秋訳、岩波文庫、一九八六年
- ヘシオドス『神統記』廣川洋一訳、岩波文庫、一九八四年
- ヘシオドス『ヘシオドス　全作品』中務哲郎訳、京都大学学術出版会、二〇一三年
- ヘロドトス『歴史』（上）（中）（下）松平千秋訳、岩波文庫、一九七一―七二年
- ホメロス『イリアス』（上）（下）松平千秋訳、岩波文庫、一九九二年
- ホメロス『オデュッセイア』（上）（下）松平千秋訳、岩波文庫、一九九四年
- ホメーロス『ホメーロスの諸神讃歌』沓掛良彦訳、ちくま学芸文庫、二〇〇四年
- ホメーロス『四つのギリシャ神話――『ホメーロス讃歌』より』逸身喜一郎／片山英男訳、岩波文庫、一九八五年
- リーベラーリス『メタモルフォーシス――ギリシア変身物語集』安村典子訳、講談社文芸文庫、二〇〇六年

神話およびその影響について

- アンソニー・F・アヴェニ『ヨーロッパ祝祭日の謎を解く』勝貴子訳、創元社、二〇〇六年
- 新井明／丹羽隆子／新倉俊一編『ギリシア神話と英米文化』大修館書店、一九九一年
- 逸身喜一郎『ギリシャ・ローマ神話は名画でわかる――なぜ神々は好色になったのか』NHK出版新書、二〇一三年
- バーバラ・ウォーカー『神話・伝承事典――失われた女神たちの復権』山下主一郎／栗山啓一訳、大修館書店、一九八八年
- 梅田修『ヨーロッパ人名語源事典』大修館書店、二〇〇〇年
- 梅田修『世界人名物語――名前の中のヨーロッパ文化』講談社学術文庫、二〇一二年
- 梅田修『地名で読むヨーロッパ』講談社現代新書、二〇〇二年
- バーナード・エヴスリン『ギリシア神話物語事典』小林稔訳、原書房、二〇〇五年
- 長田年弘『ギリシア・ローマ神話の世界』洋泉社、二〇一四年
- 木村専太郎『ギリシャ・ローマ神話に隠された医学用語――ストーリーを楽しもう』白石洋子編、梓書院、二〇〇九年
- ジョーゼフ・キャンベル／ビル・モイヤーズ『神話の力』飛田茂雄訳、ハヤカワ・ノンフィクション文庫、二〇一〇年
- フェリックス・ギラン『ギリシア神話』中島健訳、青土社、一九九一年
- 楠見千鶴子『オペラとギリシア神話』音楽之友社、一九九三年
- マイケル・グラント／ジョン・ヘイゼル『ギリシア・ローマ神話事典』西田実ほか訳、大修館書店、一九八八年
- ロバート・グレイヴズ『ギリシア神話』高杉一郎訳、紀伊國屋書店、一九九八年
- 呉茂一『ギリシア神話』（上）（下）新潮文庫、一九七九年
- 黒江光彦監修／木村三郎ほか編『西洋絵画作品名辞典』三省堂、

一九九四年
■カール・ケレーニイ『ギリシアの神話――英雄の時代』植田兼義訳、中公文庫、一九八五年
■カール・ケレーニイ『ギリシアの神話――神々の時代』植田兼義訳、中公文庫、一九八五年
■桜井弘編『元素111の新知識 第2版』講談社ブルーバックス、二〇〇九年
■ジョーゼフ・T・シップリー『シップリー英語語源辞典』梅田修／眞方忠通／穴吹章子訳、大修館書店、二〇〇九年
■島崎晋『ギリシャ・ローマの神話がよくわかる本』総合法令出版、二〇一二年
■庄子大亮『アトランティス・ミステリー――プラトンは何を伝えたかったのか』PHP新書、二〇〇九年
■千足伸行監修『すぐわかるギリシア・ローマ神話の絵画』東京美術、二〇〇六年
■高津春繁『ギリシア・ローマ神話辞典』岩波書店、一九六〇年
■高橋宏幸『ギリシア神話を学ぶ人のために』世界思想社、二〇〇六年
■竹村文祥『神話、伝説、医学用語』東明社、一九七八年
■寺澤芳雄『英語語源辞典』研究社、一九九九年
■豊田和二監修『図解雑学 ギリシア神話』ナツメ社、二〇〇二年
■中松米久『遺伝子の中の神々たち――ギリシャ・ローマ神話から親しむ生命科学』文葉社、二〇〇三年
■中村善也／中務哲郎『ギリシア神話』岩波ジュニア新書、一九八一年
■西村賀子『ギリシア神話――神々と英雄に出会う』中公新書、二〇〇五年
■丹羽隆子『ギリシア神話――西欧文化の源流へ』大修館書店、一九八五年
■丹羽隆子『ローマ神話――西欧文化の源流から』大修館書店、一九八九年
■橋本武彦『ギリシャ星座周遊記』地人書館、二〇一〇年
■浜本隆志／柏木治編『ヨーロッパの祭りたち』明石書店、二〇〇三年
■原恵『星座の神話――星座史と星名の意味』恒星社厚生閣、一九九六年
■野尻抱影『星の神話・伝説』講談社学術文庫、一九七七年
■野尻抱影『星の神話・伝説集成』恒星社厚生閣、二〇〇〇年
■藤縄謙三『ギリシア神話の世界観』新潮選書、一九七一年
■藤縄謙三『ホメロスの世界』新潮選書、一九九六年／魁星出版、二〇〇六年
■トマス・ブルフィンチ『完訳ギリシア・ローマ神話』(上)(下)大久保博訳、角川文庫、二〇〇四年
■トマス・ブルフィンチ『ギリシア・ローマ神話――付インド・北欧神話』野上弥生子訳、岩波書店、一九七八年

■紅山雪夫『ヨーロッパものしり紀行《神話・キリスト教》編』新潮文庫、二〇〇三年
■スチュアート・ペローン『ローマ神話』中島健訳、青土社、一九九三年
■星和夫『[新装復刻版]楽しい医学用語ものがたり』医歯薬出版株式会社、二〇一五年
■星和夫『[新装復刻版]続・楽しい医学用語ものがたり』医歯薬出版株式会社、二〇一五年
■松島道也『図説ギリシア神話【神々の世界】篇』河出書房新社、二〇〇一年
■松島道也／岡部紘三『図説ギリシア神話【英雄たちの世界】篇』河出書房新社、二〇〇二年
■松田治『トロイア戦争全史』講談社学術文庫、二〇〇八年
■松田治『ローマ建国伝説――ロムルスとレムスの物語』講談社学術文庫、二〇〇七年
■松村一男監修『知れば知るほど面白いギリシア神話』実業之日本社、じっぴコンパクト新書、二〇一二年
■松原國師『西洋古典学事典』京都大学学術出版会、二〇一〇年
■松村一男監修『図解 ギリシア神話』西東社、二〇一〇年
■松村一男『女神の神話学――処女母神の誕生』平凡社選書、一九九九年
■ルネ・マルタン『図説ギリシア・ローマ神話文化事典』松村一男訳、原書房、一九九七年
■山北篤監修『西洋神名事典』新紀元社、一九九九年
■吉田敦彦監修『名画で読み解く「ギリシア神話」』世界文化社、二〇一三年

参考サイト

■西洋人名について http://www.behindthename.com/
■神話の出典、神話を題材にした陶器画について http://www.theoi.com/

現代につながる
ギリシア・ローマ神話リスト

◉ここに挙げるのは、何らかの形で現代の事物、たとえば人名や地名といった言葉や、文学・芸術作品など世界的に知られる事項、身近なところで見出せそうなものにつながっている神話イメージである。神々や英雄の網羅ではないが、本文でふれていないことにも数多く言及する。

◉もちろん選定は主観的にならざるをえないが（※）、「あれが入っていない、これが入っていない」と思いをめぐらせたり、身のまわりで生き続ける神話イメージを新たに探したりしていただくことこそ本望である。

※西洋文化理解を深めたり、神話の影響を身近で実感したりするのに有効と判断したものを記載。また、できるだけ多様な例を載せるようにしつつ、例が重ならないよう、特定の分野に偏ったりしないように考慮した。言葉・概念・土地の擬人神や精霊、何かの由来説明のために生み出された神、神話に由来する創作物・学名・天体名称・医学用語などは膨大なので、以上のような観点から特に取捨選択している。

◉注記がなければギリシア語名。同じ存在をイメージしていても、ギリシアとローマで呼び名が異なる場合のローマでの呼び名（ラテン語名）や、ローマ神話にしか登場しない神などは、〈R〉で示す。

神々・英雄・神話等	関連する事物、言葉等
アイアス：トロイア戦争に参加したギリシアの英雄。巨体の勇士。アキレウスの従兄弟。不名誉を恥じ、自ら命を絶った。英語でエイジャックス Ajax。 ※小柄で不遜であったという同名の英雄もいる。前者を大アイアス、後者を小アイアスとも呼ぶ。	ソフォクレスの悲劇『アイアス』。 オランダの名門サッカークラブ名アヤックス Ajax。 コルシカ島のアジャクシオ。アイアスが町を創建したという伝説から。
アイオロス：風を支配する神。	風で音をならす弦楽器エオリアン・ハープ aeolian harp。 シチリア北方のエオリア諸島 Aeolian Islands。
アイギス aigis：アテナの防具。	米軍の艦載防空システムの名称イージス aegis・システム→イージス艦。
アイギナ：河神アソポスの娘。ゼウスとの間にアイアコス（アキレウスの祖父）を生んだ場所がアイギナ島と呼ばれた。	エーゲ海のエギナ島 Aegina。
アイギュプトス Aigyptos：エジプト征服者。自らの名を地名とした。	エジプト Egypt。
アイゲウス：アテネ王。テセウスの父。	エーゲ海 the Aegean Sea。アイゲウスが海に身投げしたことから。
アイティオピア Aithiopia：アフリカ北東部に対する古名。アイティオプス（「日に焼けた顔」の意）人の土地。	エチオピア Ethiopia。
アイテル：天空の上天の擬人神。	物理学や化学の用語エーテル aether、ether。
アイトネ：シチリアのニンフ。	シチリア島の火山の名エトナ Aetna、Etna。
アウゲイアス：30年間も牛小屋を掃除しなかった王。	「汚い、腐敗した」という意の言葉 Augean。
アウトメドン：アキレウスの戦車の御者。	「巧みな御者」という意の言葉 Automedon。
アウトリュコス Autolycos：ヘルメスの子で、盗みの技に優れる男。	シェイクスピアの喜劇『冬物語』（1610年）に登場する泥棒オートリカス Autolycus。
アウラ：微風を擬人化した女神。	オーラ aura。
アウロラ〈R〉：曙の女神＝エオス。	オーロラ aurora。 絵画などについて、ティトノス、ケファロスの項参照。
アエネアス〈R〉：トロイアの英雄。ギリシア語でアイネイアス。アンキセスとアフロディテの子。トロイア戦争後、父と息子ユルス（アスカニオス）を連れて逃れ、イタリアに渡りローマの礎を築いた。	アダム・エルスハイマーの絵画『トロイアの炎上』（1600-01年頃、アルテ・ピナコテーク）には、アエネアスが父を背負い、息子を連れて逃れる場面が描かれている。アエネイスの項参照。
アエネイス〈R〉：トロイアの英雄アエネアス（アイネイアス）を主人公とするウェルギリウスの叙事詩。英語で Aeneid。	オペラ『トロイアの人々』（エクトル・ベルリオーズ作曲、第2部のみの初演1863年）など、この物語をモチーフにした作品多数。
アガメムノン：ミュケナイの王で、トロイア遠征軍の総大将。父がアトレウス。	アイスキュロスの悲劇『アガメムノン』。 アガメムノンの一族（アトレウス家）の物語がモチーフになっているのが映画『旅芸人の記録』（1975年、テオ・アンゲロプロス監督）。

アキレウス：トロイア戦争に参加したギリシア軍最強の英雄。ペレウスと女神テティスの子。祖父は最も敬虔な人間だったというアイアコス（アイギナの項参照）。ラテン語でアキレス。	男性名アシール Achille。「無双の、不死身の」という意の言葉 Achillean。 アキレス腱（唯一の弱点が「かかと」だったことから）。
アクタイオン：テバイの狩人で、女神アルテミスの裸を見てしまったことから鹿の姿に変えられ、自らの猟犬に引き裂かれ死んだ。	彼の猟犬が「おおいぬ座 Canis Major」あるいは「こいぬ座 Canis Minor」であるとする解釈がある。オリオンの項参照。 マルカントワーヌ・シャルパンティエ作曲のオペラ『アクテオン』（1684 年）。
アケロン：この世と冥界との境界とイメージされた川。擬人神でもある。ときにステュクス川と同一視される。	冥界、もしくはこの世と冥界との境をイメージさせる名称。
アシア：オケアノスとテテュスの娘。一説にはアトラスやプロメテウスの母。	地名アジア Asia。
アスクレピオス：医神。アポロンとコロニスの子。英語でアスクリーピアス Asclepius。	1匹の蛇が巻きついた「アスクレピオスの杖」は医療関係のシンボルとして用いられる。 アスクレピオスが「へびつかい座 Ophiuchus」、彼の象徴としての蛇が「へび座 Serpens」の由来とされる。 烏は、アスクレピオスの母コロニスが男性と話しているのを不貞と誤ってアポロンに伝えた罰で黒い姿になり、追放されて「からす座 Corvus」になったという。
アストライア：正義の女神。ゼウスとテミスの娘。ディケと同一視される。	一説には「おとめ座 Virgo」の由来。善悪をはかる天秤を持っており、それが「てんびん座」の由来とする説もある。
アタランテ：勇敢な女狩人で、カリュドンの猪狩りに参加。メレアグロスの項参照。競走に敗れてヒッポメネス（またはメラニオン）と結婚した。	女性名およびイタリアのサッカークラブ名アタランタ。 グイド・レーニの絵画『アタランテとヒッポメネス』（1618 年、プラド美術館）。
アッティス：女神キュベレに愛された美少年。	ジャン・バティスト・リュリ作曲のオペラ『アティス』（1676 年）など。
アテ：愚行への衝動を擬人化した女神。エリスの娘。	「破滅に至るような愚行への衝動」という意の言葉 ate。
アテナ：戦い、知恵、技芸の女神＝ミネルウァ〈R〉。パラスあるいはパラス・アテナとも呼ばれる。オリュンポス 12 神。英語でアシーナ Athena、アシーニ Athene。ゼウスの頭から誕生した。象徴は兜、槍、楯、フクロウ、オリーブの枝。	アテネのパルテノン神殿は女神アテナを祀った神殿。その名は「乙女」の意の「パルテノス」から。 ローマに設立された学問研究機関アテナイオン（「アテナ神殿」の意）から、英語のアテネウム Atheneum、フランス語のアテネ Athénée など、研究機関や図書館、学校を意味する言葉につながっている。 絵画では、ボッティチェリ『パラスとケンタウロス』（1485 年頃、ウフィツィ美術館）、クリムト『パラス・アテナ』（1898 年、ウィーン博物館カールスプラッツ）など。

アドニス：アフロディテに愛されたシリアの美少年。	美少年の代名詞アドニス。 絵画では、ルーベンス『ヴィーナスとアドニス』（1635年頃、メトロポリタン美術館）など。
アトラス：西方で天空を支えているとされた巨人。ティタン神族のイアペトスとアシア（またはクリュメネ）の子。プロメテウスの兄弟。	Atlantic Ocean（「アトラスの海」の意）。 男像柱の名称アトラス。カリュアの項参照。 地図帳のことをアトラスというのは、16 世紀フランドルの地図製作者で、「メルカトル図法」で知られるゲラルドゥス・メルカトルが製作した地図帳の表紙にアトラスが描かれたことから。
アトレウス：ミュケナイ王。ペロプスの子、アガメムノンの父。弟テュエステスの項も参照。	ミュケナイで発掘された墳墓は「アトレウスの宝庫（またはアガメムノンの墓）」と呼ばれる。
アトロポス：モイライ（運命の女神たち）の一人。人の運命の糸を断ち切る（死をもたらす）。クロト、ラケシスの項参照。	ベラドンナの学名 Atropa belladonna。 ベラドンナより発見された有毒アルカロイドのアトロピン atropine。
アナンケ：運命、必然を擬人化した女神。	木星の衛星名アナンケ。
アフロディテ：美と愛欲、豊穣の女神＝ウェヌス〈R〉。オリュンポス 12 神。英語でアフロダイティ Aphrodite。エロス（クピド、キューピッド）を従える。象徴は帆立貝の貝殻、鳩、白鳥。	「美」や「愛」をイメージさせる名称など。 怪物に出会ったアフロディテと従神エロス が姿を変じたのが「うお座 Piscis」とされる（同じ由来で説明される「みなみのうお座 Piscis Austrinus」もある）。 記号♂の由来はアフロディテ（ウェヌス）の手鏡。 絵画などについてはウェヌスの項参照。
アポロン：太陽、音楽、医術、予言の神＝アポロ Apollo〈R〉。オリュンポス 12 神。ゼウスとレトの子。アルテミスの双子の兄（または弟）。象徴は弓矢、竪琴、月桂樹の冠。	古代彫刻『ベルヴェデーレのアポロン像』（ヴァチカン美術館）など、美しい理想的な青年の姿でイメージされた彫刻が数多く残る。 太陽や宇宙をイメージさせる名称など。たとえば「アポロ計画」（NASAによる月への有人宇宙飛行計画）。 勝者に与えられる月桂樹の冠は、月桂樹がアポロンの聖木であることに由来。ダフネの項参照。 ストラヴィンスキーのバレエ音楽『ミューズ（ムーサ）を率いるアポロン』（1928 年）。 出光興産の商標に、アポロの横顔をイメージした「アポロマーク」がある。
アマゾン（複数形アマゾネス）：伝説上の女だけの戦闘的部族。	強い女性を象徴する表現。 アメリカンコミックスのワンダーウーマンはアマゾン族という設定。 アマゾン川（アマゾンのような女部族が存在する地といううわさから名づけられた）→ネットショッピングの Amazon.com（世界一の流域面積を誇るアマゾン川のように物流の世界で一番を目指すメッセージを含んだ社名）。
アマラントス：想像上の、決して枯れない花。	ヒユ科ヒユ属の植物名アマランサス。 赤色の酸性染料名アマランス。
アマルテイア：赤子のゼウスを養育したニンフ。山羊の姿をしていたという伝えもある。コルヌコピアエ	木星の衛星名アマルテア。 プッサンの絵画『ユピテルの養育』（1640 年頃、

の項参照。	ベルリン国立美術館)。
アモル〈R〉:愛の神エロス。クピドの別名。	神が人間と結ばれる「アモル(クピド)とプシューケ」の物語(アプレイウス『黄金の驢馬』において伝えられる)が有名。プシューケの項参照。
アモン(アンモン、アムモン)Ammon:エジプト由来の有角神。エジプトではアメン。	アンモナイト。アモンの巻角に見た目が似ていることから。 アンモニア。エジプトのアモン神殿の近くで産出した「アモンの塩」が語源。
アラクネ:アテナと織物の技を競う勝負をし、蜘蛛に変えられてしまった女性。その名が「蜘蛛」の意。	クモ綱 Arachnida。 ベラスケスの絵画『織女たち(アラクネの寓話)』(1657 年頃、プラド美術館)。
アリアドネ:クレタ王ミノスの娘。英雄テセウスが怪物ミノタウロスを退治したあと迷宮から戻って来るのを助けるため、糸玉を与えた。のちディオニュソス(バッコス)の妻となった。	導きの喩え「アリアドネの糸」。 ディオニュソスから贈られた冠が「かんむり座 Corona Borealis」の由来。 絵画では、ティツィアーノ『バッコスとアリアドネ』(1520-22 年、ロンドン・ナショナル・ギャラリー)など。 リヒャルト・シュトラウス作曲のオペラ『ナクソス島のアリアドネ』(1912 年)。
アリオン:伝説的な前七世紀の詩人。	海に落ちたアリオンを救ったイルカたちが「いるか座 Delphinus」の由来とされる(異説もあり)。
アルカス:ゼウスとカリストの子。カリストの項参照。	「こぐま座 Ursa Minor」。古くは「おおぐま座」を追う「うしかい座」の由来とされていたが、「おおぐま座」の由来である母カリストに合わせて、「こぐま座」になった。 ペロポネソス半島中部の地名アルカディア。のちにアルカディアは理想化され、「牧歌的理想郷」の意の言葉にもなった。
アルケスティス:夫アドメトスの身代わりに死のうとしたが、ヘラクレスによって救われた女性。	エウリピデスの悲劇『アルケスティス』。
アルゴ:イアソンを筆頭に、黒海沿岸コルキスの宝物である金羊毛を求め冒険した英雄たちが乗った船の名(「速い」の意)。その英雄たちをアルゴナウタイという(「アルゴ船の船員たち」の意)。	コルネイユの悲劇『金羊毛』(1660 年)、グリルパルツァーの悲劇『金羊毛』(1819 年)。 映画『アルゴ探検隊の大冒険』(1963 年、監督:ドン・チャフィ、特撮:レイ・ハリーハウゼン)。 かつて「アルゴ座」という星座があったが、大きすぎたため「りゅうこつ(竜骨)Carina」「とも(艫、船尾のこと)Puppis」「ほ(帆)Vela」「らしんばん(羅針盤)Pyxis」の4つの星座に分けられた。
アルゴス:100 の眼をもつ巨人。ヘラに命じられ、ゼウスの浮気相手イオを見張ったが、ヘルメスに殺された。その眼はヘラによって孔雀の羽につけられたという。	ルーベンスの絵画『ユノとアルゴス』(1610-11 年、ヴァルラフ・リヒャルツ美術館)。
アルテミス:森、山野、狩猟、出産の女神=ディアナ(R)。オリュンポス 12 神。英語でアーテミス Artemis。少女の姿で描かれる。また月の女神とも	純潔、自然、女性らしさなどをイメージさせる名称。 よもぎの学名アルテミシア。 絵画では、作者不詳『狩人のディアナ』(1550 年頃、

イメージされる。ゼウスとレトの子。アポロンの双子の妹（もしくは姉）。象徴は弓矢、牝鹿、額の三日月。	ルーヴル美術館）、フランソワ・ブーシェ『ディアナの水浴』（1742 年、ルーヴル美術館）など。
アレイオン（アリオン）：神話中の名馬。馬に変じて身を隠していた女神デメテルに、馬の神ポセイドンが同じく馬となって近づいて交わり生まれたという。	競走馬名など。
アレクサンドロス：トロイア王子パリスの別名。「守護者」の意。	アレクサンドロス大王。アレクサンダー、アレッサンドロなど人名（愛称アレックス）。女性名のアレクサンドラ、サンドラも派生形。アラビア語ではイスカンダル。
アレス：戦いの神＝マルス〈R〉。ゼウスとヘラの子。オリュンポス 12 神。英語でアリーズ Ares。アフロディテの愛人。象徴は矛、楯、剣、兜。	軍事関係の名称など。 記号♂の由来はアレス（マルス）の矛と楯。 マルスの項も参照。
アレトゥサ：泉に姿を変じたニンフ。	シチリア島シラクサ近くのオルティージャ にある「アレトゥサの泉」。
アンティオペ：テバイのニュクテウスの娘。ゼウスに見初められ、双子アンピオン（アムピオン）とゼトスを生む。その後、苦境に陥るが、息子たちによって救われた。	ヴァン・ダイクの絵画『ユピテルとアンティオペ』（1620 年頃、ヘント市立美術館）。ゼウス（ユピテル）が山野の精サテュロスに姿を変じてアンティオペに近づく場面が描かれている。 古代彫刻『ファルネーゼの牡牛』（前1世紀、ナポリ国立美術館）。アンティオペの2人の息子が、母を苦しめたテバイ王妃ディルケを牛の角に縛りつけて引きずる場面を描いている。
アンティゴネ：オイディプスの娘。肉親への情を重んじて法に逆らったことで死んだ。	ソフォクレスの悲劇『アンティゴネ』。 自己犠牲や、権力への抵抗の象徴表現。
アンテノル：トロイアの知将。平和主義者で、敵のギリシア軍にも危害を加えられなかった。そのため裏切り者ともいわれた。	ダンテの『神曲』に描かれる、裏切り者が落ちる地獄第九圏の第二円「アンテノーラ」。 洋菓子店名アンテノール。
アンテロス：「エロスに報いる者」の意で、エロスの弟。	愛に報いることの象徴。
アンドロマケ：トロイアの英雄ヘクトルの妻。	エウリピデスの悲劇『アンドロマケ』→ラシーヌの悲劇『アンドロマック』（1667 年）。
アンドロメダ：怪物に生贄にされるところをペルセウスに救われたアイティオピアの王女。	「アンドロメダ座」、アンドロメダ大星雲。 絵画では、ヴァザーリ『アンドロメダを解放するペルセウス』（1570 年頃、パラッツォ・ヴェッキオ）など。
アンフィトリテ（アムピトリテ）：海神ポセイドンの妻。ネレイスの一人。	ポセイドン（ネプトゥヌス）の求愛を拒み逃げた彼女を見つけて結婚を説得したというイルカが、「いるか座」の由来説明の一つ。 プッサンの絵画『ネプトゥヌスとアンフィトリテの勝利』（1634 年頃、フィラデルフィア美術館）。
アンフィトリュオン（アムピトリュオン）：ヘラクレスを生んだアルクメネの夫（ヘラクレスの本当の父はゼウス）。	ハインリヒ・フォン・クライストの戯曲『アンフィトリオン』（1807 年）など。
アンブロシア（アムブロシア）：口にすると不死になるという神々の食物。語源が「不死」。	男性名アンブローズ Ambrose（古代の人名アンブロシウスから）。

	「きわめて美味な」という意の言葉 ambrosial。
イアソン：金羊毛を求めて冒険した英雄。メデイアと結婚するが、2人の関係は悲劇を招く。メデイアの項参照。	男性名ジェイソン Jason。 絵画では、ギュスターヴ・モロー『イアソンとメデイア』（1865 年、オルセー美術館）など。
イアペトス：ティタン神族。アトラスやプロメテウスの父。	土星の衛星名イアペトス。
イオ：ゼウスに愛された女性。	牛に姿を変えられた彼女が渡ったことから「牛の渡し」の意のボスフォロス海峡（ボスポラス、黒海とマルマラ海を結ぶ海峡）の名ができたとされる。 木星の衛星名イオ。 絵画では、コレッジョ『イオ』（1531 年頃、ウィーン美術史美術館）など。
イオン：ギリシア人の一派イオニア人の神話上の祖。アポロンとアテネ王女の子だが、不義の子として捨てられ、のちに母と再会。アテネ王になった。	エウリピデスの悲劇『イオン』。
イカリオス：酒神ディオニュソスに葡萄の木を授けられ、それで造った酒を隣人にふるまったところ、毒だと思いこんだその隣人によって殺された男。	一説には「うしかい座 Bootes」の由来。なお、父の死を嘆いて死んだ、彼の娘エリゴネが「おとめ座」、彼の飼い犬が「こいぬ座」になったとする説もある。
イカロス：ダイダロスの息子。父の作った翼で飛んだが、太陽に近づきすぎたため、翼を固めていたロウが溶け、落ちて死んだ。	太陽に接近する小惑星の名。 絵画では、伝ピーテル・ブリューゲル『イカロスの墜落のある風景』（1556-58 年頃、ブリュッセル王立美術館）など。 イカロスの物語を題材にした歌『勇気一つを友にして』（作詞：片岡輝、作曲：越部信義）。
イクシオン：ゼウスの妻ヘラを襲おうとしたため、燃える車輪に縛りつけられ、永遠に回転し続けるという神罰を受けた男。	小惑星名など。
イシス：エジプトの豊穣の女神で、ギリシアにも伝わった（イシスはギリシア語名で、エジプトではアセト）。殺された夫オシリスを復活させた。英語でアイシス Isis。	小惑星名など。 トヨタの車名アイシス。 子のホロス（ホルス）を抱く姿が、マリアとイエスの「聖母子像」に影響を与えたとされる。
イドメネウス：トロイア戦争に参加したクレタ島の王。	モーツァルト作曲のオペラ『イドメネオ』（1781 年）。
イフィゲネイア（イピゲネイア）：アガメムノンの娘。アルテミスへの生贄とされたが、最後にアルテミスに救われたともいわれる。	エウリピデスの悲劇『アウリスのイフィゲネイア』『タウリスのイフィゲネイア』。オペラでは、グルック作曲『オーリードのイフィジェニー』（1774 年）など。
イリアス：トロイア戦争を題材としたホメロスの叙事詩。英語で Iliad。	この物語を題材とした文芸作品など多数。
イリス：虹の女神。神々の使いで、「アンゲロス（使者）」とも呼ばれた。ヘシオドスによると、海の擬人神ポントスの子タウマスとオケアノスの娘エレクトラとの間の子で、ハルピュイアの姉妹。英語でアイリス Iris。	花の名アイリス。 またアイリスは眼球の「虹彩（こうさい）」のこと。 元素名イリジウム Ir。

インクブス（インクボ）：悪夢の精霊。	インクブス（インキュバス）incubus。夢魔、悪夢、圧迫などを意味。
ウィクトリア Victoria〈R〉：勝利を擬人化した女神＝ニケ。※ウェヌスとも同一視された。	女性名ヴィクトリア。
ウェスタ Vesta〈R〉：ローマの「かまど」の女神、家庭の守護神＝ヘスティア。英語でヴェスタ。	女性名や小惑星名ヴェスタ。 家庭、住居、かまどに関係する名称など。
ウェヌス Venus〈R〉：美と愛欲の女神。英語でヴィーナス＝アフロディテ。	ヴィーナス（金星）。 古代彫刻『ミロのヴィーナス』像（前2世紀、ルーヴル美術館）など、古来、美の象徴として制作された裸体像多数。 絵画では、ボッティチェリ『ヴィーナスの 誕生』（1485年頃、ウフィツィ美術館）など。
ウェルギリウス〈R〉：ローマの詩人。叙事詩『アエネイス』の作者。	男性名ヴァージル Virgil。 ダンテの『神曲』には地獄と煉獄の案内役として登場。
ウェルトゥムヌス（ウォルトゥムヌス）〈R〉：ローマの果実の神。ニンフのポモナに求愛し結ばれた。	果実、豊穣の象徴表現。 絵画では、アルチンボルド『ウェルトゥムヌスに扮したルドルフ2世』（1590 年頃、スクークロスター城）。
ウラニア：ムーサの一人で天文を司る女神。その名は「天」の意。またアフロディテの 呼称でもある。	天文台の名など天文に関わる名称。
ウラノス：天の神。大地の女神ガイアと交わり、多くの神々を生み出した。ラテン語でウラヌス。	ウラヌス Uranus（天王星）。 元素名ウラン（ウラニウム）U。
ウルカヌス Vulcanus〈R〉：工芸、鍛冶、火の神＝ヘファイストス。	「火山」の意のボルケーノ volcano。 英語でバルカン Vulcan→バルカン砲（機関砲）など。 絵画では、ヴァザーリ『ウルカヌスの鍛冶場』（1564年頃、ウフィツィ美術館）など。
エイレネ：季節の女神ホーラの一人で平和の女神＝パクス〈R〉。	女性名イレーネ、アイリーン Irene。
エウメニデス：復讐の女神エリニュスたちをなだめる別称で、「慈愛の女神」という意味。	アイスキュロスの悲劇、『エウメニデス（慈愛の女神たち）』。
エウロペ：ゼウスに愛された女性。ラテン語でエウロパ。	ヨーロッパは、牛に変じたゼウスが彼女をさらってめぐった土地ということでついた地名。そのためエウロペはヨーロッパの象徴→ユーロ紙幣 Europa seriesの透かしの図像。 木星の衛星名エウロパ。 エウロペに近づくためにゼウスが変身した牛の姿が「おうし座 Taurus」とイメージされた。
エオス：曙の女神＝アウロラ〈R〉。ティタン神族のヒュペリオンとテイアの娘。ティトノスとの間にメムノンを生んだ。	赤色の染料名エオシン。 絵画などについて、ケファロス、ティトノスの項参照。
エキドナ：上半身が女、下半身が蛇の姿の怪物。ゴルゴン、メドゥーサと混同されることがある。海の神ポルキュスの子、あるいは冥界の川ステュクスの子など、諸説ある。	怪物キャラクターなど。 エキドナ echidna（ハリモグラ）。

エゲリア〈R〉：ローマ神話における水のニンフ。ローマの第2代の王ヌマ・ポンピリウスの妻で、助言者。夫の死を悲しみ、泉に姿を変じたという。	「女性助言者」の喩え。
エコー：ナルキッソスへの思いが届かず、声だけの存在になってしまったニンフ。	エコー（こだま、反響）。 絵画では、プッサン『エコーとナルキッソス』（1627-28年頃、ルーヴル美術館）など。
エリクトニオス：足が不自由だったというアテネ王。四頭立て馬車（戦車）を発明したとされる。	「ぎょしゃ座 Auriga」の由来とされるが異説もある。ミュルティロスの項参照。
エリス Eris：争いの女神。夜の神ニュクスの娘。女神たちの間に争いを起こし、パリスの審判、トロイア戦争を招いた。	準惑星名。またこの準惑星の衛星は、エリスの娘である不法の女神デュスノミアにちなんで「ディスノミア Dysnomia」と名づけられた。
エリダノス：ラテン語でエリダヌス。神話に登場する川。イタリア北部ポー川と同定される。	「エリダヌス座」。
エリニュス：恐ろしい罪（特に親族間での不当な行為）を犯した人々を罰する神。アレクト、ティシフォネ、メガイラの3人。有翼で髪の毛は蛇、恐ろしい形相で罪人に迫る姿でイメージされた。	ウィリアム・ブグローの絵画『オレステスの悔恨』（1862年、クライスラー美術館）など。
エリュシオン：西方にあるとされた死後の楽園。	「理想郷」の象徴表現。 パリの大通りシャンゼリゼ Champs-Élysées（「エリュシオンの園」の意）。 英語形 Elysium は地球から明るく見える火星の北半球のこと。 ホンダの車名エリュシオン。 映画『エリジウム Elysium』（2013年、ニール・ブロムカンプ監督）。
エレクテウス：アテネ王。エリクトニオスと同一視される。	アテネのアクロポリスにあるエレクテイオン（エレクテウス神殿）。
エレクトラ：アガメムノンの娘。父を殺した母に、弟オレステスと協力して復讐した。	ソフォクレスの悲劇『エレクトラ』、エウリピデスの悲劇『エレクトラ』。 女性名エレクトラ。 エレクトラ・コンプレックス。エディプス・コンプレックスの女性版。
エレボス：カオスから生じた原初の暗黒の擬人神。	南極大陸沿岸の活火山の名エレバス Mt.Erebus。
エロス：弓矢で人の恋愛感情を操る愛の神＝クピド（アモル）〈R〉。翼をもつ幼児（ときに青年）の姿でイメージされる。古くはカオスから生じたとされたが、のちにアフロディテと愛人アレスの子とされた。 恋愛に関わる事象の擬人神（「エロスに報いる者」の意のアンテロスや、恋心の擬人神ヒメロスなど）と同一視・混同されたり、それらが複数いるエロスの個々の名とされたりすることがある。	eros（性愛）。 一説にはエロスの矢が「や座 Sagitta」とされる。 愛の象徴として無数の絵画に描かれている。アモルの項も参照。
エンケラドス：巨人族ギガスの一人。ゼウスまたはアテナによって、シチリアのエトナ山の下敷きにされ	土星の衛星名。なお同じギガスのミマスも土星の衛星名になっている。

封じられたという。	
エンデュミオン（エンディミオン）：月の女神セレネとの恋物語で知られる青年。不変の若さを手に入れる代わりに、永遠に眠り続けることになった。	ジョン・キーツの詩『エンディミオン』。 絵画では、ジロデ=トリオゾン『エンデュミオン』(1791年、ルーヴル美術館）など。
オイディプス：テバイ王家に生まれたが異国で育ち、のちに知らずして父を殺し、怪物スフィンクスの謎を解き、母と結婚した男。英語でエディパス Oedipus。	ソフォクレスの悲劇『オイディプス王』『コロノスのオイディプス』。 エディプス・コンプレックス。精神分析学の祖フロイトが提唱した、「幼い男子は母親を独占したいと思い父親に敵意を抱く」という考え方。 絵画では、ドミニク・アングル『オイディプスとスフィンクス』（1808 年、ルーヴル美術館）、ギュスターヴ・モロー『オイディプスとスフィンクス』（1864 年、メトロ ポリタン美術館）など。
黄金時代：詩人ヘシオドスが伝える、人間が幸福だった太古の時代。	「最盛期」の意の言葉 golden age。
オケアノス Oceanos：大陸のまわりを流れるとイメージされた大河（=海）の擬人神。大洋の神。ティタン神族。	オーシャン ocean、オセアニア Oceania。 ローマのサンタ・マリア・イン・コスメディン教会にある、有名な「真実の口」の彫刻は、おそらくオケアノスを描いたものと考えられている。 カシオの腕時計ブランド名オシアナス。
オデュッセイア：トロイア戦争後のオデュッセウスの冒険を題材としたホメロスの叙事詩。	「旅、冒険」の意の言葉オデッセイ Odyssey →ホンダの車名など。
オデュッセウス：トロイア戦争後、放浪し帰郷した英雄。ラテン語でウリクセス、ウリッセス、英語でユリシーズ Ulysses。	男性名ユリシーズ Ulysses。 ジェイムズ・ジョイスの小説『ユリシーズ』（1922 年）。 絵画では、フランチェスコ・プリマティッチョ『オデュッセウスとペネロペ』（1560 年頃、トリード美術館）、バルトロメウス・スプランヘル『オデュッセウスとキルケ』（1581-83 年、ウィーン美術史美術館）など。
オリオン：美男子で巨人の狩人。多くの女性を追ったとされ、アルテミス（ディアナ）との恋物語も伝えられる。ガイアの子、あるいはポセイドンとエウリュアレという女との子で、海上を歩く力があった。英語でオライオン Orion。	「オリオン座」→特に有名な星座なので、様々な事物の名称になっている。 傲慢なオリオンに腹を立て、彼を殺そうと女神が送ったサソリが「さそり座 Scorpius」になったとされる。 オリオンが追っているウサギが「うさぎ座 Lepus」の由来とされる。 一説には彼の猟犬セイリオスが「おおいぬ座」あるいは特におおいぬ座のα星シリウスの由来。「こいぬ座」も彼の猟犬とする説明もある。アクタイオンの項参照。絵画では、メロペという女性を追って、その父によって盲目にされてしまったオリオンが案内人を肩に乗せて太陽のほうに向かう場面を描いた、プッサン『日の出を探す盲目のオリオン』（1658 年、メトロポリタン美術館）、誤って恋人ディアナの手でオリオンが命を落とす逸話をもとにした、ダニエル・ザイター『オリオンの遺体に寄り添うディアナ』（1685年、ルーヴル美術館）など。

オリュンピア（オリンピア）：ギリシアのペロポネソス半島北西部にあるゼウスの聖地。オリュンポスの最高神ゼウスの呼称「オリュンピオス」から転じた地名。古代、ここで4年ごとにゼウスを讃える競技会がおこなわれ、各国は代表を派遣、開催期間中は戦争が禁止された。	スポーツの祭典オリンピック。 世界遺産「オリンピアの考古遺跡」。 地名やスポーツチーム名などのオリンピア。
オリュンポス（オリンポス）Olympos：神々が住まうとされた、実在する山の名。	各地で見られる山の名オリンポス。 企業名オリンパス Olympus。
オリュンポスの 12 神：オリュンポス山上に住まうとイメージされた、ギリシア神話の主だった神々＝コンセンテス・デイ〈R〉（調和した神々の意）。	優れたもの、偉大なものなどを 12 数え上げる際の喩え。
オルギア：古代ギリシアにおける狂乱的・陶酔的な礼拝儀式。	「乱痴気騒ぎ、熱狂」の意の言葉 orgy。
オルクス Orcus〈R〉：ローマの死の神。	方言形から変化し、おとぎ話などに登場する鬼オーガ、オグル ogre という名称ができたという説がある。なお、女性形 orca は、シャチの学名 Orcinus Orca の由来。「冥界の魔物」の意。
オルフェウス（オルペウス）：詩人、音楽家。一説にはアポロンとムーサの一人カリオペとの間の子。英語でオーフィアス、オーフュス Orpheus、フランス語でオルフェ Orphée。死んだ妻エウリュディケを生き返らせるため冥界に下ったが失敗し、のちに故郷のトラキアの女たちによって殺された。冥界から帰還したことから、霊魂を不死と見なすオルフェウス教の創始者とされた。	音楽に関係する事物の名称など。 彼の竪琴が「こと座 Lyra」。 オペラではモンテヴェルディ作曲『オルフェオ』（1607 年）、グルック作曲『オルフェオとエウリディーチェ』（1762 年）、オッフェンバック作曲『天国と地獄（地獄のオルフェ）』（1858 年）など。 映画『オルフェ』（1950 年、ジャン・コクトー監督）。ヴィニシウス・ヂ・モライスの戯曲『オルフェウ・ダ・コンセイサォン』（1956 年）→映画『黒いオルフェ』（1959 年、マルセル・カミュ監督）。 絵画では、ジャン・ラウー『オルフェウスとエウリュディケ』（1718-20 年頃、ポール・ゲッティ美術館）、ギュスターヴ・モロー『オルフェウスの首を運ぶトラキアの娘』（1865 年、オルセー美術館）。
オルテイア：スパルタでのアルテミスの呼び名。	ホンダの車名オルティアなど。
オルトロス（オルトス）：双頭の犬の怪物。ケルベロスの弟。	怪物キャラクターなど。
オレステス：アガメムノンの息子。父を殺した母に、姉エレクトラと協力し復讐した。	アイスキュロスの悲劇、オレステイア三部作（「オレステスの歌」の意）。『アガメムノン』『供養する女たち』『慈愛の女神たち（エウメニデス）』の3作。 エウリピデスの悲劇『オレステス』。 オレステイア三部作に影響を受けたのがサルトルの戯曲『蝿』（1943 年）。 絵画はエリニュスの項参照。
オンファレ（オンパレ、オムパレ）：ヘラクレスが一時仕えたリュディア女王。ヘラクレスが女装して糸を紡ぎ、オンファレがヘラクレスの扮装をするという転	ルーカス・クラナハの絵画『ヘラクレスとオンファレ』（1537 年、ヘルツォーク・アントン・ウルリヒ美術館）など。

倒したイメージがのちに描かれるようになった。	
ガイア：大地を擬人化した女神＝テルス、テラ・マテル〈R〉。ウラノスと交わり多くの神々を生んだ。	「地球」の象徴表現ガイア→地球を生命体と捉える「ガイア仮説」。
カオス：始原の存在。	カオス、ケイオス chaos（混沌）。 「ガス gas」は、気体を研究していたフランドルの医師が、chaos をフランドル風に発音して使い始めたのが由来。
カークス〈R〉：3つの頭をもち、火を吹く怪物。	怪物キャラクターなど。
カサンドラ（カッサンドラ）：予言の力をもちながら信じてもらえないトロイア王女。トロイア王プリアモスとヘカベの子。	悪い出来事の予言（者）、信じてもらえない人やことの喩え。
カシオペイア（カッシオペイア）：アンドロメダの母。自分（もしくは娘）の美しさを自慢して神の怒りをかった。	「カシオペア座」→特に有名な星座なので、様々な事物の名称になっている。
カストル：ゼウスを父とする双子ディオスクロイの一人。母レダから双子として生まれたが、カストルはスパルタ王テュンダレオスの子で、もう一人のポリュデウケスがゼウスの子とする伝えもある。	「ふたご座」の恒星カストル。
カドモス：妹のエウロペを探してギリシアにやってきたフェニキアの王子。妻はハルモニア。竜を退治し、テバイの町を創建。のちに西方に渡り、夫婦共に竜に変じたともいう。	竜（ドラゴン）をイメージさせる名称など。 元素名カドミウム Cd。テバイ近くで産出した亜鉛華が古くはカドメイア（カドモスの土）と呼ばれていたことにちなみ、新しい亜鉛族元素の名に用いられた。 絵画では、コルネリス・ファン・ハールレム『竜に食われるカドモスの従者たち』（1588 年、ナショナル・ギャラリー）など。
ガニュメデス：ゼウスにさらわれ、神々に酒をつぐ給仕になったという美少年。	木星の衛星名ガニメデ。 一説には、ガニュメデスが持つ甕が「みずがめ座 Aquarius」の由来。 絵画では、ルーベンス『鷲に攫われるガニュメデス』（1640 年頃、プラド美術館）など。
カノポス：アルゴ船の舵取り。またはトロイア戦争の英雄メネラオスの舵取り。エジプトに漂着して町の名になったともいう。	「りゅうこつ座」の星カノプス Canopus。全天でシリウスについで明るい星。 カノプス（カノポス）壺。ミイラ用の臓器収蔵器。カノポスの町の神像と形が似ていたことから。
カプリコルヌス Capricornus〈R〉：ローマ神話に登場する雄山羊≒パン。その名はラテン語で山羊（caper）と角（cornu）に由来。	ローマ神話では「やぎ座 Capricornus」の由来とされる。
カミラ〈R〉：叙事詩『アエネイス』に登 場する勇ましい女性。	女性名カミラ。
ガラテイア（ガラテア）：海の神ネレウスの娘たちネレイスの一人。アキスを愛し、巨人キュクロプスのポリュフェモス（ポリュペモス）に求愛されるが拒んだ（象牙の像から人間になってピュグマリオンの妻と	海王星の衛星名ガラテア。 ゲオルク・フリードリヒ・ヘンデル作曲のオペラ『エイシスとガラテア』（1718 年）。 絵画では、クロード・ロラン『アキスとガラテイア』

なった女性も同名だが、ここでは前者について)。	(1657年、ドレスデン国立絵画館)、オディロン・ルドン『キュクロプス』(1898-1900年頃、クレラー・ミュラー美術館)など。
カリス(複数形カリテス):美と優雅の女神。ゼウスとヘラ(あるいはエウリュノメ)の娘。ヘシオドスによれば、アグライア(輝き)、エウフロシュネ(歓喜)、タレイア(花の盛り)の3人=グラティア〈R〉。	美術において愛・純潔・美をそれぞれ象徴する「三美神」として描かれる。代表的絵画としては、ボッティチェリ『春(プリマヴェーラ)』(1482年頃、ウフィツィ美術館)。
カリスト:ゼウスに愛されたニンフ。ゼウスの妻ヘラあるいはアルテミスによって熊の姿にされた。	木星の衛星名カリスト。 カリストはゼウスによって息子アルカスと共に天に上げられ、「おおぐま座 Ursa Major」と「こぐま座 Ursa Minor」になったとされる。 絵画では、ティツィアーノ『アルテミスとカリスト』(1556-59年頃、スコットランド王立美術館)など。
カリュア(カリュアティス):くるみの木に姿を変じたという乙女。	一説によると、女像柱の名称カリアティッド caryatid。
カリュプソ(カリプソ):叙事詩『オデュッセイア』に登場する海のニンフ(または女神)。アトラスとプレイオネの娘。	海に関係する名称。 土星の衛星名カリプソ。
カロン:冥界の川の渡し守。	冥王星の衛星名カロン。 絵画では、ヨアヒム・パティニール『ステュクス川を渡るカロン』(1520-24年、プラド美術館)など。
ギガス(複数形ギガンテス):大地から生まれた巨人。ゼウスらと戦って敗れた。その戦いをギガントマキアという。	giant(巨人)。 単位のギガ(基礎単位の10億倍)。
キマイラ:ライオンの頭、山羊の胴体、蛇の尾をもち、火を吐く怪物。テュフォンとエキドナの子。小アジア南西部リュキア地方にいたという。	由来が異なるものの合成を意味する表現キメラ chimera。 リュキア地方に、メタンガスが噴出して燃え続けているキマイラ山がある。
キュクロプス:単眼の巨人族。ヘシオドスによるとウラノスとガイアの子だが、他の神の子とされることもある。優れた鍛冶技術をもつ。英語でサイクロプス Cyclops。ポリュフェモス(ポリュペモス)の項も参照。	エウリピデスのサテュロス劇『キュクロプス』。 巨人、巨大をイメージさせる名称。 一説によると、キュクロプスが作った、神々の祭壇が「さいだん座 Ara」。 絵画で鍛冶に関係する場面に登場。鍛冶の神ヘファイストス(ウルカヌス)の作業場で働いていると考えられたので、一緒に描かれる。
キュベレ:小アジア由来の女神。英語でシベリー Cybele。象徴はライオン。	小惑星名(およびそれが属する小惑星群の名称)など。 スペインのマドリード中心部にある「シベーレス広場」のシベーレスはキュベレのスペイン語形。そこにキュベレ像がある。
キュンティア:女神アルテミスの別名。誕生地キュントス山から。	女性名シンシア Cynthia(愛称シンディ)。
ギリシア悲劇:古代ギリシアのアテネでおこなわれ	tragedy(悲劇)。

たディオニュシア祭（ディオニュソスの祭典）で上演された劇。ギリシア語でトラゴイディア。古来の神話を題材にしている。33 編が伝存。	文芸に多大な影響を及ぼしながら受け継がれ、現代でも上演され続けている。
キルケ：叙事詩『オデュッセイア』に登場する魔女。太陽神ヘリオスと、オケアノスの娘ペルセイスとの娘。英語でサーシー Circe。	魔術、魔女をイメージさせる名称など。 絵画では、ドッソ・ドッシ『キルケ』（1523 年頃、ボルゲーゼ美術館）など。
金羊毛：神から遣わされ、プリクソスとヘレ（ヘレの項参照）を助け、コルキスに渡った黄金の羊の毛皮。コルキスの宝物となっていた。その羊は一説には、ポセイドンがマケドニア王女テオファネをさらい、追手から隠すために羊の姿にしてしまい、自らも羊の姿になって交わって生まれたという。	「おひつじ座 Aries」。 金羊毛を求めたアルゴ船の冒険をイメージし、中世フランスで「金羊毛騎士団」が結成された。その紋章が金の羊で、トラッドファッションブランドのブルックス・ブラザーズのエンブレム。
クイリヌス（クゥイリヌス）：ローマ創建者ロムルスと同一視された神。	都市ローマの中心だった「ローマの七丘」の一つ、クイリナーレ Quirinale。クイリヌスが祀られていたことから。
クサントス Xanthos：アキレウスの戦車をひいた神馬。ハルピュイアの一人ポダルゲが西風ゼフュロスと交わり生まれた。バリオスと兄弟。	カワサキが製造していたバイク名ザンザス XANTHUS。
クピド〈R〉：別名アモル。英語でキューピッド Cupid ＝エロス。	愛の象徴として無数の絵画に描かれている。アフロディテ、プシューケの項参照。 キリスト教のもとで金銭欲の象徴ともされ、cupidity は「貪欲」の意。 キューピッドをもとに、ローズ・オニール（アメリカのイラストレーター）が考えたキャラクターがキューピー。
グラティア〈R〉：美と優雅の女神＝カリス。	美術における三美神。カリスの項参照。
クリュタイムネストラ：ミュケナイ王アガメムノンの妻。母レダからヘレネと双子として生まれたが、ヘレネはゼウスの子で、クリュタイムネストラはスパルタ王テュンダレオスの子とされる。愛人アイギストスと共に夫を殺した。	ピエール＝ナルシス・ゲランの絵画『クリュタイムネストラ』（1817 年、ルーヴル美術館）など。
クリュティエ：オケアノスの娘。太陽神アポロンに恋焦がれたが、その思いはかなわず、ついには太陽のほうを向いたまま死に、花に変じたという（ヒマワリとされるが、古代にイメージされたのは向日性の別の植物だったらしい）。	小惑星名クリュティアなど。 シャルル・ド・ラ・フォスの絵画『ヒマワリに変じるクリュティエ』（1688 年、ヴェルサイユ宮殿美術館）。
グリュプス：ライオンの体に鷲の頭と翼をもつ怪物。英語でグリフィン griffin、フランス語でグリフォン griffon。	怪物キャラクターなど。
クレイオ：学芸の女神ムーサたちの一人。歴史を司る。英語でクリオ Clio。	歴史に関係する名称など。
クレオパトラ：英雄メレアグロスの妻。「父の栄光」の意。	ギリシア系王朝プトレマイオス朝エジプトの女王の名で有名になった。現代のギリシアでも用いられる女性名。

クロエ：女神デメテルの別名で、春に息吹く緑を表現した呼称。また、恋愛物語『ダフニスとクロエ』の登場人物名。	女性名クローイ Chloe、クロエ Chloé。
クロト：モイライ（運命の女神たち）の一人。運命の糸を紡ぐ（人の寿命の長さを決める）。ラケシス、アトロポスの項も参照。	一説には、布や織物を意味する cloth の語源。 正常な成長、次世代への生命継承に貢献する遺伝子名クロトー Klotho。
クロノス Cronos：ティタン神族の主神。地位を奪われるのを恐れ、自分の子を次々と飲み込んだ。また時の神とも見なされるようになった。象徴は大鎌＝サトゥルヌス〈R〉。	クロノサウルス。中生代白亜紀に生息した、巨大な水棲爬虫類。巨大な顎をもっていたので、子を飲み込んだクロノスのイメージから名づけられた。 古代ギリシア語で「時」がクロノス Chronos（「時の」という接頭辞 chrono- の由来）だったことから時の神とされて、時間に関する名称にも用いられる。
クロリス：西風ゼフュロスの妻で花のニンフ＝フロラ〈R〉。吐く息は美しい花に変わったという。	ボッティチェリの絵画『春（プリマヴェーラ）』（1482年頃、ウフィツィ美術館）において、口から花をあふれさせながら右端のゼフュロスから逃れようとしている女性がクロリス。その左に描かれているのが、もとはクロリスだったとローマ人がイメージした花と春の女神フロラ。
ケイロン：ケンタウロスの賢者。英語でキロン Chiron。クロノスと、オケアノスの娘フィリュラの子。	「いて座 Sagittarius」。 一説にはケイロンの祭壇が「さいだん座」とされる。 また「ケンタウルス座」の由来との説明もある。
ケト：海の恐怖を擬人化した女神。ポントスとガイアの娘。夫がポルキュス。ゴルゴンなどの怪物を生んだ。	小惑星名。その小惑星には衛星があり、そちらはケトの夫である海の神の名にちなんでポルキュスと命名されている。
ケトス：鯨のように大きな海の怪物。ラテン語で Cetus。	「くじら座 Cetus」。
ゲニウス〈R〉：守護神。人間にとりつく霊的存在＝ダイモン。	genius（天才）。ゲニウスによって才能を与えられているイメージから。
ケファロス（ケパロス）：アテネの王族。曙の女神エオス（アウロラ）に愛されたが、アテネ王女プロクリスと結婚すると、妻の貞節を疑い、身を変じて彼女を試した。誘いを受け入れたことに彼は怒り、妻も恥じたが、和解した。のち、夫の浮気を疑ってあとをつけていた妻を、狩りの獲物と誤って殺してしまった。	一説にはアルテミスより与えられ、ケファロスの猟犬となったライラプスが「おおいぬ座」の由来。 絵画では、ピエール＝ナルシス・ゲラン『アウロラとケファロス』（1810年、ルーヴル美術館）、ピエロ・ディ・コジモ『プロクリスの死』（1495年頃、ロンドン・ナショナル・ギャラリー）など。
ケフェウス：カシオペイアの夫、アンドロメダの父。	「ケフェウス座」。
ケリュケイオン：商売の神ヘルメス（メルクリウス、マーキュリー）が持つ、2匹の蛇が巻きつき翼のついている杖＝カドゥケウス〈R〉。	商業関係のシンボルとして用いられる。　→もとは商科大学だった一橋大学の校章（マーキュリー）。 ※アスクレピオスの杖と似ているので、混同され、こちらが医療や衛生関係のシンボルとして用いられることがある。
ケルベロス：3つの頭をもつという、冥界の番犬。テュフォンとエキドナの子。ヘラクレスに倒される。英語	番犬のイメージから、セキュリティ関係の名称。 絵画では、フランシスコ・デ・スルバラン『ケルベ

でサーベラス Cerberus。	ロスと闘うヘラクレス』(1634 年頃、プラド美術館)など。
ケレス Ceres〈R〉:大地、豊穣の女神=デメテル。	シリアル cereal。 元素名セリウム Ce。 準惑星名。 一説には、シチリア島の守護神として、シチリアの形を天に映したのが「さんかく座 Triangulum」とされる。
ケンタウロス:下半身が馬の姿をした種族=ケンタウルス〈R〉。イクシオンが、ヘラの似姿の雲と交わり誕生(ケンタウロスの賢者ケイロンの出自は異なる)。	怪物キャラクターなど。 「ケンタウルス座」。ヘラクレスを歓待したフォロスというケンタウロスが天に上げられたという。また、ケンタウロスの賢者ケイロンを由来とする説もある。
コリュバス(複数形コリュバンテス):女神キュベレの従者たち。激しい音楽と踊りで儀式をおこなった。	「飲んで大騒ぎする人」という意の言葉 Corybant。
ゴルゴン:ポルキュスとケトの間に生まれた3人の娘たちで、恐ろしい怪物。メドゥーサはその一人。	怪物キャラクターなど。 映画『妖女ゴーゴン』(1964 年、テレンス・フィッシャー監督)。
ゴルディアス:小アジア中西部フリュギアの伝説的な王。ミダスの父。彼の創建した町ゴルディオンには、複雑な結び目の縄で縛られた戦車が奉納されており、その結び目を解いた者はアジアの支配者になると伝えられていた。	ゴルディアス(ゴルディオス)の結び目。難問を意味する。結び目はアレクサンドロス大王が剣で断ち切ったという。
コルヌコピアエ〈R〉:果物や花があふれ出ている山羊の角(角杯)。「豊穣の角」の意で、豊かな実りの象徴。「アマルテイアの角」ともいう(アマルテイアの項参照)。また、変身を得意とした河神アケロオスが変じた牡牛の角をヘラクレスが折ったものともいわれる。	豊穣の象徴表現。
サテュロス:人の姿に角や蹄など山羊の特徴を備えた山野の精で、快楽を好む。酒神ディオニュソスの従者=ファウヌス〈R〉。	サテュロス劇。ギリシア演劇の一種で、滑稽な劇。合唱隊がサテュロスに扮したことから。 「色情狂」の意の言葉 satyr。
サトゥルヌス〈R〉:ローマの古い農耕の神。性質が異なるが、次々と我が子を飲み込んだクロノスと、古い神として同一視された。象徴は大鎌。妻はオプス。	サターン Saturn(土星)。 Saturday(土曜日)。 絵画では、ゴヤ『我が子を食らうサトゥルヌス』(1820-23 年、プラド美術館)など。 ※サトゥルヌスは英語で「サターン」のため、悪魔のサタンと混同されることがあるが、本来は無関係。
サルス〈R〉:健康の女神。その名が「健康」の意=ヒュギエイア。	ローマの有名な「トレビの泉」に、ネプトゥヌス、ケレスと並んでサルス像が建っている。 なお、ラテン語の salus(健康)を語源とするのが英語の形容詞 salutary(健康によい)など。また salute(挨拶する)など挨拶に関する言葉も、健康を気づかうローマの挨拶に由来。

シシュフォス：ゼウスの恋を告げ口で邪魔したため、冥界の最下層タルタロスに落とされ、大きな岩を険しい坂道の上へ永遠に 押し上げ続けるという罰を受けている男。	アルベール・カミュの随筆『シーシュポスの神話』（1942 年）など。
シビュラ（シビュレ）：神託を告げる巫女。	女予言者、占い師などを意味する言葉。
シュバリス：女の怪物。退治されたところに泉がわき、その名が泉につけられたという。	イタリア南部に建設された町がその泉の名にちなんでシュバリス（シバリス）と名づけられた。またその町が富に驕って滅亡したことから、Sybarite は「遊び暮らす者」の意。
シュリンクス：パンに追われ、葦に姿を変えたニンフ。その葦からパンが笛を作ったという。	吹奏楽器シュリンクス。パンパイプともいう。 カール・ニールセンの交響詩『パンとシュリンクス（シリンクス）』。 絵画では、プッサン『パンとシュリンクス』（1637 年頃、ドレスデン国立絵画館）など。
シルウィア Silvia〈R〉：ローマ神話に見られる女性名。ロムルスの母レア・シルウィアなど。	女性名シルヴィア。 日産の車名シルビア。 ルーベンスの絵画『マルスとレア・シルウィア』（1616-17 年、リヒテンシュタイン美術館）。
シレノス：人の姿に馬の耳や下半身をもつ山野の精で、酒神ディオニュソスの従者。サテュロスより老いた姿でイメージされ、ときに賢いと考えられたが、よく混同される。	自然に関係する名称。「老いた賢者」の喩え。 絵画では、ルーベンス『シレノスの酩酊』（1618 年頃、アルテ・ピナコテーク）など。
スキュラ：船乗りを捕らえて食ったという怪物。もともとは美女だったが、海の神グラウコスに愛され、それに嫉妬した魔女キルケによって怪物に変えられたという。	スキュラが潜む断崖の反対側にはカリュブディスという大渦巻きが存在していたことから、between Scylla and Charybdis という表現は「進退きわまって」という意味。 怪物になる前の美しいスキュラを描いた絵画、ローラン・ド・ラ・イール『グラウコスとスキュラ』（1640-44 年頃、ポール・ゲッティ美術館）。
ステュクス：冥界を流れる川。擬人神でもある。ときにアケロン川と同一視される。	冥王星の衛星名ステュクス。冥界もしくは、この世と冥界の境をイメージさせる名称。
ステントル：叙事詩『イリアス』に登場する、50 人分の声量があったという男。	「大声の、大音響を発する」という言葉 stentorian、強力拡声器 stentorphone。
スフィンクス：エジプトやメソポタミアの神話からギリシア神話に取り入れられたと思われる、人頭でライオンの体の怪物（エジプトでは神聖な存在だが、ギリシアでは怪物）。ヘシオドスによるとエキドナとオルトロスの子。オイディプスに退治された。	エジプトの人面獅子身の像の呼び名（もともとエジプトでは別の名で呼ばれていた）。 スフィンクスが人に問うたという謎（声は一つで、4 本足、2本足、3本足になるものは何か）が有名。 絵画はオイディプスの項参照。
セイリオス：オリオンの猟犬。ラテン語でシリウス。	「おおいぬ座」、あるいは特に、おおいぬ座の星シリウス。
セイレーン：上半身は女、下半身は鳥または魚の姿をした怪物。歌声で人を魅了し、惑わす。叙事詩『オデュッセイア』に登場する。英語でサイレン Siren、	その声に気をつけなければならないというところから、サイレンの語源。 「スターバックス」のマークに描かれているのがセイ

フランス語でシレーヌ Siréne。	レーン。 人魚イメージのもとになったともいわれるジュゴンやマナティなど海牛目 Sirenia。 絵画では、ハーバート・ジェイムズ・ドレイパー『オデュッセウスとセイレーン』(1909 年、フェレンズ・アート・ギャラリー）など。
ゼウス：オリュンポス 12 神の主神。英語でジウス Zeus＝ユピテル〈R〉。天空の神。象徴は雷霆、大鷲、王杖。	強い影響力をイメージさせる名称。 ゼウスが変じた姿が「おうし座 Taurus」や「はくちょう座 Cygnus」「わし座 Aquila」の由来とされる。
ゼフュロス（ゼピュロス）：西風の神。曙の女神エオスと星空の神アストライオスの子で、北風ボレアスの兄弟。	「おだやかな風」の意の言葉ゼファ zephyr。 絵画では、ピエール＝ポール・プリュードン『プシューケの誘拐』（1808 年、ルーヴル美術館）など。
セメレ：テバイ王カドモスとハルモニアの娘。ゼウスによってディオニュソスを宿したが、ゼウスの浮気に怒ったヘラの策略で死んだ。ディオニュソスはゼウスが救い出した。	モローの絵画『ユピテルとセメレ』（1895 年、モロー美術館）など。
セレネ：月の女神。ティタン神族のヒュペリオンとテイアの娘（異説もある）＝ルナ〈R〉。エンデュミオンとの恋物語で知られ る。	月や女性をイメージさせる名称。 女性名セリーナ Selina。 元素名セレン（セレニウム）Se。
ソムヌス〈R〉：眠りの擬人神。その名は「眠り」の意＝ヒュプノス。	眠りをイメージさせる名称。 なおラテン語の somnus（眠り）を語源とするのが、不眠症 insomnia、夢遊病 somnambulism など。
ソル〈R〉：ローマの太陽神＝ヘリオス。	太陽をイメージさせる名称。 なお、ラテン語の sol（太陽）を語源とするのが形容詞 solar など。
ダイダロス：工匠、発明家。翼を作って息子イカロスと共に空を飛んだ。英語でディーダラス Daedalus。	高度な技術を誇る事物の名称など。
ダイモン：人間にとりつく神的・霊的存在＝ゲニウス〈R〉。	デーモン Demon。キリスト教徒は人間にとりつく存在を悪霊と見なしたことから、ネガティブな「悪魔」の意味になった。
ダクテュロス：小アジアのイデ山に住む精霊。その名は「指」の意。器用な指の擬人化。	ダクティログラム（指紋）。 詩の韻脚の一つ、ダクティル。
ダナエ：アルゴス王アクリシオスの娘。黄金の雨に姿を変じて訪れたゼウスとの間に英雄ペルセウスを生んだ。	ティツィアーノの絵画『ダナエ』（1553-54 年、プラド美術館）など。
ダナオス：エジプトから移住したアルゴス王。アイギュプトスと兄弟。50 人の娘（ダナイス）がいた。アイギュプトスの 50 人の息子が執拗に求婚してきたので、ダナオスはそれを認めたとみせかけて娘たちに夫を刺殺させたが、ヒュペルムネストラだけは夫を助けた。夫を殺した娘らは、冥界において穴のあいた容器で水をくみ続ける罰を受けているという。	アイスキュロスの悲劇『救いを求める女たち』はダナオスと娘たちが主題。 アントニオ・サリエリ作曲のオペラ『ダナオスの娘たち』（1784 年）。

タナトス：死の擬人神。ヘシオドスによると夜の神ニュクスの子＝女神モルス〈R〉。	フロイトは死への衝動をタナトス Thanatosと呼んだ。
ダフネ（ダプネ）：アポロンの求愛を拒み、月桂樹になったニンフ。悲しんだアポロンは月桂樹を自分の聖木とした。	シュトラウス作曲のオペラ『ダフネ』（1937 年）。 ベルニーニの彫刻『アポロとダフネ』（1622-25 年、ボルゲーゼ美術館）。 出光興産の商標に、アポロマークと並んで「ダフニーマーク」がある。
ダルダノス：トロイアの古王。	ダーダネルス海峡（エーゲ海とマルマラ海を結ぶ海峡）。
タルタロス：冥界の最下層。	「地獄」や、「悪人を罰する場所」の意の言葉。
タルペイア〈R〉：ローマを裏切って死んだ女性。	タルペイアの岩。ローマのカピトリウムの丘の崖。昔、重罪人を突き落として処刑した。
タレイア：学芸の女神ムーサの一人、または美の女神カリスの一人。	美に関係する名称など。
タロス：クレタ島を守っていた、動く青銅人形。アルゴ船の英雄に退治された。	機械やロボットをイメージさせる名称など。
タンタロス：小アジア中西部フリュギアの王。神々を怒らせて、無限に続く飢えと渇きの罰を受けている。	じらされ飲食できない罰を受けていることから、tantalize は「じらす」の意。 欲望はつのるが得られないことをいう言葉、タンタロス状態。 元素名タンタル Ta。
テイア：ティタン神族の女神。ヒュペリオンの妻。月の女神セレネの母。	地球に衝突し月が誕生する原因になったと想定される天体名テイア Theia。
ディアナ Diana〈R〉：森、山野、狩猟の女神＝アルテミス。	純潔、自然、女性らしさなどをイメージさせる名称。 女性名ダイアナ Diana、ダイアン Diane。 絵画はアルテミスの項参照。
デイアネイラ：ヘラクレスの妻。メレアグロスと異父兄妹。結婚後の旅の途中、ケンタウロスのネッソスに乱暴されそうになったところをヘラクレスに救われる。このときにネッソスから毒を手に入れ、のちに誤ってヘラクレスを死に至らしめた。	ソフォクレスの悲劇『トラキスの女たち』。 グイド・レーニの絵画『ネッソスに略奪されるデイアネイラ』（1621 年頃、ルーヴル美術館）。
ディオスクロイ：ゼウスの息子たち、双子のカストルとポリュデウケス。母はレダ。	「ふたご座 Gemini」。 ホンダのバイク名ディオ。 彼らが叔父のレウキッポスの娘たち（レウキッピデス）をさらったというエピソードを描いているのが、ルーベンスの絵画『レウキッポスの娘たちの略奪』（1616-18 年頃、アルテ・ピナコテーク）。
ディオニュソス Dionysos：酒、祭り、豊穣の神＝バックス、リベル〈R〉。英語でダイアナイサス Dionysus。またの名をバッコス Bacchos、英語でバッカス Bacchus。女神ヘスティアに代わってオリュンポス 12 神とされるようになった。ゼウスとテバイ王女セメレの子。象徴は葡萄の冠、松かさのついた	酒に関係する名称。 人名デニス、ドニ（古代の人名で「ディオニュソスに仕える者」の意のディオニュシオス、ディオニュシウスから）→フランスの守護聖人サン・ドニ Saint-Denis から、シドニー Sidney という名が派生→地名シドニー Sydney。

杖、山羊。	三菱自動車の車名ディオン。 一説にはディオニュソスの杯が「コップ座 Crater」。
ディオネ：ティタン神族の女神。	土星の衛星名など。
ディケ：季節の女神ホーラの一人で正義の女神＝アストライア。	「おとめ座」。アストライアの項参照。
ティタン（ティターン）：ウラノスとガイアから生まれた神々、ティタン神族（さらにその子孫も含んでいう場合がある）。英語でタイタン。ゼウスらと戦って敗れた。その戦いをティタノマキアという。また特にティタン神族の女神をティタニスという。	「巨大な」という言葉 Titanic。豪華客船タイタニック号の名で有名。 土星の衛星名タイタン。 元素名チタン（チタニウム）Ti。
ティテュオス：ガイアの子で巨人。女神レトを襲おうとしてアポロンとアルテミスに、あるいはゼウスに倒された。冥界で、禿鷹に永遠に肝臓を食われる罰を受けている。	巨人、巨大をイメージさせる名称など。
ディド：カルタゴの創建者とされる女王。アエネアスに恋するが彼が去ったことを嘆いて自害した。	クリストファー・マーローウの戯曲『カルタゴの女王ディド』（1586 年頃）。 ヘンリー・パーセル作曲のオペラ『ディドとエネアス』（1680 年代）。 「ディドの問題」。ディドが、一枚の牛皮で覆える土地を得られるというときに、皮を刻んでつなげて大きな土地を得てカルタゴを創建したという伝えに由来する、数学の 問題。
ティトノス：エオス（アウロラ）に愛された男。エオスによるゼウスへの懇願で、不死となったが不老ではなかったため老いて声だけの存在になり、最後に蟬となった。	グエルチーノの絵画『ティトノスとアウロラ』（1621 年、カジーノ・ルドヴィージ）など。
ティブルヌス（またはティブルトゥス）〈R〉：ギリシアからイタリアに渡って町を創建したという英雄。	ローマの東方ティヴォリ Tivoli の古名ティブル Tibur。
デウカリオン：大洪水が起こったとき、船で妻のピュラと共に生き残り、人類の祖となったという男。プロメテウスの子。	聖書の「ノアの洪水」に似た話でもあり、「デウカリオンの洪水」としてよく言及・比較される。
デウス・エクス・マキナ〈R〉：もともとギリシア悲劇に由来するが、ラテン語での言い方で知られる。「機械仕掛けの神」の意。古代の劇において神に扮した俳優を舞台の上方に出現させた装置。	古代の劇では、この装置で登場した神が強引に物語を終わらせることがあったので、物語において突然現れて解決をもたらすような人物や展開を意味するようになった。
テセウス：ミノタウロス退治で知られるアテネの英雄。英語でシシアス Theseus。	テセウスが怪物退治から帰還した際の船の櫂が残っていたが、朽ちた木材が交換されていたという話から、「船の部品を全部交換しても同じ船だと呼べるのか」というパラドックスを「テセウスの船」という。 シェイクスピアの喜劇『夏の夜の夢』は、テセウスとアマゾン族のヒッポリュテ（ヒポリテ）の結婚を祝うアテネが舞台。
テティス Thetis：海の女神。ネレイスの一人。ペレ	ヨアヒム・ウテワールの絵画『ペレウスとテティスの

ウスと結婚し、アキレウスを生んだ。	結婚』(1612 年、スターリング・アンド・フランシーヌ・クラーク美術館)など。
テテュス Tethys:ティタン神族の海の女神。※テティスとは異なる。	古地中海を意味するテチス(テテュス、テティス)海。
テバイ攻めの7将(テバイ物語):テバイ王位をめぐる争いの物語。王位を争う兄弟の妹がアンティゴネ。7将らはテバイ攻略を果たさなかったが、7将の子ら(エピゴノイ)が再びテバイを攻め勝利する。	アイスキュロスの悲劇『テバイ攻めの7将』、ソフォクレスの悲劇『アンティゴネ』、エウリピデスの悲劇『フェニキアの女たち』『救いを求める女たち』。
テミス:ティタン神族の掟の女神。正義の女神ディケやアストライアとも同一視されることがある=ユスティティア〈R〉。	裁判所や法律事務所などに置かれている「正義の女神像」は一般にテミス(ユスティティア)とされる。善悪をはかる「裁きの天秤」と、悪を断つ剣を持って、公正に考えるために目隠しをしている。
デメテル:大地、豊穣の女神=ケレス〈R〉。オリュンポス 12 神。英語でディミータ Demeter。別名クロエ。ゼウスの姉。娘がペルセフォネ。象徴は豊穣の角(コルヌコピア)、松明、麦の穂。	大地、豊穣や母性をイメージさせる名称。「デメテルに仕える者」を意味する古代の人名デメトリオスから、ディミトリ、ドミトリといったスラヴ系の人名が派生。 デメテルあるいは娘のペルセフォネを「おとめ座」とする解釈もある。
テュエステス:ミュケナイ王アトレウスの弟。アトレウスの妻と関係をもって怒りをかい、兄に殺された我が子の肉を知らずして食べさせられた。	「人食いの」という意の言葉 Thyestean、Thyestian。セネカの悲劇『テュエステス』。
テュケ:運命の女神。ヘシオドスによればオケアノスの娘=フォルトゥナ〈R〉。	運命、幸運、偶然をイメージさせる名称など。
テュフォン(テュフォエウス):ガイアがタルタロスと交わって生み出した巨大な怪物。100 の蛇が肩から生え出て、腿の下は蛇、さらに翼を備えていた。	タイフーン typhoon(台風)。※タイフーンの語源には異説もあり。
テラス:神話に登場するような怪物のこと。「驚異」も意味する。	単位のテラ(基礎単位の1兆倍)。
テラ・マテル Terra Mater〈R〉:大地の女神。テルス Tellus ともいう。ラテン語で「母なる大地(テラ)」の意=ガイア。	大地、地球の象徴表現。 元素名テルル Te。 なお、ラテン語の terra(大地)を語源とするのが、テリトリー territory(領土)、テラス terrace(台地、高台)、犬種名テリア terrier(地中の小動物を狩る犬種だったことから)など。
テルシテス:叙事詩『イリアス』に登場する、口汚く醜い男。	「口汚い」という意の言葉 thersitical。
デルフォイ(デルポイ):アポロンの神託所があったことで有名なギリシア中部の地。	世界遺産「デルフィの考古遺跡」。
テルプシコラ:学芸の女神ムーサの一人。合唱や舞踏を司る。	ミヒャエル・プレトリウス編纂の舞曲集『テルプシコーレ』、ボブ・マーゴリス作曲の吹奏楽曲『テルプシコーレ』など、舞踏や音楽に関係する名称。
テルミヌス〈R〉:土地の境界の神。	ターミナル terminal(終着駅など、「末端」を意味する)。

テレフォス：ヘラクレスと、アルカディアの王女との子。トロイアへ向かうギリシア軍に航路を教えた。	イタリアのポンペイ近郊の遺跡、ヘルクラネウムで発見された古代の壁画『赤ん坊のテレフォスを発見するヘラクレス』。
テレマコス：オデュッセウスとペネロペの息子。	フランスの思想家フェヌロンの小説『テレマックの冒険』（1699 年）など。
トライデント（ギリシア語でトリアイナ。トライデント trident は英語形）：海神ポセイドン（ネプトゥーヌス、ネプチューン）が持っていた三叉の矛。	三叉の武器や漁具の名称、あるいはそれらをイメージさせる名称。 イタリア発祥の自動車ブランド、マセラティのエンブレム。創業の地ボローニャに有名な海神像（ネプチューンの噴水）があることに由来。
ドラコン Dracon：神話に登場する大蛇。	ドラゴン Dragon。 「りゅう座 Draco」の由来とされることもある。
トリアンボス：ディオニュソス讃歌。	ラテン語 triumphus（勝利の祝い）→フランス語 triomphe →英語 triumpf（大勝利）。
ドリス：オケアノスの娘。海神ネレウスの妻。2人の間に生まれた娘たち（ネレイス）にも同名の娘がいる。	女性名ドリス。
トリトン：海神ポセイドンとアンフィトリテの子。半人半魚の姿でほら貝を吹き鳴らし、海の波を操る。	海に関する名称。 triton（ほら貝）。 海王星の衛星名トリトン。
ドリュアス（ハマドリュアス）：木の精霊であるニンフ。「樫の木 drys」に由来。英語でドライアド Dryad、フランス語でドリアード Dryad。	自然、緑をイメージさせる名称。
トロイア：トロイア戦争の舞台。現代のトルコの北西沿岸部にあった。イリオンともいう。英語でトロイ Troy。シュリーマンによって発掘された。	世界遺産「トロイの考古遺跡」。 トロイア戦争の物語は後世に多大な影響を与え、詩人チョーサーによる悲恋物語『トロイルスとクリセイデ』（1380 年代）、シェイクスピアの悲劇『トロイラスとクレシダ』（1602 年）など、古代になかった物語も生み出された。 トロイア陥落の際の策略に由来する「トロイの木馬」は、コンピュータウイルスを指す言葉として使われる。 トロイア戦争を題材とした映画『トロイ』（2003 年、ポール・バーホーヴェン監督）など。
ナイアス（複数形ナイアデス）：川や泉のニンフの総称。英語でナイアド Naiad。	海王星の衛星名ナイアド。 Naiadales（植物の沼生目）など、水に関係する事物の名称。
ナウシカ（ナウシカア）：叙事詩『オデュッセイア』に登場する、スケリア島の王女。	宮崎駿の漫画・アニメ『風の谷のナウシカ』で有名。
ナウプリオス：海神ポセイドンとアミュモネ（ダナオスの娘の一人）の子。	甲殻類の幼生をいうノープリウス、ナウプリウス nauplius。
ナルキッソス：水面に映った自分に恋し、スイセンの花と化した美少年。エコーの項参照。	ナルシスト。 ナーシサス narcissus（スイセン）。
ニオベ：タンタロスの娘。子が多いことを自慢して、神の怒りをかい、全ての子を殺されてしまった。	子を失い悲しむ母の喩え。 元素名ニオブ Nb。

	アブラハム・ブルーマールトの絵画『子供たちのために嘆き悲しむニオベ』(1591年、コペンハーゲン国立美術館)。
ニケ：勝利を擬人化した、有翼の女神。ヘシオドスによるとティタン神族のパラスとステュクスの娘＝ウィクトリア〈R〉。	企業名ナイキ NIKE。 トルコ北西部にあった都市名ニケーア(現在はイズニク)、南仏の都市名ニースは共に「ニケの町」という名に由来。 古代彫刻『サモトラケのニケ』(前2世紀、ルーヴル美術館)。
ニンフ(ニュンフェー、ニュンペー)：山、川、草木などの精霊の総称。英語でニンフ nymph。神々や人間との多くの恋愛エピソードがある。	女性の過剰性欲を意味する言葉ニンフォマニア nymphomania。 水生昆虫の幼虫の総称ニンフ、またそれを模したフライフィッシングの疑似餌ニンフなど。
ネクタル：神々の酒。	日本で果肉飲料を指す言葉ネクター。
ネストル：トロイア戦争に参加したギリシアの英雄で、ピュロスの王。賢明な老人。	助言者や長老を意味する言葉 ネスター nestor。
ネプトゥヌス Neptunus〈R〉：ローマの海神。英語でネプチューン Neptune＝ポセイドン。	ネプチューン(海王星)。 元素名ネプツニウム Np。
ネメアのライオン：ヘラクレスを苦しめたライオン。	「しし座 Leo」。
ネメシス：神の怒りと罰を擬人化した女神。ヘシオドスによると夜の神ニュクスの娘。	天罰や災害、大敵をイメージさせる名称など。
ネレイス(複数形ネレイデス)：海の神ネレウスと妻ドリスとの 50 人あるいは 100 人の娘たち。	海王星の衛星名ネレイド。
ネレウス：海の神。ポントスとガイアとの子。ネレイスたちの父。	海に関係する名称。
パイエオン：ホメロスの叙事詩に登場する医神。のちにアポロンの呼称になった。	植物のボタン属 Paeonia。
バイオス：オデュッセウスの船の舵取り。『オデュッセイア』には登場しないが、イタリアにやって来て、当地で亡くなったと考えられた。	一説によると、イタリアのナポリ西方、水没した古代都市バイア(現在は遺跡がバイア海底考古学公園として知られる)の名称の由来。
パシファエ(パシパエ)：ミノスの妻。ヘリオスの娘で、キルケの姉妹。アリアドネとファイドラの母。呪われて怪物ミノタウロスを生んだ。	木星の衛星名。
バッコス：ディオニュソスの別名＝バックス〈R〉。	ブランデーなど、酒に関係する名称。 エウリピデスの悲劇『バッカイ(バッコスの信女)』。 映画『バッカスの狂宴』(1961年、ジョルジョ・フェローニ監督)。 絵画では、カラヴァッジョ『バッコス』(1595年頃、ウフィツィ美術館)、ベラスケス『バッコスの勝利』(1628年、プラド美術館)など。
ハデス：冥界の神。アイデスともいう。ゼウスの兄だが、地下の冥界の神なのでオリュンポス 12 神に	冥界、死者の国をイメージさせる名称など。

は入っていない。さらって妻としたペルセフォネ（プロセルピナ）の項も参照。実りなどが地中からもたらされることから、別名は「富める者」の意のプルートーン＝プルートー、またはディース・パテル〈R〉。	
パトロクロス：トロイア戦争の英雄。アキレウスの盟友。	小惑星群のトロヤ（トロイア）群に属する小惑星名など。
パナケイア：医神アスクレピオスの娘。	「万能薬」を意味する言葉 panacea。
パラス：アテナの別名、あるいはトリトンの娘の名。またティタン神族にも同名の神がいる。	元素名パラジウム Pd。
パラディオン：国を守る神像。アテナが、共に育ったパラス（トリトンの娘）の死を悼み作り、右手に槍、左手に運命を司る象徴たる糸巻竿と紡錘を持っていた＝パラディウム〈R〉。	「守護するもの」という意の言葉 palladium。
パラメデス：トロイア戦争に参加したギリシアの知将。	小惑星群のトロヤ（トロイア）群に属する小惑星名など。
バリオス：アキレウスの戦車をひいた神馬。ハルピュイアの一人ポダルゲが西風ゼフュロスと交わり生まれた。クサントスと兄弟。	カワサキが製造していたバイク名バリオス BALIUS など。
パリス：ヘレネをさらったトロイアの王子。別名アレクサンドロス。トロイア王プリアモスとヘカベの子。女神たちの美しさを審判したというエピソードが「パリスの審判」。	絵画『パリスの審判』。ルーカス・クラナハ作（1528-29年頃、メトロポリタン美術館）、ルーベンス作（1632-35年頃、ロンドン・ナショナル・ギャラリー）など。
パルカ（複数形パルカイ）〈R〉：運命の女神＝モイラ。	ルーベンスの絵画『マリー・ド・メディシスの運命を紡ぐパルカたち』（1621-25年、ルーヴル美術館）。
ハルキュオネ（アルキュオネ）：風の神アイオロスの娘。夫がケユクス。幸福な家庭がゼウスとヘラに比べられたことに神々が怒り、彼女はカワセミに、夫はあび鳥に変えられたという。	Halcyon（カワセミ）。 Halcyon days。冬至前後の穏やかな天候の日々、転じて平和な時代。彼女を憐れに思ったゼウスが、ひな鳥のために風を穏やかにすると考えられたことから。
パルテノペ：セイレーンの一人。その遺体がイタリア南部ナポリの海岸に流れ着いたという。	一説には、ナポリの古い別名パルテノペの由来。なおナポリを首都としたナポレオン時代の国家をパルテノペア共和国といった。
パルテノン神殿：アテネの守護神である女神アテナを祀って、アテネのアクロポリスに建造された神殿。「乙女」の意のパルテノスに由来。	世界遺産「アテネのアクロポリス」。 文化的事物の名称やデザインに影響を与えている。UNESCOのロゴマークはパルテノン神殿をイメージ。
パルナッソス：学芸の女神ムーサたちが住むとされた山。	パリの「モンパルナス」地区。フランス語でパルナッソス山のこと。芸術家が集う町であることから。 絵画では、ラファエロ『パルナッソス』（1510-11年、ヴァチカン宮の署名の間）など。
ハルピュイア：女の顔に、爪の生えた翼をもつ怪物。英語でハーピー Harpy。	怪物キャラクターなど。また「強欲な人」の喩え。 ハーピーイーグル harpy eagle（オウギワシ）。
ハルモニア：アレスとアフロディテの娘。カドモスの	ハーモニー harmony。

妻。調和の女神とされた。	
パン：牧人、牧畜の神。山羊の下半身と角をもつ半獣神。ヘルメスとニンフの子、あるいはゼウスとカリストの子などの諸説がある。人や家畜を驚かせ、恐慌状態に陥れると考えられた＝ファウヌス〈R〉。	パニック panic。 パンフルート、パンパイプ（シュリンクスともいう）。 シュリンクスの項を参照。 一説には、「やぎ座」の由来。 チンパンジーの属名 Pan。 絵画では、アルノルト・ベックリン『シュリンクスを吹くパン』（1875 年、ノイエ・ピナコテーク）など。
パンドラ：神々が創造して地上に送った最初の女。災いがつまった箱（本来は壺または甕）をあけてしまい、地上にあらゆる災いをもたらした。	「パンドラの箱」。「あけてはならないもの」の喩え。 旧約聖書の「原罪」をもたらした女エヴァ（イヴ）と重ね合わされることがある。ジャン・クーザン（父）の絵画『エヴァ・プリマ・パンドラ』（1538-43 年頃、ルーヴル美術館）など。
ヒッペ：ケイロンの娘。父に許してもらえぬ恋の末、密かに出産しようとして神の加護を求め、天上の星座になったという。	一説には、「こうま座 Equuleus」の由来。
ヒッポカンポス（ヒッポカムポス）：魚と馬が合成された姿をした想像上の生物。	Hippocampus はタツノオトシゴ属のこと。また脳の「海馬」のこと。
ヒッポダメイア：ギリシア北部テッサリアのラピテス族の王であるペイリトオスの妻。結婚式において、酔ったケンタウロスにさらわれそうになったが夫たちに助けられた。なお同名の女性にペロプスの妻もいる。	ルーベンスの絵画『ヒッポダメイアの誘拐』（1637 年頃、ベルギー王立美術館）など。
ヒッポリュトス：アテネ王テセウスとヒッポリュテの子。父に誤解され、死に至った。	男性名ヒパルタス Hippolytus。 エウリピデスの悲劇『ヒッポリュトス』。 ラシーヌの悲劇『フェードル』（ファイドラの項参照）。
ヒュアキントス：アポロンの寵愛を受けた美少年。	ヒヤシンス。死んで花が生じたことから。 絵画では、ティエポロ『ヒュアキントスの死』（1752-53 年、ティッセン＝ボルネミッサ美術館）など。
ヒュアデス：アトラスの娘たち。7人といわれるが諸説ある。	「おうし座」の頭部に位置するヒアデス星団。
ヒュギエイア：「健康」の意で、それを擬人化した女神。アスクレピオスの娘（あるいは妻）。	彼女が持つ、蛇の巻きついた杯は薬学の象徴として描かれる。
ピュグマイオイ（単数形ピュグマイオス）：アフリカやインドにいると想像された、小さな体の種族。	ピグミー Pygmy、Pigmy。小人、小妖精のこと。 人類学ではアフリカやアジアの小黒人種をいう。
ピュグマリオン（ピグマリオン）：女の像に恋したキュプロス島の王。神によって像は人になり、その女（ガラテイア）と結婚し、パフォス（パポス）という子をもうけたという。	「ピグマリオン効果」。ほめられるとその通りになるという心理効果のこと。 ジョージ・バーナード・ショーの戯曲『ピグマリオン』（1914 年）→ミュージカル『マイ・フェア・レディ』（1956 年）→映画 化（1964 年、ジョージ・キューカー監督、オードリー・ヘプバーン主演）※さらに、『マイ・フェア・レディ』を原案としたのが映画『プリティ・ウーマン』（1990 年、ゲイリー・マーシャル監督）。 絵画では、ジャン＝レオン・ジェローム『ピュグマリ

	オンとガラテイア』（1890 年、メトロポリタン美術館）など。
ヒュドラ：9つの頭をもつ蛇の怪物。ヘラクレスに退治された。英語でハイドラ hydra。	海蛇の名。 「うみへび座 Hydra」。なお「みずへび座 Hydrus」もあり、両方を海蛇として前者を雌、後者を雄とする解釈もある。
ピュトン：ガイアが生んだという大蛇の怪物。デルフォイの地を守っていたが、アポロンに退治された。	パイソン python（ニシキヘビ）。 ドラクロワの絵画『大蛇ピュトンに打ち勝つアポロ』（1850-51 年、ルーヴル美術館）。
ヒュプノス：眠りの擬人神。夜の神ニュクスの子で、タナトス（死）の兄弟＝ソムノス〈R〉。	眠りをイメージさせる名称。 なおギリシア語の hypnos（眠り）を語源とするのが、催眠状態 hypnosis、睡眠薬 hypnotic、催眠術 hypnotism。
ヒュブリス：「傲慢」の意で、それを擬人化した女神。	傲慢、不遜を意味する言葉 hubris など。
ヒュペリオン：ティタン神族。太陽神ヘリオスの父。英語でハイペリオン Hyperion。	土星の衛星名。 ジョン・キーツの詩のタイトルなど。 その名は「上方を行く者」の意なので、事物の名称に、高みを目指す意味を伴って用いられる。
ヒュペルボレイオス（ヒュペルボレオス）：極北に住むと想像された民族。「ボレアス（北風）を越えて（hyper）」が語源と思われる。	極北、極寒を意味する言葉。 現代の作家たちがつくりあげた神話体系である「クトゥルフ神話」には、ハイパーボリアなる想像上の地が登場。
ヒュラス：ヘラクレスに仕えた美少年。アルゴ船の冒険にヘラクレスと共に参加していたが、その美しさゆえに泉のニンフにさらわれた。	ジョン・ウィリアム・ウォーターハウスの絵画『ヒュラスとニンフ』（1896年、マンチェスター市立美術館）。
ピュラモスとティスベ：オウィディウス『変身物語』に伝えられる、悲恋の恋人たち。	シェイクスピアの悲劇『ロミオとジュリエット』（1590年代）の原型。※さらに『ロミオとジュリエット』に着想を得たのがミュージカル・映画の『ウェスト・サイド物語』（1957 年、映画化 1961 年）。
ピュレネ Pyrene：ヘラクレスが冒険の途上に会った、フランス南部ナルボンヌの王女。山で獣に殺された。	彼女が埋葬されたので、ピレネー山脈という名になったという。
ファイドラ（パイドラ）：クレタ王ミノスの娘。アテネ王テセウスと結婚するが、義理の息子ヒッポリュトスに恋し、結果的にヒッポリュトスを死に至らしめることになった。	エウリピデスの悲劇『ヒッポリュトス』。セネカの悲劇『パエドラ』、そしてそれに影響を受けたラシーヌの悲劇『フェードル』（1677 年）。
ファウストゥルスとアッカ・ラレンティア〈R〉：幼いロムルスとレムスを拾い育てた羊飼いの夫婦。	ルーベンスの絵画『ロムルスとレムスの発見』（1612-13 年、カピトリーナ絵画館）、ピエトロ・ダ・コルトーナの絵画『ロムルスとレムスの発見』（1643年頃、ルーヴル美術館）など。
ファウヌス Faunus〈R〉：自然の神。英語でフォーン Faun ＝パン。	自然に関する事物の名称など。 ある地域・時代の動物相 fauna。
ファエトン（パエトン）：太陽神の息子。太陽の馬	太陽に接近する小惑星名。

車で暴走し、ゼウスに雷で撃ち落とされた。	車両の形式の呼び名フェートン。 絵画では、セバスティアーノ・リッチ『ファエトンの墜落』（1703-04 年、ベルーノ市立美術館）、ギュスターヴ・モロー『ファエトン』（1878 年、ルーヴル美術館）など。
フィレモン（ピレモン）**とバウキス**：ゼウスとヘルメスを、神と知らずに歓待した高齢の善良な夫婦。死ぬときは共に、という2人の望みをゼウスはかなえてやり、それから2人は木になったという。	ジョナサン・スウィフトなどが詩の題材にしている。 アダム・エルスハイマーの絵画『フィレモンとバウキスの家のユピテルとメルクリウス』（1608-09 年、ドレスデン国立絵画館）。
フィロクテテス（ピロクテテス）：トロイア戦争終盤に参戦したギリシア側の弓の名手。	ソフォクレスの悲劇『フィロクテテス』。
フィロメラ（ピロメラ）**とプロクネ**：アテネの王女。姉プロクネはトラキア王テレウスに嫁いだが、彼に妹フィロメラは犯されたうえ、舌を切られ幽閉された。妹が衣に文字を織って伝えたことで事情を知った姉は、テレウスと自分との子を殺し、夫に食べさせた。それを知りテレウスは姉妹を追うが、姉妹の救いの求めを聞き入れた神によって三者は鳥になった。	ルーベンスの絵画『息子の首を差し出されるテレウス』（1636 年頃、プラド美術館）など。
フェブルウス Februus〈R〉：冥界の神ハデスと同一視されたローマの神。	February。2月に慰霊の祭りがおこなわれたことから。
フォイニクス（ポイニクス）Phoinix：もともとエジプトに伝えられた想像上の鳥で、長年生きて火によって生まれ変わるとされた。	不死や再生を象徴する不死鳥フェニックス Phoenix。「ほうおう座 Phoenix」。
フォイベ：ティタン神族。アポロンとアルテミスを生んだレトの母。アポロンの添え名フォイボス（輝くもの）の女性形で、アポロンの妹アルテミスの添え名でもある。	女性名 Phoebe フィービー。
フォスフォロス：明星の擬人神＝ルキフェル Lucifer〈R〉。	phosphorus（リン）。
フォボスとデイモス：アレスとアフロディテの間に生まれた兄弟。それぞれ「恐慌」、「恐怖」の意。	共に火星の衛星名。 なおギリシア語の phobos（恐慌）を語源とするのが、恐怖症の意のフォビア phobia。
フォルトゥナ Fortuna〈R〉：運命、幸運の女神＝テュケ。	幸運、運勢（fortune）をイメージさせる名称。
プシューケ Psyche：「魂」「精神」「蝶」の意。クピド（アモル）との恋愛物語で知られる女性の名。英語でサイキ。	絵画では、フランソワ・ジェラール『アモルとプシューケ』（1798 年、ルーヴル美術館）、ピエール＝ポール・プリュードン『西風ゼフュロスに運ばれるプシューケ』（1808 年、ルーヴル美術館）など。 なおギリシア語の psyche を語源とするのが、サイコロジー psychology（心理学）、サイキック psychic（心霊の、超自然的な、精神的な）など。
プリアポス：男性の生殖力の神。ディオニュソスとニンフ（あるいはアフロディテ）の子。	「好色」を意味する言葉 priapism。

プリアモス：トロイア戦争時のトロイア王。	シュリーマンがトロイア遺跡において発掘した遺物は「プリアモスの財宝」と呼ばれる。現在、大部分はモスクワのプーシキン美術館が収蔵。 マイケル・ティペット作曲のオペラ『プリアモス王』（1962 年）など。
プルートー Pluto〈R〉：冥界の神＝ハデス。	プルート（冥王星）。 元素名プルトニウム Pu。 plutonic rock（深成岩）など、地下に関係する言葉・表現。
プルートス：デメテルと、イアシオンという恋人との子。富（もともとは特に大地の収穫）の擬人神。	富の象徴。 なおギリシア語の plutos（富）を語源とするのが plutocracy（金権政治）など。
プレイアデス（プレアデス）：アトラスの娘たち。	「プレアデス星団」。
プロクルステス：英雄テセウスに退治された強盗。	「むりに基準に一致させる」という意の表現「プロクルステスの寝台」。プロクルステスが旅人を寝台に寝かせ、はみ出したら切断したことから。
プロセルピナ Proserpina〈R〉：デメテル（ケレス）の娘＝ペルセフォネ。	ジャン・ロレンツォ・ベルニーニの彫刻『プロセルピナの略奪』（1621-22 年、ボルゲーゼ美術館）。 絵画では、ダンテ・ガブリエル・ロセッティ『プロセルピナ』（1874 年、テイト・ギャラリー）、フレデリック・レイトン『ペルセフォネの帰還』（1891 年頃、リーズ市立美術館）など。
プロテウス：ポセイドンの従神。姿を自由に変えることができた。	プロテア。ヤマモガシ科の、立派な花を咲かせる植物。
プロメテウス：ティタン神族の系譜に連なるが（アトラスの兄弟）、人間に近しい存在としてイメージされる。ゼウスの意に反し人間に火をもたらしたので、鎖で縛られ、大鷲に肝臓を食べられる罰を受けた。一説には人間を創ったという。	アイスキュロスの悲劇『縛られたプロメテウス』。 人類のために犠牲になったり、何かをもたらしたり、創造したりする者などの喩え。 メアリー・シェリーの小説『フランケンシュタイン、あるいは現代のプロメテウス』（1818 年）など。 絵画では、ルーベンスとスネイデルス『鷲に肝臓をついばまれるプロメテウス』（1610-11 年頃、フィラデルフィア美術館）、ギュスターヴ・モロー『プロメテウス』（1868 年、モロー美術館）など。 元素名プロメチウム Pm。
フロラ〈R〉：花と春の女神＝クロリス。	女性名フローラ Flora。 ある地域・時代の植物相 flora。 絵画では、プッサン『フロラの王国』（1631 年、ドレスデン国立絵画館）など。ボッティチェリ『春（プリマヴェーラ）』（1482 年頃、ウフィツィ美術館）に描かれている花模様の衣装の女性がフロラ。クロリスの項参照。

ペガサス（ギリシア語でペガソス Pegasos 、ラテン語でペガスス Pegasus、ペガサスは英語発音）：翼を有する馬。	特に有名な空想上の生物なので、様々な名称に用いられている。 「ペガスス座」。なお、ペガスス座の西に見える「こうま座 Equuleus」はペガススの弟とする説明がある。
ヘカテ：月や魔術の女神。英語でヘカティ、ヘカット Hecate。ティタン神族の子孫である神々の娘。	シェイクスピアの悲劇『マクベス』（1606 年）に登場するなど、魔女の象徴。
ヘカトンケイル：50 の頭と 100 の手をもつ巨人。ウラノスとガイアの子。ゼウスらとティタン神族が戦った際に前者を助けた。	怪物キャラクターなど。
ヘカベ：トロイア王プリアモスの妻。ラテン語でヘクバ Hecuba。	エウリピデスの悲劇『ヘカベ』『トロイアの女たち』。
ヘクトル：トロイア戦争において活躍する、トロイア最強の英雄。プリアモスとヘカベの子。	男性名ヘクター Hector（フランス語やスペイン語ではエクトル）。 高潔な人物像が好まれ、中世の騎士道物語においても受け継がれた。
ヘスティア：「かまど」の女神、家庭の守護神＝ウェスタ〈R〉。クロノスとレアの娘。オリュンポス 12 神（代わりにディオニュソ スを入れる場合もある）。	家庭、住居、かまどに関係する名称など。
ヘスペリデス（単数形ヘスペリス）：「西方の娘たち」が原義。ニュクス（夜）の娘あるいはアトラスの娘とされ、西方で金の林檎の楽園を守っていたという。	フレデリック・レイトンの絵画『ヘスペリデスの園』（1892 年頃、レディー・リーヴァー美術館）など。
ペネロペ（またはペネロペイア）：英雄オデュッセウス（＝ユリシーズ）の貞淑な妻。トロイア戦争で夫が不在の間、求婚者たちが押し寄せたが、夫の帰りを待っていた。	女性名ペネロペ、ペネロープ Penelope。 絵画では、ピントリッキオ『機を織るペネロペと求婚者たち』（1509 年頃、ロンドン・ナショナル・ギャラリー）など。
ヘファイストス（ヘパイストス）：工芸、鍛冶、火の神＝ウルカヌス〈R〉。オリュンポス 12 神。英語でヒフェスタス Hephaestus。ゼウスとヘラの子、あるいはヘラが単独で生み出した子とされる。アフロディテの夫。象徴はハンマー、やっとこなど鍛冶道具。	工芸に関係する名称。 アテネに残るヘファイステイオン（ヘファイストス神殿）。 絵画では、妻の不貞を疑う場面を描いたティントレット『ヴィーナスとウルカヌス、マルス』（1551-52 年頃、アルテ・ピナコテーク）など。ウルカヌスの項も参照。
ヘベ：「青春」の意で、それを擬人化した女神＝ユウェンタス〈R〉。ゼウスとヘラの娘。	青春や若さの象徴表現。 なおギリシア語の hebe を語源とするのが「思春期の」という言葉 hebetic。 ※「へべれけ」の由来という俗説があるが（彼女のお酌で酒が止まらないというイメージで）、これはこじつけで誤り。
ヘラ：ゼウスの妻＝ユノ〈R〉。オリュンポス 12 神。象徴は冠、孔雀、笏。	ヘラの母乳のイメージで Milky Way（天の川）という。 →ティントレットの絵画『銀河の起源』（1582 年頃、ロンドン・ナショナル・ギャラリー）など。
ヘラクレス：ギリシア神話中最も多くのエピソードをもつ英雄。ゼウスとアルクメネの子。ラテン語でヘルクレス、英語でヘラクリーズ Heracles またはハー	エウリピデスの悲劇『ヘラクレス』『ヘラクレスの子供たち（ヘラクレイダイ）』。 力強さ、最大、最強をイメージさせる名称。中南米

キュリーズ Hercules。	に生息する世界最大のカブトムシ、ヘラクレスオオカブトなど。 オリンピックの由来である古代のオリュンピア競技会を創始したという伝説がある（ペロプスが創始したともいわれる）。またそうしたイメージからも、スポーツ関係の名称など。 「ヘルクレス座」。彼の放った矢を「や座」とする説明もある。 ジブラルタル海峡を意味する表現、「ヘラクレスの柱」。ヘラクレスが冒険の途上やってきて、海峡の両側に柱を立てたという伝えから。スペインの国旗の紋章には2本のヘラクレスの柱が描かれている。 「ヘラクレスの 12 の功業」を題材とした有名な芸術作品に、ブールデルの青銅像『弓を引くヘラクレス』（1909 年、パリ国立近代美術館）、ポライウォーロの絵画『ヘラクレスとヒュドラ』（1475 年頃、ウフィツィ美術館）など。 その他のエピソードを描いたものでは、ポライウォーロの青銅像『ヘラクレスとアンタイオス』（1475 年頃、バルジェロ美術館）、フランソワ・ルモワーヌの絵画『ヘラクレスとオンファレ』（1724 年、ルーヴル美術館）など。 寓話「ヘラクレスの選択」。「快楽」と「美徳」をそれぞれ象徴する2人の女性の話を聞き、ヘラクレスは「美徳」の道を選んだという。→アンニバーレ・カラッチの絵画『岐路に立つヘラクレス』（1597 年頃、カポディモンテ美術館）など。 アニメ映画『ヘラクレス』（1997 年、ジョン・マスカー、ロン・クレメンツ監督）、映画『ヘラクレス』（2014 年、ブレッド・ラトナー監督）など。 アガサ・クリスティが生み出した探偵ポワロのファースト・ネーム、エルキュールはフランス語でヘラクレスのこと。
ヘリオス：太陽の神。ティタン神族のヒュペリオンとテイアの子。英語でヒーリオス Helios。アポロンと同一視されることが ある。	太陽をイメージさせる名称。 元素名ヘリウム He。
ヘリコン山：ギリシア中部ボイオティアにある山。学芸の女神ムーサたちを祀った神聖な場だった。	詩を生み出すインスピレーションの喩え。
ペルセウス：メドゥーサなどの怪物退治、アンドロメダ救出で知られる英雄。ゼウスとダナエの子。英語でパーシアス、パーシュース Perseus。	「ペルセウス座」。メドゥーサの首を持っている姿でイメージされる。 絵画では、アンドロメダとの披露宴に襲来した者たちを、メドゥーサの眼を見せて石にしてしまう場面を描いた、ルカ・ジョルダーノ『フィネウスとその部下と闘うペルセウス』（1670 年頃、ロンドン・ナショナル・ギャラリー）ほか、メドゥーサ、アンドロメダの項参照。 ペルセウスの冒険が原案になっているのが、映画『タ

	イタンの戦い』（1981 年、デズモンド・デイヴィス監督）→リメイク版『タイタンの戦い』（2010 年、ルイ・レテリエ監督）。
ペルセフォネ：デメテルとゼウスの娘。ハデスによって冥界に連れ去られ、その妻になった＝プロセルピナ〈R〉。	大地、地下の世界、冥界をイメージさせる名称など。 ペルセフォネあるいは母デメテルを「おとめ座」とする解釈がある。 芸術作品についてはプロセルピナの項参照。
ヘルマフロディトス（ヘルマプロディトス）：ヘルメスとアフロディテの子で、美少年。ニンフのサルマキスに愛され、2人は一体の存在になったという。	古代彫刻『眠れるヘルマフロディトス』（ヘレニズム時代、ボルゲーゼ美術館）。 絵画では、ヤン・ホッサールト『サルマキスとヘルマフロディトス』（1516 年頃、ボイマンス・ヴァン・ベーニンゲン美術館）など。
ヘルミオネ：メネラオスとヘレネの娘。オレステスの妻。	女性名ハーマイオニー Hermione。
ヘルメス：商売と豊穣、旅の神、神々の使者。盗みの神でもある。オリュンポス 12 神。英語でハーミーズ Hermes。ゼウスとアトラスの娘マイアとの子。象徴は翼のついた帽子とサンダルと杖（ケリュケイオン）＝メルクリウス〈R〉。	ブランド名のエルメス Hermés。創立者の名がエルメス。 絵画において、神々の使者として様々な場面に登場。 日本橋三越本店の正面入り口にヘルメス像がある。
ヘレ：ギリシア中部ボイオティアの王の娘。継母より迫害を受け、兄プリクソスと共に、金の羊に乗って逃れた。	マルマラ海の古名ヘレスポントス（ヘレの海の意）。金の羊に乗って逃れる際、彼女がそこに落ちたことから。 ダーダネルス海峡の古い別名もヘレスポントス。
ヘレネ：トロイアのパリスにさらわれ、戦争の原因となった絶世の美女。ラテン語でヘレナ。スパルタ王メネラオスの妻。ゼウスとレダの子。	エウリピデスの悲劇『ヘレネ』。 女性名ヘレン Helen、エレン Ellen。 映画『トロイのヘレン』（1955 年、ロバート・ワイズ監督）。 パリスと共に描かれた絵画に、ジャック・ルイ・ダヴィッド『パリスとヘレネの恋』（1788 年、ルーヴル美術館）など。
ベレロフォン（ベレロフォンテス）：ペガサスに乗り、怪物キマイラを退治した英雄。シシュフォスの孫。	「ペガスス座」の恒星名など。
ヘーロー（ヘロ）**とレアンドロス**：ヘレニズム時代に広まった恋愛物語。巫女ヘーローに恋したレアンドロスは、夜に彼女が灯す火の光を目印にヘレスポントス海峡を泳いで渡り、密会していたが、あるとき風で火が消え、方向を見失い彼は溺死し、ヘーローも自ら命を絶った。	フランツ・グリルパルツァーの悲劇『海の波恋の波』（1831 年）など、影響を受けた物語が多数。 絵画ではウイリアム・ターナー『ヘーローとレアンドロスの別れ』（1837 年、ロンドン・ナショナル・ギャラリー）など。
ヘロス：神話の英雄を指す言葉。	ヒーロー hero。
ベローナ Bellona〈R〉：ローマの戦いの女神。軍神マルスの妻または妹。	イタリアのカンパニア州の地名ベローナ（ベッローナ）。
ペロプス：タンタロスの息子。一度死んだが神によって甦り、ギリシアに渡って王となった。	ギリシアのペロポネソス半島。「ペロプスの島」の意。 オリンピックの由来である古代のオリュンピア競技会

	を創始したという伝説がある（ヘラクレスが創始したともいわれる）。
ペンテシレイア：アマゾン族の女王で、トロイア戦争においてトロイア側に来援した。アキレウスに殺されたが、彼女の美貌に彼は魅了されたという。	勇ましい女性をイメージさせる名称。 ハインリヒ・フォン・クライストの戯曲『ペンテジレーア』（1806 年）→オトマール・シェック作曲のオペラ『ペンテジレーア』（1927 年）。
ポセイドン：海と馬の神。ゼウスの兄。オリュンポス 12 神。英語でポサイドン Poseidon。象徴は三叉の矛（トリアイナ、英語でトライデント）＝ネプトゥヌス〈R〉。	ギリシア人が南イタリアに建設した植民市ポセイドニア→パエストゥム（ペストゥム）。 海に関係する名称。西洋文化圏では泉や噴水のそばにその像がよく見られる。
ホメロス：トロイア戦争を題材にした叙事詩『イリアス』と『オデュッセイア』の作者とされる詩人。英語でホーマー Homer。	Homer (sometimes) nods.「ホメロスもうたた寝する」ということわざは、「弘法も筆の誤り」の英語版。
ポモナ〈R〉：ローマの果実の女神。同じく果実の神であるウェルトゥムヌスに求愛される物語で知られる。	アメリカ合衆国カリフォルニア州の都市名ポモナ。
ホーラ（複数形ホーライ）：季節と秩序の女神。一年など時の区切りを示す言葉でもある。ゼウスとテミスの娘。ヘシオドスによれば、平和のエイレネ、秩序のエウノミア、正義のディケの3人。	hour（時間）。エイレネ、ディケの項も参照。
ポリュデウケス：ゼウスを父とする双子ディオスクロイの一人＝ポルックス〈R〉。	「ふたご座」の恒星ポルックス。
ポリュフェモス（ポリュペモス）：巨人族キュクロプスの一人。ニンフのガラテイアに恋した。叙事詩『オデュッセイア』においてはオデュッセウスに眼をつぶされた。	プッサンの絵画『ポリュフェモスのいる風景』（1649年、エルミタージュ美術館）など。
ボレアス：北風の神。翼をもつ老人の姿で描かれる。西風ゼフュロスの兄弟。アテネ王女オレイテュイアをさらった。	「北風の」という意の言葉 boreal。 絵画では、ルーベンス『ボレアスとオレイテュイア』（1615 年頃、ウィーン美術アカデミー付属美術館）など。
マイア：アトラスの娘で、ヘルメスの母とされる豊穣の女神。	May（5月）。
マイナデス（単数形マイナス）：ディオニュソスを信奉する女性たち。忘我の熱狂状態に陥ったという。	英語で maenad（ミーナッド）、フランス語で ménade（メナド）は「熱狂した女」の意。 化粧品会社メナード Menard。ディオニュソスに仕えた「美しい女神」と解して名づけられたとのこと。
マルシュアス：笛の名手であるサテュロスまたはシレノス。竪琴を弾くアポロンと演 奏の勝負をして敗れ、生皮を剥がされた。	グイド・レーニの絵画『皮を剥がされるマルシュアス』（1630 年頃、アルテ・ピナコテーク）など。
マルス Mars〈R〉：ローマの戦いの神＝アレス。	マーズ（火星）。 March（3月）。 「戦争の、軍人らしい、勇敢な」という言葉 martial。 絵画では、ボッティチェリ『ヴィーナスとマルス』（1483 年、ロンドン・ナショナル・ギャラリー）など。

ミダス：小アジア中西部フリュギアの伝説的な王。ふれるものを黄金に変える力を得たとか、音楽の判定においてアポロンを怒らせ耳をロバの耳に変えられたといったエピソードをもつ。英語でマイダス Midas。	黄金をイメージさせる名称。 「王様の耳はロバの耳」の話が受け継がれている。
ミトラス（ミトラ）：イランからローマに広まった太陽神。	ローマ時代のミトラス教の重要な祭日 12 月 25 日がクリスマスの起源と考えられている。
ミネルウァ Minerva〈R〉：戦いと知恵の女神。英語でミネルヴァ、ミナーヴァ＝アテナ。	戦闘や知的産業に関係する名称など。 芸術作品についてはアテナの項参照。
ミノス：ゼウスとエウロペの子で、クレタ島の王となった。神との約束を守らず怒りをかい、妻が呪われ怪物ミノタウロスが生まれた。	ミノア文明。クレタ島で栄えた古代文明の名称。
ミノタウロス：「ミノスの牛」の意。頭が牛、体は人間の怪物。	怪物キャラクターなど。
ミュラ：美少年アドニスの母。木に姿を変じた。	没薬、没薬を採る木マー myrrh。
ミュルティロス：優れた御者。戦車競走において相手のペロプスに買収され応じたが、のちに殺された。	「ぎょしゃ座」。異説もある。エリクトニオスの項参照。
ミュルミドン人：住民が死滅したアイギナ島（アイギナの項参照）において、当地の王アイアコスのためにゼウスが蟻（myrmex）から人間にした者たち。のちに一部の者がペレウス（アイアコスの子、アキレウスの父）と共にテッサリアに渡り、アキレウス に従ってトロイア戦争に参戦した。	「命令に従う手下」を意味する言葉 myrmidon。
ミンタ Mintha（メンテ Menthe）：冥界の王ハデスに愛されたニンフ。嫉妬したペルセフォネによって「ミント」に変身させられた。	ミント mint。
ムーサ Musa（複数形ムーサイ）：学芸を司る9柱の女神たち。ゼウスとムネモシュネの娘。英語でミューズ Muse。	音楽や芸術に関係する事物の名称。 ミュージック、ミュージアムの語源。 一説にはモザイク mosaic もムーサ由来（ムーサを祀った場所にほどこされた装飾が語源との説）。 絵画では、ギュスターヴ・モロー『ヘシオドスとミューズ』（1891 年、オルセー美術館）など。
ムネモシュネ：「記憶」を擬人化した女神。ウラノスとガイア、またはオケアノスとテテュスの娘。	「記憶」をイメージさせる名称など。
メデイア：魔術に長けた女。コルキス王アイエテスの娘。英雄イアソンを助け結婚するが、裏切られたためにイアソンとの間に生まれた我が子を殺した。メディアとも表記・発音される。	エウリピデスの悲劇『メデイア』→セネカの悲劇『メデイア』→コルネイユの悲劇『メデ』（1635 年）。 魔術、魔女をイメージさせる名称。 映画では『王女メディア』（1969 年、ピエル・パオロ・パゾリーニ監督、マリア・カラス主演）。物語の舞台を現代として翻案したのが映画『女の叫び』（1978 年、ジュールズ・ダッシン監督）。 絵画では、ドラクロワ『怒れるメデイア』（1862 年、ルーヴル美術館）、ミュシャ『メデ』（1899 年、パ

	リ装飾美術館、メデイアを演じた舞台女優サラ・ベルナールのために描いたポスター）など。
メティス：ゼウスの最初の妻。オケアノスとテテュスの子。その名は「思慮」の意。子がゼウスに取って代わるという予言を恐れたゼウスが彼女を飲み込んで誕生したのがアテナ。	木星の衛星名。
メドゥーサ：髪の毛が蛇で、その眼を見ると石になってしまうという女の怪物。ゴルゴンの一人。ペルセウスに首を斬られた。	怪物キャラクターなど。 「ペルセウス座」はペルセウスがメドゥーサの首を持っているイメージ。 絵画では、カラヴァッジョ『メドゥーサの首』（1598年頃、ウフィツィ美術館）、フランドル派の画家『メドゥーサ』（17世紀、ウフィツィ美術館、かつてレオナルド・ダ・ヴィンチ作と考えられていた）、ルーベンス『メドゥーサの首』（1617-18年、ウィーン美術史美術館）など。
メネラオス：トロイア戦争に参加したスパルタ王。トロイアにさらわれたヘレネの夫。ミュケナイ王アガメムノンの弟。	小惑星群のトロヤ（トロイア）群に属する小惑星名など。
メムノン Memnon：トロイア戦争においてトロイア側に来援したアイティオピア（エチオピア）の王。曙の女神エオスとティトノスの子。	エジプトのルクソール、ナイル川西岸にある2体のアメンホテプ3世の像が、メムノンの巨像と呼ばれている。
メリッサ：蜜蜂の意。一説には幼いゼウスを養育したという女。	女性名メリッサ。
メルクリウス Mercurius〈R〉：商人と旅人の神、神々の使者＝ヘルメス。	マーキュリー Mercury（水星、水銀）。 絵画では、ヴェルサイユ宮殿「メルキュール（マーキュリー）の間」の天井画『勝利のマーキュリー』など。
メレアグロス：勇猛な狩人。ギリシア中西部カリュドンの王オイネウスの子。当地に現れた巨大な猪の狩りに参加。誕生時、母のもとに運命の女神が現れ、炉に入れた薪が燃え尽きれば彼は死ぬと告げられたので、母はその薪を取っておいた。猪狩りの際、彼が争って親族を殺したので、母は薪を燃やし彼を死に至らしめた。	彼の死を嘆いた姉妹たちは、ほろほろ鳥（ギリシア語で Meleagris）になったとされ、そこからシチメンチョウ科を Meleagrididae という。 絵画では、ルーベンス『メレアグロスとアタランテ』（1635年頃、アルテ・ピナコテーク）など。
メントル：オデュッセウスの親友で良き援助者、助言者。	助言者、教育者などを意味する言葉メンター mentor。
モイラ（複数形モイライ）：運命を司るクロト、ラケシス、アトロポスの3人の女神＝パルカ（複数形パルカイ）〈R〉。夜の神ニュクスの娘、あるいはゼウスと掟の女神テミスの娘とされる。クロトが運命の糸を紡ぎ、ラケシスがそれを測り、アトロポスが最後に糸を切るとイメージされた。	「運命」の喩え、象徴。クロトら、それぞれの項も参照。
モネータ〈R〉：「忠告女」の意で、ユノの呼称の一つ。	マネー money。ローマのモネータ神殿が貨幣鋳造所になったことから。

モモス：嘲笑、皮肉の擬人神。	嘲笑、皮肉の象徴表現として文芸作品等に登場（英語で Momus モムス、ほかにモミュス、モーマスとも表記される）。 絵画では、マールテン・ファン・ヘームスケルク『神々の創造を批判するモモス』（1561 年、ベルリン美術館）など。
モルフェウス：夢の神。眠りの神ヒュプノスの子。英語でモーフィアス Morpheus。	夢をイメージさせる名称。 鎮痛に用いられるモルヒネ morphine。
ヤヌス Janus〈R〉：前後に顔のある、双面の神。	January（1月）。過去と未来を見る2つの顔をもつことから、一年の最初の月の名になった。 かつての西ドイツのオートバイ・自動車メーカー、ツェンダップが製造していた車の名称、ツェンダップ・ヤヌス。前後対称の特徴的デザインがヤヌスの双面をイメージさせたことから。
ユウェンタス Juventas〈R〉：「青春」の意で、それを擬人化した女神。成年男子の守護神。	女性を意識した事物の名称など。
ユスティティア Justitia〈R〉：正義の女神＝テミス。	正義の象徴表現など。テミスの項参照。
ユノ Juno：ユピテルの妻で結婚の女神＝ヘラ。英語でジュノ、フランス語でジュノン。別名モネータ。	女性名ジュノ。 June（6月）。「ジューン・ブライド」は6月がユノの月であることに由来。
ユピテル Jupiter〈R〉：ローマの最高神＝ゼウス。	ジュピター Jupiter（木星）。 絵画では、ドミニク・アングル『ユピテルとテティス』（1811 年、グラネ美術館）など。
ユルス（イウルス）：トロイアの英雄アエネアスと、クレウサあるいはラウィニアの子。ギリシア語での名がアスカニオス。	ローマの名門ユリウス Julius 氏族の祖とされる。のちに一族にユリウス・カエサル（ジュリアス・シーザー）が現れ、彼の誕生月の7月が July になった。 またユリウス氏族の女性名が Juliaという名の由来。古代の人名ユリアヌス Julianus もユリウス氏族に由来し、こちらから Julian、Juliano といった名が派生。 モーツァルト作曲のオペラ『アルバのアスカニオ』（1771 年）。
ライラプス：アルテミス（あるいはミノス）からアテネ王女プロクリスが授けられたという猟犬。ケファロスの項参照。絶対に捕まらない女狐を、必ず獲物を捕らえるというライラプスが追いかけ続けるのを見て、ゼウスが前者を石に変え、後者を天に上げたという。	一説には、「おおいぬ座」の由来。
ラウィニア Lavinia〈R〉：アエネアスの妻。	女性名ラヴィニア。 アーシュラ・K・ル＝グウィンの小説『ラウィーニア』（2008 年）。
ラオコーン：トロイア（トロイ）の神官で、「トロイの木馬」について警告したが、神に遣わされた蛇に息子と共に絞め殺された。	古代彫刻『ラオコーン像』（前1世紀後半頃、ヴァチカン美術館）。

ラケシス：モイライ（運命の女神たち）の一人。運命の糸の長さを測る（寿命を決める）。	クロト、アトロポスと共に運命の象徴表現など。
ラダマンテュス：クレタ王ミノスの弟。正義の人であったとされ、死後に、ミノスとアイアコス（アキレウスの祖父）と共に冥界の裁判官になったという。	厳格な裁判官を意味する言葉 Rhadamanthus、Rhadamanthys。
ラドン（ラードーン）：ヘスペリデスの園にあった黄金の林檎を守っていたという竜。	「りゅう座 Draco」の由来とされる。
ラビュリントス：クレタ王ミノスがダイダロスに建設させた迷宮。	ラビリンス labyrinth（迷宮）。
ラミア：子供をさらう怪物。吸血鬼。ゼウスに愛された女性だったが生んだ子をヘラに殺されたことから怪物になったという。人間と蛇の合わさった姿ともイメージされるようになった。	怪物キャラクターなど。 ジョン・キーツの詩『レイミア』（1819 年）。
ラレス〈R〉：家庭の女神。	同じく家庭の神であるペナテスと並べ、lares and penates で、「家財、家宝」を意味する表現。
リベルタス〈R〉：「自由」の意で、それを擬人化した女神。	ニューヨークのものが最も有名である、自由の女神像。
リュカオン：ギリシアのアルカディアの王。一説には住民の男の子を殺して神に捧げたためにゼウスの怒りを買い、狼の姿にされた。	アフリカの草原地帯に生息するイヌ科のリカオン Lycaon。 「おおかみ座 Lupus」。
ルキフェル Lucifer〈R〉：明星の擬人神＝フォスフォラス。	キリスト教のもと「堕天した明星」という聖書中の表現から、堕天使すなわち悪魔、魔王を意味する言葉になった（ルシファー）。 発光酵素ルシフェラーゼ。
ルナ〈R〉：月の女神。ディアナと同一視された＝セレネ。	月や女性をイメージさせる名称。
ルペルカリア〈R〉：ルペルクスとも呼ばれた牧神ファウヌスを祀るローマの祭りで2月 15 日におこなわれた。女神ユノの祭日である前日に、くじで男女のペアを選ぶ風習があったという。	ユノの祭日と共に、キリスト教のもとで聖ヴァレンティヌスの日、すなわちヴァレンタインデー（＝恋人たちの日）となったという説がある。
レア（レイア）：ティタン神族で、クロノスの妻。ゼウスやヘラ、ポセイドンの母。	女性名リーア Rhea。 土星の衛星名レア。
レアンドロス：ヘレニズム時代の恋愛物語「ヘーローとレアンドロス」の登場人物（当該項参照）。名の原義は獅子（leon）＋男（andros）。	男性名レアンダー Leander、レアンドロ Leandro。
レウキッポス：ディオスクロイ（カストルとポリュデウケス）の叔父。娘たちを2人にさらわれた。	ルーベンスの絵画『レウキッポスの娘たちの略奪』（1616-18 年頃、アルテ・ピナコテーク）。
レソス：トロイア戦争においてトロイア側 に来援したトラキア王。	エウリピデス作とされる悲劇『レソス』。
レダ：スパルタ王テュンダレオスの妻。ゼウスとの間にヘレネ、カストル、ポリュデウケスを生んだ。	木星の衛星名。 レダに近づくためゼウスが姿を変じた白鳥が「はくちょう座」の由来とされる。

	絵画では、ブジャルディーニ作とされる『レダと白鳥』（1504 年以後、ボルゲーゼ美術館、レオナルド・ダ・ヴィンチが描いたという『レダ』の模写の一つ）など。
レテ：水を飲むと全てを忘れるという冥界の川。	「忘却」という意の表現 lethe。また「何もしない」というギリシア語 argos と結びついた lethargy（無気力、昏睡）という言葉もある。
レムス〈R〉：ローマの創建者ロムルスと双子の兄弟。2人は狼に乳を与えられたという。のちにロムルスによって殺された。英語でリーマス Remus。	狼や双子をイメージさせる名称。
レムレス Lemures〈R〉：ローマにおける死霊。	レムール lemur。マダガスカル島とその周辺の島々に生息する、キツネザル科（Lemuridae）の霊長類の総称。夜行性であるところなどが幽霊を連想させるため名づけられた。
ロートス：食べると全てを忘れ、悦楽にひたってしまうという想像上の植物。叙事詩『オデュッセイア』に登場する。	「夢想家」という意の表現 lotus-eater。 ロータス（ハス、スイレン）。
ロムルス〈R〉：アエネアスの子孫でローマの創建者。レムスと双子の兄弟。2人は狼に乳を与えられたという。	ローマという名の由来とされる。 ロムルスとレムスのエピソードから、ローマの象徴は狼。 絵画はファウストゥルスとアッカ・ラレンティアの項を参照。

世界の見方が変わる
ギリシア・ローマ神話

2022年2月18日　初版印刷
2022年2月28日　初版発行

著者
庄子大亮

発行者
小野寺優

発行所
株式会社河出書房新社

〒151-0051 東京都渋谷区千駄ヶ谷2-32-2
電話　03-3404-1201(営業)
　　　03-3404-8611(編集)
https://www.kawade.co.jp/

装丁・本文設計
HOLON

印刷・製本
中央精版印刷株式会社

Printed in Japan
ISBN978-4-309-22845-7
落丁本・乱丁本はお取り替えいたします。
本書のコピー、スキャン、デジタル化等の無断複製は著作権法上での例外を除き禁じられています。
本書を代行業者等の第三者に依頼してスキャンやデジタル化することは、
いかなる場合も著作権法違反となります。

本書は2016年6月に小社より刊行された
河出ブックス『世界を読み解くためのギリシア・ローマ神話入門』を加筆・修正の上、改題したものです。